FLAGGEN
WAPPEN
HYMNEN

Derkwillem Visser

FLAGGEN
WAPPEN
HYMNEN

Bevölkerung · Religion · Geographie
Geschichte · Verwaltung · Währung

Die deutschen Hymnentexte wurden dem Buch
›Die Nationalhymnen der Erde‹ entnommen.
Wir danken dem Institut für Auslandsbeziehungen in Stuttgart
für die freundliche Genehmigung.

Wir danken für freundliche Mitarbeit und fachlichen Rat:
Michael Lupant, Belgien / Jiri Tenora, Deutschland
Andre Wocial, Frankreich und allen Mitgliedsstaaten des VDCN

Die Daten und Abbildungen sind vom Autor und dem VDCN
sorgfältig geprüft. Eine Garantie für die Richtigkeit kann von Verlag
und Autor nicht übernommen werden.

Für weitere Informationen steht das Institut des Autors
jederzeit zur Verfügung:
›FLAG DOCUMENTATION CENTER NETHERLANDS‹
Kempenaerstraat 163
NL-1051 CM Amsterdam
Tel.: Amsterdam 6 82 65 83, Fax: 6 82 10 65

Die Deutsche Bibliothek – CIP-Einheitsaufnahme

Flaggen, Wappen, Hymnen / Derkwillem Visser
Augsburg: Battenberg, 1994
ISBN 3-89441-158-9
NE: Visser, Derkwillem

BATTENBERG VERLAG AUGSBURG
© 1994 Weltbild Verlag GmbH Augsburg
Alle Rechte vorbehalten
Umschlaggestaltung: Zembsch' Werkstatt, München
Satz: Uhl + Massopust GmbH, Aalen
Repro: Reproteam G. +J. Siefert, Ulm-Böfingen
Druck und Bindung: Druckerei Appl, Wemding
Printed in Germany
ISBN 3-89441-158-9

INHALT

VORWORT

Fahnen (Flaggen) sind Symbole von Gemeinschaften. Ihre Ursprünge reichen in graue Vorzeit zurück, die Bedeutung ist meistens einfach und klar. Zum Beispiel, wenn in einem Fußballstadion die Fahnen der spielenden Clubs geschwenkt werden. Beim »Einzug der Nationen« während der Olympischen Spiele wird es komplizierter. Waren das die Rumänen oder die Belgier? In unserem Buch zeigen 196 Länder ihre Flagge und ihr Wappen. Hinzu kommen autonome Gebiete und Außenbesitzungen, die jedoch eine eigene Flagge besitzen und auf dem Weg zur vollständigen Souveränität sind. Ergänzt werden diese Informationen durch Angaben über die Bodenfläche und Bodenbeschaffenheit, Bevölkerungszahl, Hauptstadt, Währung, Zugehörigkeit zu internationalen Pakten und Organisationen, Sprache(n), Religion(en), Geschichte und Nationalhymne des betreffenden Staates in der Originalsprache und in deutscher Übersetzung. Die einzelnen Länder sind in alphabetischer Folge nach der im deutschen Sprachraum üblichen Schreibweise geordnet. Die Bedeutung der nationalen Flaggen und Wappen ist sehr groß. Man denke etwa daran, wie bei der ersten Mondlandung das Sternenbanner gehißt wurde. Zwar haben die USA damit nicht völkerrechtlich den Mond in Besitz genommen, aber bei uns auf der Erde sind Nationalflaggen und -wappen weit mehr als ein Stück Tuch oder eine Legende; sie sind Hoheitszeichen souveräner Staaten, die zahlreichen gesetzlichen Bestimmungen unterliegen. Die meisten Länder unterscheiden Nationalflaggen bzw. Staatsflaggen, Flaggen der Staatsoberhäupter, Marineflaggen, Handelsflaggen, Dienstflaggen, Zollflaggen, dazu Provinz- und Stadtflaggen.

Bei internationalen Konferenzen werden die Namen der Teilnehmerstaaten fast immer durch kleine Wimpel ergänzt, die keinerlei Sprachgrenzen unterliegen. In der Natur der Sache liegt es, daß alle Nationen sehr empfindlich sind gegen Mißbrauch, Beschädigung, Beschmutzung und Verunglimpfung oder Benutzung ihrer Flagge zu Reklamezwecken. Es gibt Staaten, in denen die Bürger jederzeit und überall ihre Nationalflagge führen dürfen, in anderen Ländern dürfen sie es nur zu bestimmten Gelegenheiten oder die Beflaggung ist staatlichen Behörden und Institutionen vorbehalten. Die Beschäftigung mit der Flaggenkunde – wissenschaftlich »Vexillologie« genannt – ist also nicht nur für Segler und Menschen, die in Hafenstädten wohnen, eine vergnügliche und fesselnde Beschäftigung, sondern für jeden Wissensdurstigen, der besser Bescheid wissen will über fremde Länder.

Auflösungen der unter »Mitgliedschaften« verwendeten Abkürzungen:

AGC	Afrikanischer Erdnußrat
AKP	EWG-Abkommen mit Staaten Afrikas, der Karibik und des Pazifik
ALADI	Lateinamerikanische Integrationsvereinigung
AsDB	Asiatische Entwicklungsbank
ASEAN	Verband Südostasiatischer Nationen
BDA	Afrikanische Entwicklungsbank
BIZ	Bank für Internationalen Zahlungsausgleich
BLADEX	Lateinamerikanische Exportbank
CARICOM	Karibischer Gemeinsamer Markt
CCC	Zollkooperationsrat
CECLA	Sonderkoordinierungskommission (OAS)
CEDEAO	Wirtschaftsgemeinschaft Westafrik. Staaten
CEPGL	Wirtschaftsgemeinschaft der Staaten an den Großen Seen
CONDECA	Zentralamerikanischer Verteidigungsrat
EAC	Ostafrikanische Gemeinschaft
ECE	Wirtschafts-Kommission für Europa (der UNO)
ECLAC	Wirtschafts-Komm. für Lateinamerika (der UNO)
ECWA	Wirtschafts-Komm. für Westasien (der UNO)
EFTA	Europäische Freihandelszone
EG	Europäische Gemeinschaften
EWF	Europäischer Währungsfonds
EWS	Europäisches Währungssystem
GATT	Allgemeines Zoll- und Handelsabkommen
GCC	Golf-Kooperationsrat
IPU	Interparlamentarische Union
OAPEC	Arabische Erdölexportländer-Organisation
OAS	Organisation Amerikanischer Staaten
OAU	Organisation der Afrikanischen Einheit
OECD	Organisation für Wirtschaftliche Zusammenarbeit und Entwicklung
OPEC	Organisation Erdölexportierender Länder
RGW	Rat für Gegenseitige Wirtschaftshilfe

SADCC	Südafrikanische Entwicklungs-Koordinations-Konferenz
SELA	Lateinamerikanisches Wirtschaftssystem
SPC	Südpazifikkommission
SPF	Südpazifisches Forum
UDEAC	Zentralafrikanische Zoll- und Währungsgemeinschaft
UDEAO	Westafrikanische Zollunion
UIA	Arabische Parlamentarier-Union
UNCTAD	Konferenz für Handel und Entwicklung (der UNO)
WEU	Westeuropäische Union

INTERNATIONALE ORGANISATIONEN

ARAB LEAGUE, League of Arab = Arabische Liga (Gründung 22. 3. 1945).
37 Avenue Kheredinne Pacha, Tunis, Tunesien.
Mitgliedstaaten: Algerien, Bahrain, Dzibouti, Ägypten, Irak, Jordanien, Kuwait, PLO, Quatar (Katar), Saudi-Arabien, Somalia, Sudan, Syrien, Tunesien, Vereinigte Arabische Emirate, Jemen.

ASEAN, Association of South East Asien Nations. Vereinigte Südost-Asiatische Staaten (Gründung 9. 8. 1967).
P.O. Box 2072 Jakarta, Indonesien.
Mitgliedstaaten: Brunei, Indonesien, Malaysia, Philippinen, Singapur, Thailand.

CIS/GUS, Commonwealth of Independent States, Gemeinschaft Unabhängiger Staaten (Gründung 8. 12. 1991).
Karl-Marx-Straße 38, 220016 Minsk, Weißrußland.
Mitgliedstaaten: Armenien, Azerbaidzjan, Weißrußland (Belarus), Kazachstan, Kirgisien, Moldowa, Rußland, Tadschikistan, Turkmenien, Ukraine, Uzbekistan.

COLOMBO-PLAN (Gründung 1950).
12 Melbourne Ave, P.O. Box 596, Colombo 4, Sri Lanka.
Mitgliedstaaten: Afghanistan, Australien, Bangladesh, Bhutan, Kambodscha, Kanada, Fidschi, Indien, Indonesien, Iran, Japan, Laos, Malaysia, Malediven, Myanmar, Nepal, Neuseeland, Pakistan, Papua-Neuguinea, Philippinen, Südkorea, Singapur, Sri Lanka, Thailand, Großbritannien, USA.

COMMONWEALTH, Großbritannien (Gründung 31. 12. 1931).
Malborough House, Pall Mall, London SW 1Y 5HX, England.
Mitgliedstaaten: 48 Länder.

CSCE, KSZE, Conference of Security and Cooperation in Europe.
Konferenz für Sicherheit und Entspannung in Europa (Gründung 8. 12. 1991).
Thunovska 112, 11000 Praha, Tschechische Republik.
Mitgliedstaaten: 52 Länder.

EFTA, European Free Trade Association, Europäische Freihandelsorganisation (Gründung 3. 5. 1960).
9–11 Rue de Varembe, 1211 Geneve 20, Schweiz.
Mitgliedstaaten: Österreich, Finnland, Island, Norwegen, Schweden, Schweiz, Liechtenstein (verbunden durch Zollunion mit der Schweiz).

EG, Europäische Gemeinschaft (Gründung 1. 7. 1967).
Brüssel und Straßburg.
Mitgliedstaaten: Belgien, Dänemark, Frankreich, Deutschland, Griechenland, Irland, Italien, Luxemburg, Niederlande, Portugal, Spanien, Großbritannien (weitere 60 Länder sind durch den Vertrag von Lome liiert).

ICPO/Interpol, International Criminal Police Organization (Gründung 1923). – 26 Rue Armengaud, 92210 Saint-Cloud, Frankreich.
Mitgliedstaaten: 146 Länder.

INTELSAT, International Telecommunication Satelite Organization (Gründung 12. 2. 1973).
3400 Internal Drive, NW, Washington, D. C., USA.
Mitgliedstaaten: 120 Länder.

NAM, Nonaligned Movement. Vereinigung unabhängiger Staaten (Gründung 1. 6. 1961 = erstes Meeting).
Keine zentrale Adresse. Jedes Jahr übernimmt ein anderes Land den Vorsitz. – Mitgliedstaaten: 101 Länder.

NATO, North Atlantic Treaty Organization (Gründung 24. 8. 1949).
1110 Brüssel, Belgien.
Mitgliedstaaten: Belgien, Dänemark, Deutschland, Frankreich, Griechenland, Großbritannien, Island, Italien, Kanada, Luxemburg, Niederlande, Norwegen, Portugal, Spanien, Türkei, USA.

OAS, Organization of American States (Gründung 13. 12. 1951).
1889 F. St. NW. Washington, USA:
Mitgliedstaaten: 32 amerikanische Länder.

OAU, Organization of African Unity. (Gründung: 25. 5. 1963)
P.O. Box 3243, Addis Abeba, Äthiopien.
Mitgliedstaaten: 51 afrikanische Länder.

OECD, Organization for Economic Cooperation and Development
(Gründung 30. 9. 1961).
Rue André Pascal, 75775 Paris Cedex 16, Frankreich.
Mitgliedstaaten: Australien, Belgien, Dänemark, Deutschland, Finn-
land, Frankreich, Griechenland, Großbritannien, Irland, Island, Ita-
lien, Japan, Kanada, Luxemburg, Neuseeland, Niederlande, Norwe-
gen, Österreich, Portugal, Schweden, Schweiz, Spanien, Türkei,
USA.

OPEC, Organization of the Petroleum Exporting Countries (Grün-
dung 14. 11. 1960).
Obere Donaustraße 93, 1020 Wien, Österreich.
Mitgliedstaaten: Algerien, Ecuador, Gabun, Indonesien, Iran, Irak,
Kuwait, Libyen, Nigeria, Qatar (Katar), Saudi-Arabien, Vereinigte
Arabische Emirate, Venezuela.

UNITED NATIONS, UN, Vereinte Nationen (Gründung 24. 10. 1945).
10017 New York, N.Y., USA.
Mitgliedstaaten: 180 Länder.

Alphabetisches Länderverzeichnis: AFRIKA

1	Ägypten	28	Mali
2	Algerien	29	Marokko
3	Angola	30	Mauretanien
4	Äquatorialguinea	31	Mauritius
5	Äthiopien	32	Mosambik
6	Benin	33	Namibia
7	Botswana	34	Niger
8	Burkina Faso	35	Nigeria
9	Burundi	36	Rwanda
10	Dschibuti	37	Sambia
11	Elfenbeinküste	38	Sao Tomé & Principe
12	Eritrea	39	Senegal
13	Gabun	40	Seychellen
14	Gambia	41	Sierra Leone
15	Ghana	42	Simbabwe
16	Guinea	43	Somalia
17	Guinea-Bissau	44	Sudan
18	Kamerun	45	Südafrika
19	Kapverden	46	Swasiland
20	Kenia	47	Tansania
21	Komoren	48	Togo
22	Kongo	49	Tschad
23	Lesotho	50	Tunesien
24	Liberia	51	Uganda
25	Libyen	52	Zaire
26	Madagaskar	53	Zentralafrikanische
27	Malawi		Republik

AFRIKA

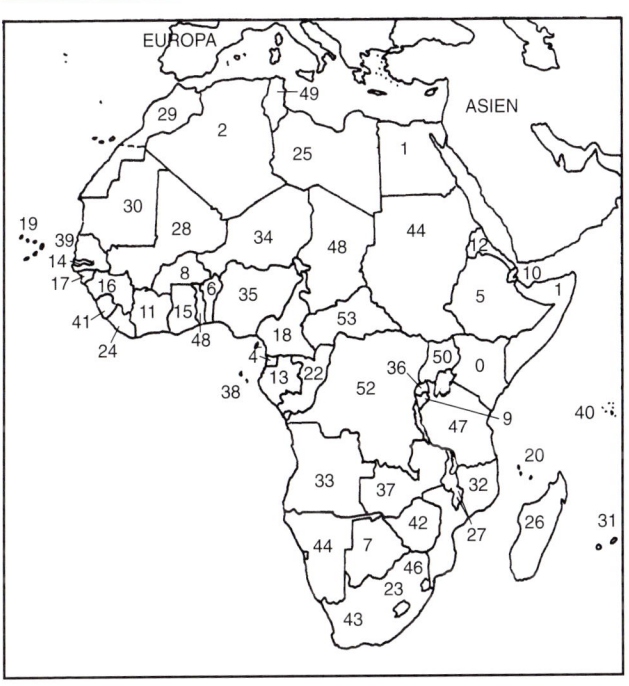

Alphabetisches Länderverzeichnis: AMERIKA

1	Antigua und Barbuda	21	Jamaika
2	Argentinien	22	Kanada
3	Aruba	23	Kolumbien
4	Bahamas	24	Kuba
5	Barbados	25	Mexiko
6	Belize	26	Nicaragua
7	Bolivien	27	Niederländische Antillen
8	Brasilien	28	Panama
9	Chile	29	Paraguay
10	Costa Rica	30	Peru
11	Dominika	31	Saint Kitts und Nevis
12	Dominikanische Republik	32	Saint Lucia
13	Ecuador	33	Saint Vincent und die
14	El Salvador		Grenadinen
15	Grenada	34	Suriname
16	Grönland	35	Trinidad und Tobago
17	Guatemala	36	Uruguay
18	Guyana	37	Venezuela
19	Haiti	38	Vereinigte Staaten von
20	Honduras		Amerika

AMERIKA

Alphabetisches Länderverzeichnis: ASIEN

1	Afghanistan	24	Kuwait
2	Armenien	25	Laos
3	Aserbaidschan	26	Libanon
4	Bahrain	27	Malaysien
5	Bangladesh	28	Malediven
6	Bhutan	29	Mongolien
7	Brunei	30	Myanmar (Birma)
8	China (Taiwan)	31	Nepal
9	China (Volksrepublik)	32	Oman
10	Georgien	33	Pakistan
11	Indien	34	Philippinen
12	Indonesien	35	Qatar (Katar)
13	Irak	36	Saudi-Arabien
14	Iran	37	Singapur
15	Israel	38	Sri Lanka
16	Japan	39	Syrien
17	Jemen	40	Tadschikistan
18	Jordanien	41	Thailand
19	Kambodscha	42	Türkei
20	Kasachstan	43	Turkmenistan
21	Kirgisien	44	Usbekistan
22	Korea (Demokratische Volksrepublik)	45	Vereinigte Arabische Emirate
23	Korea (Republik)	46	Vietnam

ASIEN

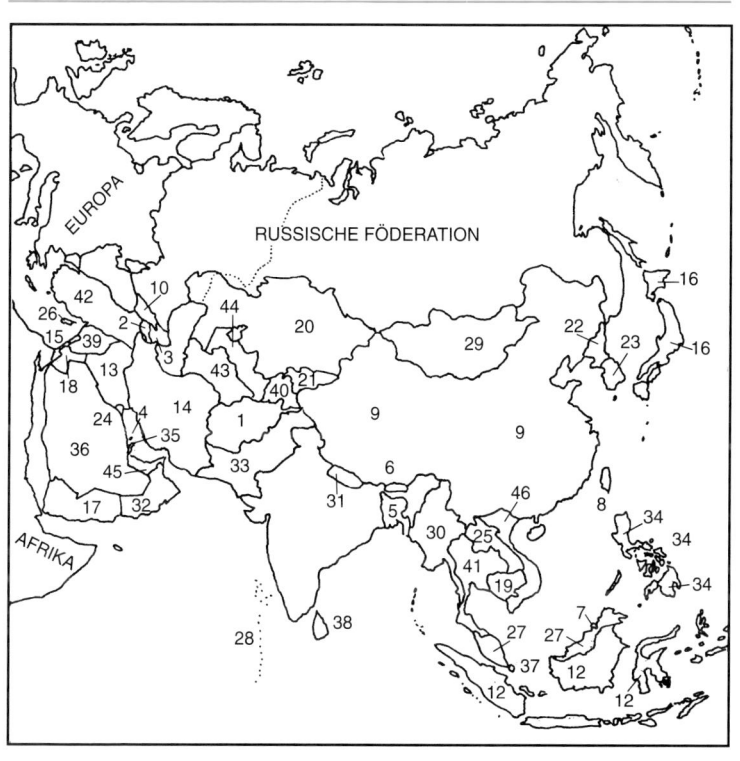

Alphabetisches Länderverzeichnis: EUROPA

1	Albanien	24	Moldowa (Moldawien)
2	Andorra	25	Monaco
3	Belgien	26	Niederlande
4	Bosnien-Herzegowina	27	Norwegen
5	Bulgarien	28	Österreich
6	Dänemark	29	Polen
7	Deutschland	30	Portugal
8	Estland	31	Rumänien
9	Finnland	32	Russische Föderation
10	Frankreich		(Rußland)
11	Griechenland	33	San Marino
12	Großbritannien und Nordirland	34	Schweden
		35	Schweiz
13	Irland	36	Slowakische Republik
14	Island	37	Slowenien
15	Italien	38	Spanien
16	Jugoslawien (Serbien und Montenegro)	39	Tschechische Republik
		40	Ukraine
17	Kroatien	41	Ungarn
18	Lettland	42	Weißrußland
19	Liechtenstein	43	Vatikanstadt
20	Litauen	44	Zypern
21	Luxemburg		Armenien und Georgien gehören
22	Macedonien (Makadonien)		zu Europa, siehe aber Karte
23	Malta		Asien!

EUROPA

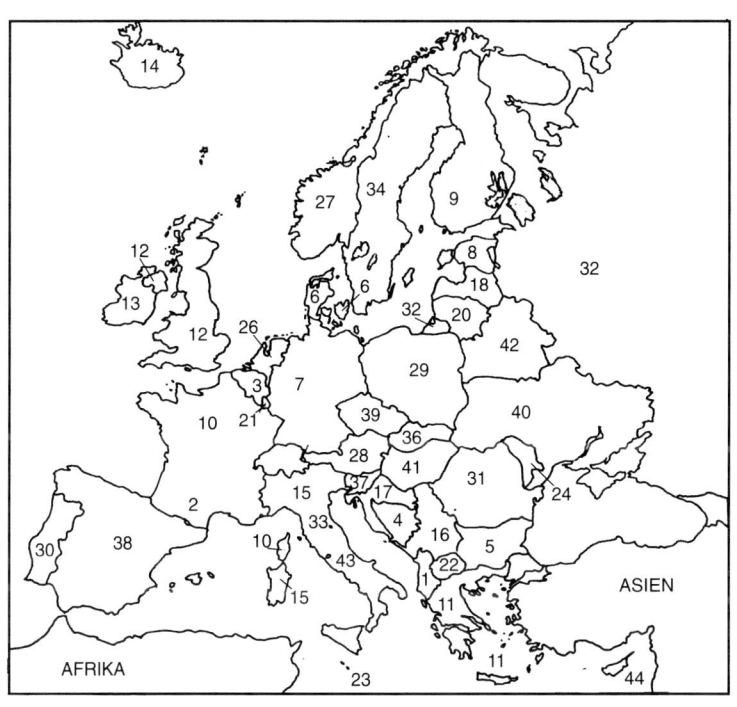

Alphabetisches Länderverzeichnis: OZEANIEN

OZEANIEN

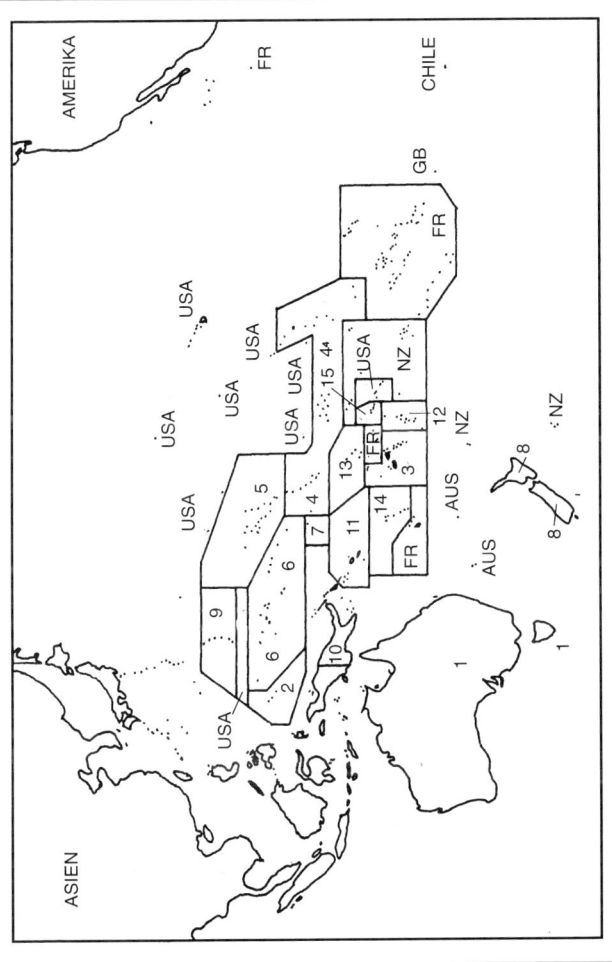

ÄGYPTEN

Amtlich **El Dschumhurija Misr El Arabija** bzw. **Al Jumhuriya Misr Al Arabiya,** Präsidiale Republik in Nordostafrika, 1 001 449 qkm, 54,4 Millionen Einwohner (1991) = 54,3 E/qkm. **Hauptstadt:** Kairo (6,2 Mill. E). **Währung:** 1 Ägyptisches Pfund = 100 Piaster. **Mitgliedschaften:** UNO und Unterorganisationen, CCC, ECA, ECWA, IPU, OAPEC, OAU, OIC, UNCTAD, Arabische Liga (susp).

Flagge: Offiziell gehißt am 4. 10. 1984. Geht auf die nach Abschaffung der Monarchie 1952 eingeführte Arabische Befreiungsflagge zurück. Rot-Weiß-Schwarz, drei waagerechte gleichbreite Streifen mit goldenem (gelbem) Adler Saladins (eine Idolfigur der Arabischen Einheit). Rot erinnert an die Revolution; Weiß steht für eine strahlende Zukunft und Schwarz für die dunkle Vergangenheit.

Bevölkerung: Arabisierte Hamiten, Beduinen, Nubier, Berber, schwarze Minderheit. **Staatssprache:** Arabisch. **Religion:** 93,1 % Muslime, 6,8 % koptische Christen. **Verwaltungsgliederung:** 26 Provinzen und Gouvernorate, 6 Wirtschaftsregionen.

Landesnatur: Größtenteils Wüste, landwirtschaftlich nutzbar und dicht besiedelt nur Niltal und Nildelta, 1550 km lang, knapp 60 000 qkm. Subtropisches Klima.

Geschichte: Seit 3000 v. Chr. Hochkultur, ab 639 n. Chr. von islamisierten Arabern beherrscht, 1254–1517 Mamelukenherrscher, dann Provinz des Türkenreiches. Im 19. Jh. wachsender europäischer Einfluß, Bau des Suezkanals, 1873 Lösung von der Türkei, 1882 Landung britischer Truppen, 1898 Abtrennung des Sudan. 1904–1922 britisches Protektorat, dann selbständiges Königreich, bis 1936 weitgehend unter britischer Kontrolle. Nach dem 2. Weltkrieg Abzug der britischen Truppen. 1952 nach Staatsstreich Abschaffung der Monarchie. 1956 Suezkrise. 1958–1961 Zusammenschluß mit Syrien und Jemen zur Vereinigten Arabischen Republik. 1979 Friedensvertrag mit Israel. 1981 Präsident Sadat ermordet. Beginn der Entwicklung des Islamischen Fundamentalismus.

Unabhängig seit 28. 2. 1922. **Nationalfeiertage:** 23. 7. und 6. 10.

Nationalhymne: Text und **Melodie:** Sayed Darwish (1892–1932). Auf Anregung von Präsident Sadat 1979 als Nationalhymne neu arrangiert.

»Biladi biladi biladi laki hubbi wa fuadi / Biladi biladi biladi laki hubbi wa fuadi / Misr ya umm al bilad inti ghayati wal murad / Wa ʼala kull il ʼibad kam lineelik min ayadi / Biladi . . .«
»Heimatland, Heimatland, Heimatland, mein Herz schlägt liebevoll für dich. / Heimatland, Heimatland, Heimatland, mein Herz schlägt liebevoll für dich. / Ägypten, du Mutter aller Länder, meine Hoffnung, mein Sehnen, / wer könnte die Segnungen des Nils für die Menschheit ermessen? / Heimatland . . .«

Staatswappen: Goldener Saladin-Adler mit Brustschild, manchmal auch farbig mit den Farben der Flagge auf dem Brustschild. In den Fängen des Adlers Schriftband mit dem Namen des Staates.

AFGHANISTAN

Amtlich **Afghanistan, De Afghánistán Djamhuriare** bzw. **Djamhurie-e Afghánistán,** Republik in Westasien, 647497 qkm, 16,4 Mill. Einwohner (1991), davon ca. 6 Mill. als Flüchtlinge im Ausland = 25,4 E/qkm. **Hauptstadt:** Kabul (2,5 Mill. E). **Währung:** 1 Afghani = 100 Puls. **Mitgliedschaften:** UNO und Unterorganisationen, AsDB, ESCAP, OIC (susp.), UNCTAD, Colombo-Plan.

Flagge: Eingeführt Mai 1992. Grün-Weiß-Schwarz (waagerecht). Im Grün weiße Inschrift: »Allah Akhbar«. Im Weiß scharze Inschrift: »La Klaka E La Mohamadur Rasulul Lach.«. Es sind auch Flaggen mit goldenen Inschriften bekannt.

Bevölkerung: Über 50% Paschtunen, ca. 25% Tadschiken, 5% Usbeken, 3% Hazarah, Nuristanis, Belutschen, Turkmenen. **Staatssprachen:** Paschtu und Dari (Farsi). **Religion:** Islam (über 90% Sunniten, 5% Schiiten), Hindus. **Verwaltungsgliederung:** 30 Provinzen (Welayat).

Landesnatur: Niederschlagsarmes Gebirgsland mit kontinentalem Steppenklima zwischen Zentralasien und dem indischen Subkontinent, ohne Zugang zum Meer, beherrscht vom bis fast 8000 m hohen Hindukusch-Massiv; Hochgebirge, Steppen und Wüsten, aber auch fruchtbare Flußtäler.

Geschichte: Bis zum 18. Jh. nach Herrschaft von Hunnen, Sassaniden, Arabern, Indern und Mongolen russischer und englischer Einfluß, 1747 Gründung eines selbständigen Staates, ab 1893 Kontroll- und Schutzrechte der Engländer; Krieg gegen englische Besatzung, 1919 Friede von Rawalpindi, Anerkennung der Unabhängigkeit (endgültig

1921 im Vertrag von Kabul), 1926 Königreich, 1946 UNO-Mitglied, 1973 nach Putsch Umwandlung in Republik. 1978 Putsch der prosowjetischen Khalg-Partei, 1979 Einmarsch sowjetischer Truppen, blutige Kämpfe mit den islamischen Mudschaheddin; Flucht von Millionen Afghanen ins Ausland. 1988: Die Sowjettruppen ziehen sich zurück. 1989: Bürgerkrieg. 1992: Ende der kommunistischen Regierung. Weiterhin Krieg zwischen verschiedenen Rebellengruppen. 1993: Neue Regierung.

Unabhängig seit 13. 4. bzw. 8. 8. 1919. **Nationalfeiertag:** 27. 4. (Putsch von 1978).

Nationalhymne: unbekannt.

Staatswappen: Das vorläufige Wappen ist das der islamitischen Republik. In der Mitte eine Moschee. An den Seiten Flaggen mit Weizenähren und Schwertern. Die Farben sind noch unbekannt.

ALBANIEN

Amtlich **Albanien Republika e Shqipërisë,** Republik in Südosteuropa, 28 748 qkm, 3,3 Mill. Einwohner (1991) = 116 E/qkm. **Hauptstadt:** Tirana (260 000 E). **Währung:** 1 Lek = 100 Qindarka. **Mitgliedschaften:** UNO und Unterorganisationen, BIZ, ECE, IPU, UNCTAD.

Flagge: Den schwarzen doppelköpfigen Adler, der einst Österreich-Ungarn und Rußland symbolisierte, führte auch der albanische Nationalheld Skanderbeg auf seiner roten Fahne. Diese Fahne übernahm Albanien, als es 1912 unabhängig wurde; 1945 wurde der gelbgeränderte rote Stern des Kommunismus hinzugefügt und am 7. 4. 1992 wieder entfernt.

Bevölkerung: 97 % Albaner (Tosken im Süden, Gegen im Norden), griechische (2 %) und slawische (1 %) Minderheiten. **Staatssprache:** Albanisch (auf der Grundlage toskischer Dialekte). **Religion:** Offiziell atheistischer Staat, traditionell über 60 % Muslime (überwiegend Sunniten), ca. 5 % Christen. **Verwaltungsgliederung:** 26 Bezirke (rrethët).

Landesnatur: Küstenebenen aus fruchtbarem Schwemmland am Adriatischen Meer, eingefaßt von Hügelland, im Norden, Osten und Süden von Hochgebirge gesäumt. Zahlreiche kurze, nicht schiffbare Flüsse, ca. 150 Seen.

Geschichte: Im Altertum von Illyrern besiedelt, von Rom unterworfen. Nach serbischer, normannischer, bulgarischer und byzantinischer Herrschaft 1443–1468 unter dem einheimischen Fürsten Skanderbeg, 1479–1912 türkisch. Unabhängigkeit am 28. 11. 1912 erklärt, 1913 von den Großmächten anerkannt. Achmed Zogu 1925 Staatspräsident, 1928 König. Im 2. Weltkrieg von Achsenmächten besetzt, 1944 Machtübernahme durch die kommunistische Partei unter Enver Hodscha, Ausrufung der Volksrepublik, starke Anlehnung an die UdSSR. 1960 Hinwendung zur VR China, 1978 Bruch mit China, vollkommene Isolierung, nach Enver Hodschas Tod 1985 vorsichtige Öffnung zum Westen. 1991 Ende der kommunistischen Regierung nach heftigen Streiks. 1992 freie Wahlen.

Unabhängig seit 28. 11. 1912. **Nationalfeiertage:** 11. 1. und 29. 11.

Nationalhymne: Die 1880 komponierte Melodie wurde 1912 als Nationalhymne übernommen. **Musik:** Ciprian Porumbescu (1853–1883), **Text:** Aleksandër Stavre Drenova (1872–1947).
»Rreth Fla mu të për bashkuar, Menjë dë shir e uje peuim; Të gjith atje duk 'ju betuar, Të lidhim besën për shepëtim . . .«
»Die Fahne, die im Kampf uns einte, Bereit zum Schwur uns alle fand: Ein Sinn, ein Ziel, bis frei vom Feinde. Und ohne Schmerz ist unser Land . . .«
(Die Nationalhymne wird voraussichtlich geändert)

Staatswappen: Vorläufiges Wappen: Es zeigt den traditionellen schwarzen Doppeladler mit Ährenkranz.

ALGERIEN

Amtlich **El Dschamhurija el Dschasarija el demokratija escha'abija**
bzw. **Al-Jumhūrīya al-Jazā'irīya ad-dimūqrātīya ash-sha'biya,** Demokratische Volksrepublik mit Staatsreligion und Einparteiensystem in
Nordafrika, 2 381 741 qkm, 26 Millionen Einwohner (1991) = 10,9 E/
qkm. **Hauptstadt:** Algier (3 Mill. E). **Währung:** 1 Algerischer Dinar =
100 Centimes. **Mitgliedschaften:** UNO und Unterorganisationen,
CCC, ECA, IPU, OAPEC, OAU, OIC, OPEC, UIA, UNCTAD,
Arabische Liga.

Flagge: Am 3. 7. 1962 offiziell gehißt. Grün-Weiß/senkrecht mit rotem
Halbmond und Stern in der Mitte. Grün, Halbmond und Stern sind
Symbole des Islam, während Rot die Farbe des Sozialismus ist. Weiß
steht für Rechtschaffenheit und Lauterkeit. Die Flagge tauchte erstmals 1925 bei antifranzösischen Demonstrationen auf.

Bevölkerung: Arabische Mischbevölkerung, Berber, Weiße. **Staatssprache:** Arabisch, Handelssprache Französisch. **Religion:** 99 % Sunniten (Islam Staatsreligion). **Verwaltungsgliederung:** 48 Bezirke (Welayat).

Landesnatur: Im Norden Gebirgsland (Tell- und Sahara-Atlas, bis
2300 m hoch), dicht besiedelter Küstensaum, fruchtbare Gebirgstäler.
Südlich davon Hochland der Schotts (Salzseen), jenseits des Sahara-
Atlas Wüste mit mehreren Gebirgsmassiven (Hoggar, bis 3000 m
hoch), wenige Oasen, aber erdölreich.

Geschichte: Von Vandalen, Arabern und Berbern beherrscht, seit
1519 türkischer Lehnsstaat, 1830–1857 Eroberung durch Franzosen bis
zur Sahara, seit 1881 nördliche Departements zu Frankreich. Starke

französische Einwanderung. 1954–1962 blutige Aufstände, unabhängig seit 3. 7. 1962, seit 1976 »Demokratische Volksrepublik«. 1989 neue Verfassung. Mehrparteiensystem.

Unabhängig seit 3. 7. 1962. **Nationalfeiertage:** 3. 7. (Tag der Unabhängigkeit), 1. 11. (Tag der Revolution).

Nationalhymne: Text: Mufdi Zakariah (1912–1981). **Melodie:** Mohammed Fawzi (1918–1966). 1963 offiziell angenommen.
»Qasaman bin-nāzilāt al-māhiqāt / wad-dimā' azzakīyāt ad-dāfiqāt / walbunūd al-lāmi'āt al-ḫāfiqāt / fī l-ǧibāl aš-šāmiḫāt aš-šāhiqāt / naḫu turnā fa-ḥayāt au mamāt // Wa-'aqadnā l-'azm an taḥyā l-ǧazā'ir / fa-šhadū fa-šhadū fa-šhadū.«
»Bei den vernichtenden Blitzen! / Bei den Strömen reinen Bluts! / Bei den flatternden Fahnen, / die wehn auf stolzen Höhn! / Haben wir geschworen: Revolution auf Leben und Tod! / Wir haben gelobt zu sterben, auf daß Algerien lebe! / Seid Zeugen! Seid Zeugen! Seid Zeugen!«

Staatswappen: Das ursprünglich nationale Emblem basiert auf dem Halbmond und dem Stern, zusammen mit der Hand Fatimas. Im Jahr 1976 ersetzt durch ein neues Staatswappen mit mehreren industriellen und Agrarkultur-Elementen.

ANDORRA

Amtlich **Principat d'Andorra** (katalanisch), **Principado de Andorra** (spanisch) bzw. **Principauté d'Andorre** (französisch), Ko-Fürstentum in Südwesteuropa, 453 qkm, 53 197 Einwohner (1991) = 117,4 E/qkm. **Hauptstadt:** Andorra la Vella (19 566 E). **Währung:** Französisch und spanisch. **Mitgliedschaften:** UNO und Unterorganisationen, Zollvertrag mit der EG, IOC.

Flagge: Die Flagge (Blau-Gelb/Gold-Rot/senkrecht gestreift) wurde um 1866 eingeführt; im Land sind verschiedene Varianten zu sehen. Gold und Rot waren die Farben der Grafen von Foix, die sich einst mit den Bischöfen von Urgel die Herrschaft teilten.

Bevölkerung: Ca. 10 000 Andorraner (Katalanen), 23 000 Spanier, 2500 Franzosen, Portugiesen. **Staatssprache:** Katalanisch; Spanisch und Französisch Bildungs- und Verkehrssprachen. **Religion:** Römisch-katholische Christen, jüdische Minderheit. **Verwaltungsgliederung:** 7 »Täler« als Gemeindebezirke.

Landesnatur: In den Pyrenäen zwischen fast 3000 m hohen Bergen zwischen Frankreich und Spanien gelegen, von mehreren Tälern durchzogen; spärliche Weidewirtschaft, Fremdenverkehr, Zoll- und Steuerparadies.

Geschichte: Erstmals um 803 im Zusammenhang mit dem Kampf Karls d. Gr. gegen die Araber erwähnt, später zwischen den Bischöfen von Urgel und den Grafen von Foix umstritten, die sich 1278 auf eine Gewaltenteilung einigten. Auch heute noch **de jure** Lehnsstaat unter dem Bischof von Urgel (Spanien) und dem französischen Staatspräsidenten als Rechtsnachfolger der Grafen von Foix; **faktisch** gegen symbolische Tributzahlung unabhängig, allgemeines Wahlrecht seit 1970. 1993 Referendum für neue Verfassung und eigenes Parlament.

Selbständig seit 8. 9. 1278 (vom Papst bestätigter Paréage-Vertrag). **Nationalfeiertag:** 8. 9. (Tag der Jungfrau von Meritxell, der Patronin Andorras).

Nationalhymne: Offiziell eingeführt am 8. 9. 1914 (nach anderen Quellen 1921). **Musik:** Enric Marfany (1871–1942), **Text:** Joan Benllock y Vivò (1864–1926).
»El gran Carlemany, mon Pare, Dels alarbs me deslliurá, I del cel vida em doná De Mertixell la gran Mare . . .«
»Karl der Große, mein Vater, hat mich Aus der Hand der Mauren befreit, Von Meritxell die hohe Frau Mir himmlisches Leben geweiht . . .«

Staatswappen: Quadriert, in den Quartieren die Wappen der Bischöfe von Urgel (Krummstab und Mitra), der Grafen von Foix, von Katalonien und der Grafen von Béarn (zwei Rinder). Das lateinische Motto lautet: »Einigkeit macht stärker.« In der französischen Version ist das Wappen bekrönt.

ANGOLA

Amtlich **República Popular de Angola,** Sozialistische Volksrepublik in Südwestafrika, 1 246 700 qkm, 8,9 Millionen Einwohner (1986) = 7 E/qkm. **Hauptstadt:** Luanda (1,15 Mill. E). **Währung:** 1 Kwanza = 100 Lwei. **Mitgliedschaften:** UNO und Unterorganisationen, AKP, ECA, SADCC, UNCTAD.

Flagge: Offiziell gehißt am 11. 11. 1975. Rot steht für das im Freiheitskampf vergossene Blut, Schwarz für den afrikanischen Kontinent, Gelb für die Naturschätze des Landes. Das Buschmesser symbolisiert Bauern und Freiheitskampf, das Zahnrad Arbeiter und Industrie, der Stern Fortschritt und Internationalismus.

Bevölkerung: Hauptsächlich Bantu (Mbundu, Kimbundu, Muschikongo u. a.), Khoisaniden, weiße Minderheit. **Staatssprache:** Portugiesisch; Umgangssprachen: Bantudialekte. **Religion:** 40% Katholiken, 12% Protestanten, Naturreligionen. **Verwaltungsgliederung:** 18 Provincias.

Landesnatur: Küstentiefland am Atlantik, 800–1500 m hohes Binnenhochland, dazwischen Bergketten, bis 2620 m hoch. Im Südosten Anteil am Kongobecken. Zu Angola gehört die Exklave Cabinda. Dort und in den Flußniederungen feuchtheißes Tropenklima, im übrigen durch den kalten Benguela-Meeresstrom kühler.

Geschichte: Bis zum 19. Jh. mächtige Stammesverbände. 1482 Landung der Portugiesen, Bündnis mit dem Kongo-Reich, florierender Sklavenhandel, im 16. Jh. Ausdehnung des portugiesischen Einflusses, Unterwerfung des Dongo-Reiches. Auf der Berliner Konferenz (1885) Angola an Portugal, massive portugiesische Einwanderung. Ab 1961

Guerillakrieg gegen Kolonialherrschaft, 1975 Erlangung der Unab-
hängigkeit, seither Bürgerkrieg mit ausländischer Intervention. 1988
Ende ausländischer Militärhilfe. Mai 1991 Ende des Bürgerkrieges.
Vertrag mit UNITA. 1992 freie Wahlen. Erneut im Kriegszustand.

Unabhängig seit 11. 11. 1975. **Nationalfeiertage:** 4. 2., 11. 11., 10. 12.

Nationalhymne: Text: Manuel Rui Alves Monteiro (∗ 1941). **Melodie:**
Rui Alberto Vieira Dias Mingas (∗ 1939). 1975 angenommen.
»O Pátria, nunca mais esqueceremos os heróis do quatro de Fevereio. /
O Pátria, nós saudamos os teus filhos tombados pela nossa Indepen-
déncia. / Honramos o passado e a nossa História construindo no
Trabalho o homem novo...«
»O Vaterland, niemals werden wir die Helden des 4. Februar verges-
sen. / O Vaterland, wir grüßen deine Söhne, die für unsere Unabhän-
gigkeit starben. / Wir ehren die Vergangenheit und unsere Geschichte,
indem wir durch unser Tun den neuen Menschen schaffen...«

Staatswappen: Am 11. 11. 1975 angenommen. Die Symbole der Flagge
kehren hier wieder. Das aufgeschlagene Buch und die aufgehende
Sonne stehen für Erziehung und Kultur, die für die Entwicklung des
Landes so wichtig sind, Mais, Baumwolle und Kaffee sind landestypi-
sche Produkte. Auf dem Band der offizielle Name des Staates.

ANTIGUA UND BARBUDA

Amtlich **State of Antigua and Barbuda,** Konstitutionelle Monarchie im Commonwealth in der Karibik, 443 qkm, 63 917 Einwohner (1991) = 144,2 E/qkm. **Hauptstadt:** St. John's (36 000 E). **Währung:** 1 Ostkaribischer Dollar = 100 Cents. **Mitgliedschaften:** UNO und Unterorganisationen, AKP, CARICOM, ECLAC, OAS, OECS, UNCTAD, Commonwealth.

Flagge: Offiziell gehißt am 1. 3. 1967. Die aufgehende Sonne symbolisiert den Anbruch einer neuen Zeit der Freiheit, Schwarz das afrikanische Erbe des Volkes, Blau die Hoffnung und das Meer, während das Weiß den Sandstrand repräsentiert. Das rote Feld verkörpert den Dynamismus des Volkes.

Bevölkerung: 92% Schwarze, 3,5% Mischlinge, 3,7% Weiße. **Staatssprache:** Englisch; Umgangssprache Kreolisch. **Religion:** Anglikaner, 12% Katholiken.

Landesnatur: Inselgruppe der Leeward Islands (Inseln Unter dem Winde) im Karibischen Meer, bestehend aus Antigua, Barbuda und Redonda. Tropisches Seeklima.

Geschichte: 1493 von Kolumbus entdeckt, 1932 von den Engländern besetzt, vorübergehend französisch, ab 1667 endgültig englisch. Nach Ausrottung der Urbevölkerung mit afrikanischen Negersklaven zum Aufbau von Zuckerrohrplantagen besiedelt. 1981 in die Unabhängigkeit entlassen.

Unabhängig seit 1. 11. 1981. **Nationalfeiertag:** 1. 11.

Nationalhymne: Text: Novelle Hamilton Richards (∗ 1917). **Melodie:** Walter Garnet Picart Chambers (∗ 1908). 1967 anläßlich der Erlangung des Status eines »assoziierten Staates Westindiens« eingeführt, 1981 nach Erlangung der Unabhängigkeit bestätigt.

»Fair Antigua, we salute thee! Proudly we this anthem raise / To thy Glory and thy beauty, joyfully we sing the praise / Of the virtues, all bestowed on thy sons and daughters free; / Ever striving, ever seeking, Dwell in love and unity.«

»Schönes Antigua, wir grüßen dich! Stolz singen wir diese Hymne / Deines Ruhms und deiner Schönheit, fröhlich preisen wir singend / Die deinen freien Söhnen und Töchtern geschenkten Tugenden; / Stets bemüht, stets suchend, mögen Liebe und Einigkeit herrschen.«

Staatswappen: Am 16. 2. 1967 verliehen. Auf dem Wappenschild Zuckermühle vor Meereswellen und aufgehender Sonne, auf dem Helm Baumwolle, Ananas und Hibiskusblüten. Als Schildhalter zwei Hirsche mit Agave und Zuckerrohr. Auf dem Band das Motto »Wenn jeder sich anstrengt, haben alle Erfolg«.

ÄQUATORIALGUINEA

Amtlich **República de Guinea Ecuatorial,** Präsidiale Republik in Zentralafrika, 28 051 qkm, 378 729 Einwohner (1991) = 13,5 E/qkm. **Hauptstadt:** Malabo (35 000 E). **Währung:** 1 Ekwele = 100 Centimos. **Mitgliedschaften:** UNO und Unterorganisationen, AKP, ECA, IPU, OAU, UDEAC, UNCTAD.

Flagge: 1968 in Gebrauch genommen, in heutiger Gestalt 1978 gehißt. Blau steht für das Meer, Grün für die Landwirtschaft und Naturschätze, Weiß für Friedensliebe, Rot für das im Kampf um die Unabhängigkeit vergossene Blut. Im weißen Mittelstreifen das Staatswappen der Republik.

Bevölkerung: 80 % Fang, Benga, Bubies, Mischlinge, Weiße. **Staatssprache:** Spanisch; Umgangssprachen Bantu-Dialekte. **Religion:** 83 % römisch-katholisch, Protestanten, Naturreligionen. **Verwaltungsgliederung:** 7 Provinzen.

Landesnatur: Inseln (u. a. Bioko und Pagalu) im Golf von Guinea, Festlandsgebiet zwischen Kamerun und Gabun. Inseln vulkanischen Ursprungs gebirgig, Festlandsgebiet (Mbini) mit flacher Küstenzone und gebirgigem Hinterland. Plantagen- und Holzwirtschaft.

Geschichte: 1470 von Portugiesen entdeckt, Inseln ab 1778 spanischer Besitz, 1900 mit Festlandsgebiet zur Kolonie Spanisch-Guinea vereinigt. Seit 1964 innere Autonomie, seit 1968 unabhängig, seit 1970 Militärregierungen. Politische Parteien sind seit 1982 verboten.

Unabhängig seit 12. 10. 1968. **Nationalfeiertag:** 12. 10.

Nationalhymne: Text: Atanasio Ndongo Miyono. Der Komponist und der Wortlaut des Textes konnten nicht in Erfahrung gebracht werden.

Staatswappen: Auf silbernem Schild ein naturfarbener Mangroven-baum, darüber sechs goldene sechsstrahlige Sterne, die die fünf Inseln und das Festlandsgebiet der Republik repräsentieren. Auf dem Band unter dem Schild in Spanisch der Wahlspruch »Einheit, Frieden, Ge-rechtigkeit«.

ARGENTINIEN

Amtlich **República Argentina,** Bundesrepublik und Präsidialdemo-
kratie in Südamerika, 2 776 889 qkm, 32,6 Millionen Einwohner
(1991) = 11,7 E/qkm. **Hauptstadt:** Buenos Aires (3 Mill. E, als Groß-
B.-A. über 10 Mill. E). **Währung:** 1 Austral = 100 Centavos. **Mitgliedschaften:** UNO und Unterorganisationen, ALADI, BLADEX, CCC,
CECLA, ECLAC, IDB, IPU, OAS, SELA, UNCTAD.

Flagge: Offiziell eingeführt am 25. 7. 1816. Die Farben gehen auf die
blauen und weißen Kokarden zurück, die zu Beginn des Freiheitskampfs am 25. 5. 1810 verteilt wurden. An diesen Tag erinnert auch die
»Maisonne«, die in die Staatsflagge und das Staatswappen aufgenommen wurde.

Bevölkerung: Über 90 % Weiße, Mestizen, Indianer, ca. 10 % Ausländer. **Staatssprache:** Spanisch (Castellano). **Religion:** 88,6 % römisch-
katholisch, protestantische, islamische, jüdische Minderheiten. **Verwaltungsgliederung:** 5 Regionen mit 22 Provinzen, Bundesdistrikt
Buenos Aires, Nationalterritorium Feuerland.

Landesnatur: Im Osten Flachland (Pampa), im Norden Urwälder und
Parklandschaft (Gran Chaco), im Westen Bergland (Anden, Steinwü-
ste), im Süden Geröllebene (Patagonien). Im Süden subarktisches, im
Norden randtropisches, aber überwiegend warmgemäßigtes Klima.

Geschichte: Ab 1513 von spanischen Seefahrern erkundet, 1527 Gründung der ersten spanischen Niederlassung, ab 1776 zusammen mit
Nachbargebieten spanisches Vizekönigreich. 1810–1816 Unabhängigkeitskampf, Ausrufung der Republik. Lange Bürgerkriege. Aufschwung durch starke Einwanderung. 1946–1955 Diktatur unter Pe-

rón, repressive Militärregierungen. 1982 Invasion Falkland-Inseln. Krieg mit Großbritannien. Seit 1983 Zivilregierung.

Unabhängig seit 9. 7. 1816. **Nationalfeiertage:** 25. 5. und 9. 7.

Nationalhymne: Text: Vicente López y Planes (1785–1856). **Melodie:** José Blas Parera (1775–um 1830). Am 11. 5. 1813 per Dekret angenommen.

»¡Oid mortales! el grido sagrado: / Libertad, libertad, libertad! / Oid el ruido de rotas cadenas; / Ved en trono a la noble Igualdad. / Se levanta a la faz de la tierra / Una nueva y gloriosa Nación; / Coronada su sien de laureles / Y a sus plantas rendido un León. // Sean eternos los laureles / Que supimos conseguir; / Coronados de gloria vivamos / O juremos con gloria morir.«

»Sterbliche, hört den Ruf, den geweihten: / Freiheit, Freiheit und abermals Freiheit! / Hört das Rasseln zerbrochener Ketten, / Schaut auf dem Throne die edle Gleichheit. / Vor dem Erdkreis erhebt ihre Stirne / Eine Nation, die ruhmreich und neu, / Ihre Schläfen von Lorbeer umwunden, / Zu ihren Füßen bewältigt ein Leu. // Ewig soll währen der Lorbeer, / Den uns die Vorsehung bot; / Bekränzt vom Ruhm woll'n wir leben / Oder schwör'n einen ruhmreichen Tod.«

Staatswappen: 1813 angenommen. Auf Blau über Silber (Weiß) braune Stange mit roter Freiheitsmütze (phrygische Mütze), von zwei zum Händedruck vereinten Armen im Schildfuß gehalten, umgeben von Lorbeerkranz mit blauem Band, überhöht von der goldenen Freiheits- oder Maisonne.

ARMENIEN

Amtlich **Haikakan Hanrapetoutioun,** Präsidiale Republik im Südwe-
sten von Transkaukasien, 29 800 qkm; 3,37 Millionen Einwohner
(1991) = 113,2 E/qkm. **Hauptstadt:** Yerevan (Jerewan) (1,2 Mill. E).
Währung: 1 Rubel = 100 Kopeken (eigene Währung in Vorbereitung).
Mitgliedschaften: UNO und Unterorganisationen, GUS, CSCE, IMF,
Weltbank.

Flagge: Offiziell eingeführt am 23. 9. 1991. Sie bestand per Gesetz
bereits zur Zeit der unabhängigen Republik 1918–1920. Waagerecht
Rot-Blau-Orange. Rot = das Blut, das im Freiheitskampf vergossen
wurde, Blau symbolisiert den Charakter der Landschaft, Orange = der
Mut des Volkes in schweren Zeiten.

Bevölkerung: 85% Armenier, 5,5% Aseri, 2,5% Russen u. a. Kurden, Perser, Juden. (Etwa 1,3 Mill. Armenier leben in Moskau und
weiteren Ländern). **Staatssprache:** Armenisch (offiziell), Russisch,
Kurdisch. **Religion:** Christen, Muslime. **Verwaltungsgliederung:** noch
unbekannt.

Landesnatur: Gebirgiges Hochland. 90% der Fläche liegt über 1000 m.
Umrandet von stark gegliederten Gebirgszügen, im Norden nach
Kura, im Süden ins Aras-Tal abfallend. der Boden ist größtenteils
vulkanischen Ursprungs und sehr fruchtbar. In den Tälern, im Jere-
van-Becken und im Leninakan intensive Landwirtschaft durch Bewäs-
serungssysteme. Subtropisches Klima.

Geschichte: Bereits vor Christus ein Land mit hoher Kultur. Christianisierung im 3. Jh. 1236 Invasion durch Tataren und Mongolen.
1639 wird Armenien zwischen Türken und dem Iran aufgeteilt. 1828

fällt Ostarmenien an Rußland (Vertrag von Turkmenchai). Im 1. Weltkrieg gerät Westarmenien unter starken türkischen Druck. 1918 wird A. unabhängige Republik. Nach sowjetischer Invasion wird A. 1920 Sowjetrepublik. 1922 wird A. Teil der sowjetischen Transkaukasischen Föderation mit Georgien und Aserbaidschan. 1936 werden diese Gebiete wieder getrennt. Die erneute Unabhängigkeitserklärung erfolgte am 23. 9. 1991, amtlich am 25. 12. 1991. 1992 Beteiligung am Bürgerkrieg in Nagorno Karabach zwischen Armeniern und Aseri.

Unabhängig seit 23. 9. 1991 (endgültig 25. 12. 1991). **Nationalfeiertag:** 21. 9.

Nationalhymne: »Mèr Haīrénik«. **Melodie:** Parsegh Ganatchian. **Text:** Mikaël Nalbandian.
»Mèr haīrénik, teuchvar andér / Mèr teuchnamiadz vodnagor / Ir vortike ait gantchoum é / Hanèl ir vréj, kén ou vokh.«
»Unser Vaterland, beraubt, schikaniert / Unterdrückt von skrupellosen Feinden / Ruft jetzt seine treuen Söhne / Um den rächenden Schlag auszuführen.«

Staatswappen: Eingeführt 1919, 1992 wieder offiziell. Schild mit vier Feldern. 1 und 4 = rote Löwen mit Doppelkreuzen auf goldenem Grund. 2 = goldener Doppeladler auf rotem Grund. 3 = goldene Taube mit Blume auf rotem Grund. Das Herzschild zeigt das Symbol Armeniens, den Berg Ararat. Schildträger sind ein blauer Adler und ein roter Löwe. Darunter ein Schwert und Zweige mit einem Band in den Nationalfarben.

ARUBA

Amtlich **Aruba**, Autonomes Gebiet der Niederlande in der Karibik. Staatliche Unabhängigkeit für 1996 vorgesehen. 193 qkm, 68 141 Einwohner (1991) = 353 E/qkm. **Hauptstadt:** Oranjestad. **Währung:** 1 Aruba-Gulden = 100 Cent. **Mitgliedschaften:** z. Z. s. Niederlande.

Flagge: Offiziell gehißt am 18. 3. 1976. Blaues Feld mit einem vierzakkigen weißgerandeten roten Stern oben links und zwei schmalen, horizontalen gelben Streifen im unteren Teil. Blau symbolisiert das Meer, Gelb steht für die einheimische Blume Wanglo, der Stern repräsentiert das Volk.

Bevölkerung: 80 % Mulatten, Europäer, Kariben. **Staatssprache:** Offiziell Niederländisch, Papiamento (Dialekt). **Religion:** 82 % römischkatholisch, 8 % Protestanten u. a. **Verwaltungsgliederung:** keine.

Landesnatur: Die Insel ist auch unter dem Namen »Insel unter dem Wind« bekannt. Flache Insel mit kleinen Hügeln. Das Klima ist tropisch mit ganzjährigem Nordostpassat.

Geschichte: Im 15. Jh. durch Kolumbus »entdeckt«. 1515 wird die Bevölkerung als Sklaven deportiert. Vom 16. bis 19. Jh. Besitzstreit zwischen England, Spanien und den Niederlanden. 1642 kommt Aruba unter holländische Herrschaft. 1924 erste Niederlassung von Ölindustrie. 1954 wird Aruba Teil der Niederländischen Antillen im Königreich der Niederlande. 1977 stimmen in einem Referendum 57 % der Bevölkerung für Unabhängigkeit. A. erhält am 1. 1. 1986 den Status der Selbständigkeit. Die vollständige Unabhängigkeit ist für 1996 vorgesehen.

Selbständig: Autonom seit 1. 1. 1986. **Nationalfeiertage:** 1. 1. und 30. 4.

Nationalhymne: »Aruba Dushi tera«. **Melodie** und **Text:** J. C. (Padu) Lampe und Rufo I. Wever.
»Aruba patria aprecia / nos cuna venera / chicito y simple bo por ta / pero si respecta.«
»Aruba, geliebtes Vaterland / Unsere liebe Heimat / Klein und einfach darfst du sein / aber trotzdem sehr verehrt.«

Staatswappen: Offiziell eingeführt am 15. 11. 1955. Der Schild zeigt die Symbole des Volkes: Links oben: die goldene Aloepflanze auf blauem Grund (eines der wichtigsten Produkte). Rechts oben: Ein grüner Heuschober erhebt sich aus dem Meer. Links unten: rote Hände auf gelbem Grund; der Händedruck als Symbol für Frieden zwischen den Völkern. Rechts unten: weißes Zahnrad auf rotem Grund. Symbol für die Industrie. Das weiße Kreuz steht für Glaube und Frömmigkeit, der Löwe für Kraft und Herzlichkeit. Umrahmt ist der Schild unten von Lorbeerzweigen.

ASERBEIDSCHAN

Amtlich **Azerbaijchan Respublikasy** (incl. Exklave Nachitsejevan und
Nagorno-Karabagh). Präsidiale Republik in Südwest-Transkaukasien,
86 600 qkm, 7,1 Millionen Einwohner (1991) = 82,4 E/qkm. **Hauptstadt:** Baku (1,7 Mill. E). **Währung:** 1 Rubel = 100 Kopeken (eigene
Währung in Vorbereitung). **Mitgliedschaften:** UNO und Unterorganisationen, GUS, IMF, CSCE, Weltbank.

Flagge: Eingeführt am 5. 2. 1991. Waagerecht Blau-Rot-Grün. Im
roten Feld weißer Halbmond und achtzackiger Stern, Symbol für den
islamischen Glauben des Volkes. Blau steht für den Himmel, Rot für
die Freiheit, Grün für das Land und ihre Vegetation.

Bevölkerung: 79 % Aserbaidschaner (Asari), 8 % Russen, 8 % Arme-
nier, Georgier, Juden u. a. **Staatssprache:** Aseri (offiziell), Russisch,
Armenisch und div. Dialekte. **Religion:** Muslime (Aseri), Christen
(Armenier). **Verwaltungsgliederung:** noch nicht bekannt.

Landesnatur: Das Zentrum wird durch das tiefgelegene Delta der
Flüsse Kura und Arak gebildet. Im Osten Steppengebiet am Kaspischen Meer. Der Norden ist durch den großen und kleinen Kaukasus
eingeschlossen, der Süden durch die Ausläufer des kleinen Kaukasus.
Das Klima ist subtropisch, die Gebirge feucht, die tiefen Regionen
trocken.

Geschichte: Aserbaidschan war bereits im 4. Jh. v. Chr. ein unabhängiger Staat. Scythien wurde Teil des Römischen Reiches. Im 11. Jh.
wurde A. von den Türken besetzt. 1806–1813 Eroberung durch
Rußland. 1918 unabhängige Republik. 1920 Invasion von Sowjettruppen. 1922 Transkaukasische Sowjetische Förderale Republik mit Ar-

menien und Georgien. Seit 1936 wieder getrennt. Am 30. 8. 1991
Unabhängigketiserklärung. Endgültig am 25. 12. 1991. Seitdem Bürgerkrieg in Nagorno-Karabagh zwischen Aseri und Armeniern.
1922–1993 Konflikteskalation durch Beteiligung Armeniens.

Unabhängig seit 30. 8. 1991, endgültig seit 25. 12. 1991. **Nationalfeiertag:** 28. 5.

Nationalhymne: »Azerbaycan marsi«. **Melodie:** Üzeyir Hacibeyli.
Text: Ahmed Cevad.
»Azerbaycan! Azerbaycan! / Ey gehreman övladin sanli veteni! / Sen-
den ötrü can vermeye cümle haziriz! / Senden ötrü kan tükmeye cümle
gadiriz.«
»Aserbaidschan! Aserbaidschan! / Heldenhaftes Kind des berühmten
Landes! / Wir alle sind bereit unser Leben zu geben. / Wir alle sind
bereit unser Blut zu vergießen.«

Staatswappen: Eingeführt 1993. Runder Schild in Grün, Rot, Blau,
Gold. Darauf ein silbern umrandeter weißer achteckiger Stern, in der
Mitte eine rote Flamme. Unten grün die Landkarte des Landes mit
einer goldenen Kornähre.

ÄTHIOPIEN

Amtlich **Hebretesebawit Ityopya** bzw. **Yade Gemta Seban Ityopya,** Sozialistische Republik in Nordostafrika, 1 104 500 qkm, 49,6 Millionen Einwohner (1991) = 44,9 E/qkm. **Hauptstadt:** Addis Abeba (1,4 Mill. E). **Währung:** 1 Birr = 100 Cents. **Mitgliedschaften:** UNO und Unterorganisationen, AKP, CCC, ECA, OAU, UNCTAD.

Flagge: Mit umgekehrter Farbenfolge 1897 in Gebrauch genommen, 1941 wieder eingeführt. Bei diesen »panafrikanischen« Farben stehen Grün für die Fruchtbarkeit des Heimatbodens, Gelb für die Liebe zum Heimatland und Rot für das zur Erlangung und Erhaltung der Unabhängigkeit vergossene Blut.

Bevölkerung: 40% Oromo (Galla), 25% Amhara, 12% Tigre, Dankali, Somali, Niloten. **Staatssprache:** Amhara, ca. 50 Umgangssprachen. **Religion:** 50% äthiopische Christen, 40% Muslime (Sunniten). **Verwaltungsgliederung:** 13 Provinzen (Kifle Hager).

Landesnatur: Vulkanisches Hochland, ca. 200 m ü. M., Vulkane bis 4620 m hoch, Hauptfluß Blauer Nil. Drei Höhengürtel, nur mittlerer dicht besiedelt. Tropisches Klima.

Geschichte: Schon vor der Zeitenwende Großreich. Im 4. Jh. christianisiert. Kaiserreich, ab 640 Eindringen des Islam. Im 19. Jh. Kriege gegen England und Italien, 1936 von Italien besetzt. 1941 mit britischer Hilfe wieder frei. 1974 Sturz des Kaisers, am 21. 3. 1975 Ausrufung der Republik. Seither Militärregierungen. 1976 Militärvertrag mit UdSSR. 1977 Krieg mit Somalia. 1991 Mengistu-Regime. Offensive der Rebellen von Eritrea und Tigre. 1993 Anerkennung der Unabhängigkeit von Eritrea.

Unabhängig seit 1853 (neue Einigung), aber Staatstradition bis ins 4. Jh. v. Chr. **Nationalfeiertag:** 12. 9. (Revolution 1974).

Nationalhymne: Text: Assefa Gabre Mariam Tessama (* 1936). **Melodie:** Daniel Yohannis Haggos (* 1950). Am 1. 9. 1975 uraufgeführt, am 12. 9. 1975 veröffentlicht.

»Ityopya, Ityopya, Ityopya, qidä mi bähibräsäbawinnät, abbibi, lämlimi! / Qal kidan gäbtäwal jägnotch lijotchishi, wänzotch täraritchish dingil märetishi lä Ityopya andinnät länasannätishi mäswait lihonu läkibir läzinnashi...«

»Äthiopien, Äthiopien, Äthiopien, sei an der Spitze / Des Sozialismus, gedeihe, sei fruchtbar! / Deine tapfren Söhne sind übereingekommen, / daß deine Flüsse und Berge, dein unberührtes Land / Ein Opfer seien für Äthiopiens Einheit, seine Freiheit, / Seine Ehre und seinen Ruhm...«

(Neue Nationalhymne noch nicht bekannt).

Staatswappen: Das Wappen ist nicht definitiv. Grüner runder Schild, weiße Brücke, darüber eine weiße Taube, die die Waage der Gerechtigkeit hält. Der Schild wird umrandet von Zweigen und Ähren (Landwirtschaft) und schwarzem Zahnrad (Industrie). Inschrift oben: »Je Itopija Sch-G-G: R-Mengist« in Ahmarisch. Unten in Englisch 1992 eingefügt: »Transitional Government of Ehtiopia«.

AUSTRALIEN

Amtlich **The Commonwealth of Australia,** Konstitutionelle Monarchie im Commonwealth (**de facto** seit 1986 Parlamentarische Demokratie) in Ozeanien, 7 686 420 qkm, 17,2 Millionen Einwohner (1991) = 2,2 E/qkm. **Hauptstadt:** Canberra (289 000 E). **Währung:** 1 Australischer Dollar = 100 Cents. **Mitgliedschaften:** UNO und Unterorganisationen, Commonwealth, OECD, AsDB, BIZ, CCC, UNCTAD u. a., ANZUS faktisch aufgekündigt.

Flagge: Die in der heutigen Form am 15. 4. 1954 eingeführte Flagge zeigt auf blauem Feld im Obereck den Union Jack, darunter auf Mitte einen siebenstrahligen weißen Stern als Symbol des Bundesstaates und daneben das »Kreuz des Südens« aus fünf weißen Sternen. Mit sechsstrahligem Stern wurde die Flagge 1909 eingeführt. Flaggenänderung geplant.

Bevölkerung: Ca. 95% britischer Abstammung, 3% andere Europäer, Asiaten, 1,5% Aborigines (Ureinwohner, auch Mischlinge). **Staatssprache:** Englisch. **Religion:** Ca. 26,5% Anglikaner, 10% andere Protestanten, 26% Katholiken, Muslime, Buddhisten, Juden, Naturreligionen. **Verwaltungsgliederung:** 6 Bundesstaaten und 2 Territorien.

Landesnatur: Inselkontinent mit riesigen Trockengebieten (Große Wüste, Gibsonwüste, Große Victoria-Wüste) im Inneren, dem flachwelligen »Australischen Schild« im Norden und Zentrum und einem bis zu 2234 m hohen Gebirgswall im Osten und Südosten. Die Bergregion im Westen ist durchschnittlich 1000 m hoch. Abflußlose Salzsumpfseen sind für das heiße Wüstenklima typisch. Ganzjährig beregnet ist nur der Südosten.

Geschichte: 1770 von Kapitän Cook entdeckt, wurde Australien von den Engländern beansprucht, die dort Strafkolonien einrichteten. Mit zunehmender Einwanderung wurden sie ab 1825 zu Kolonien, die am 1. 1. 1901 zum Commonwealth of Australia zusammengeschlossen und am 11. 12. 1932 nominell unabhängig wurden. Die verfassungsmäßigen Bindungen an Großbritannien wurden 1986 aufgekündigt.

Außenbesitzungen: Weihnachtsinsel, Kokos-(Keeling-)Inseln, Korallenmeer-Inselterritorium, Ashmore- und Cartier-Inseln, Heard- und McDonald-Inseln, Australischer Sektor in der Antarktis (siehe auch unter autonome Gebiete/Außenbesitzungen im Anhang).

Unabhängig seit 1. 1. 1901 (de facto) bzw. 11. 12. 1932 (nominell).
Nationalfeiertag: 26. 1.

Nationalhymne: Bis 1984 war »God Save the Queen« offizielle Nationalhymne, dann wurde mit leicht geändertem Text die jetzige Hymne eingeführt, die bis dahin »inoffizielles Staatslied« gewesen war. **Musik** und **Text:** Peter Dodds McCormick (1834–1916).
»Australians all let us rejoice, For we are young and free; We've golden soil and wealth for toil, Our home is girt by sea . . .«
»Australier all, seid froh, Denn wir sind jung und frei; Goldnes Land und Fülle lohnen die Müh, Meerumschlungen ist unsere Heimat . . .«

Staatswappen: Die Felder des Wappens zeigen die Embleme der australischen Bundesstaaten Neusüdwales, Victoria, Queensland, Südaustralien, Westaustralien und Tasmanien. Schildhalter sind Känguruh und Emu, die Nationaltiere Australiens; gekrönt wird das Wappen vom siebenstrahligen Bundesstern.

BAHAMAS

Amtlich **The Commonwealth of the Bahamas,** Konstitutionelle Monarchie im Commonwealth in Mittelamerika, 13 935 qkm, 252 110 Einwohner (1991) = 18 E/qkm. **Hauptstadt:** Nassau (191 542 E). **Währung:** 1 Bahama-Dollar = 100 Cents. **Mitgliedschaften:** UNO und Unterorganisationen, AKP, CARICOM, CCC, ECLAC, IDB, OAS, UNCTAD, Commonwealth.

Flagge: Offiziell gehißt am 10. 7. 1973. Der gelbe (goldene) Mittelstreifen repräsentiert die Sandstrände der Inseln, die aquamarinblauen Streifen stehen für die Gewässer, in denen die Bahamas liegen. Das schwarze Dreieck am Mast symbolisiert die Einheit des Volkes.

Bevölkerung: 85% Schwarze und Mulatten, Mestizen, Weiße. **Staatssprache:** Englisch. **Religion:** 29% Baptisten, 23% Anglikaner, 23% Katholiken, 7% Methodisten. **Verwaltungsgliederung:** 18 Distrikte.

Landesnatur: 700 Inseln (ca. 30 bewohnt) und 2300 Klippen und Korallenriffe in einer Länge von 1200 km, im Westatlantik, meist kaum über 30 m hoch. Subtropisches Seeklima.

Geschichte: 1492 von Kolumbus entdeckt, ab 1647 englische Besiedelung, seit 1783 Kolonie. Gewährung innerer Autonomie 1964, seit 1973 unabhängig.

Unabhängig seit 10. 7. 1973. **Nationalfeiertag:** 10. 7.

Nationalhymne: Text und **Melodie:** Timothy Gibson (1903–1978). Am 10. 7. 1973 offiziell angenommen.
»Lift up your head to the rising sun, Bahamaland; / March on to glory,

your bright banners waving high, / See how the world marks the manner of your bearing! / Pledge to excel through love and unity. / Pressing onward, march together to a common loftier goal; / Steady sunward, though the weather hide the wide and treach'rous shoal, / Lift up your head to the rising sun, Bahamaland; / Till the road you've trod lead unto your God, / March on, Bahamaland!«

»Hebe das Haupt zur aufgehenden Sonne, Bahamas, / Vorwärts zum Ruhm mit hoch flatterndem hellem Banner, / Schau, wie die Welt dich beeinflußt! / Schwöre, dich durch Liebe und Einigkeit auszuzeichnen. / Voran, gemeinsam zu einem höheren Ziel; // Empor zur Sonne, auch wenn das Wetter die breite, trügerische Klippe verbirgt. / Heb das Haupt zur aufgehenden Sonne, Bahamas; / Bis dich dein Weg zu Gott führt, vorwärts, Bahamas!«

Staatswappen: Offiziell angenommen am 7. 12. 1971. Hauptemblem im Schild ist die »Santa Maria«, das Flaggschiff von Kolumbus. Darüber die Sonne als Symbol des angenehmen Klimas. Schildhalter sind Merlin und Flamingo als Vertreter der einheimischen Tierwelt.

BAHRAIN

Amtlich **Mashyaka al Bahrein, Dawlat al-Bahrein,** Emirat in Vorderasien, 622 qkm, 536974 Einwohner (1991) = 863,3 E/qkm. **Hauptstadt:** Manama (150000 E). **Währung:** 1 Bahrain-Dinar = 100 Fils.
Mitgliedschaften: UNO und Unterorganisationen, ECWA, GCC,
OAPEC, OIC, UNCTAD, Arabische Liga.

Flagge: Die 1933 eingeführte Flagge ist rot mit einem weißen (seit 1972
auch gezackten) Streifen am Flaggstock. Die rote Farbe war ein Symbol der im östlichen Arabien lebenden islamischen Charidschiten;
Weiß wurde als Symbol des Friedens hinzugefügt. Glatter und gezahn-
ter weißer Streifen sind beide üblich.

Bevölkerung: 73% Araber, 9% Perser, 5% Inder und Pakistaner, ca.
20000 Europäer und US-Amerikaner. **Staatssprache:** Arabisch; Handelssprache Englisch. **Religion:** 95% Muslime (55% Schiiten, 40%
Sunniten), Hindus, 4% Christen. **Verwaltungsgliederung:** 10 Regionen.

Landesnatur: Flache Inselgruppe (höchste Erhebung 135 m) aus Kal-
ken und Sandstein mit kärglicher Wüsten- und Steppenvegetation; im
Sommer trockenheißes und im Winter warmes Klima; Dattel-, Zitrus-
und Gemüseanbau durch Bewässerung aus artesischen Brunnen möglich; riesiges Erdöllager unter der Hauptinsel.

Geschichte: Die lange von der Khalifa-Familie beherrschte Inselgruppe erklärte sich 1783 für unabhängig und stellte sich unter den
Schutz Großbritanniens (1861–1971 britisches Protektorat). 1971
wurde sie zum unabhängigen Scheichtum; das damals etablierte Parlament wurde 1975 aufgelöst; heute ist Bahrain eine absolute Monarchie

mit oligarchischen Strukturen, in der die Familie des Scheichs alle Macht in Händen hat. Parteien sind verboten. 1973–1974 Teilnahme am arabischen Ölembargo.

Unabhängig seit 14. 8. 1971 (Proklamation, am 15. 8. 1971 von Großbritannien anerkannt). **Nationalfeiertag:** 16. 12.

Nationalhymne: Die Musik der Nationalhymne wurde vermutlich in den dreißiger Jahren unseres Jahrhunderts komponiert, der Komponist ist unbekannt. Einen Text hat die Nationalhymne nicht. Leicht verändert und neu arrangiert wurde sie in neuer Zeit durch Mohamad Sudqi Ayyash (* 1925).

Staatswappen: Auf der Flagge beruht das von Sir Charles Belgrave, einem britischen Berater des Scheichs, entworfene Wappen aus den dreißiger Jahren unseres Jahrhunderts. Die ursprünglich vorgesehene Krone als Symbol der Herrschermacht wurde später fallengelassen.

BANGLADESCH

Amtlich **Ghana Praja Bangladesh,** Volksrepublik in Südasien, 143 998 qkm, 116,6 Millionen Einwohner (1991) = 809,7 E/qkm. **Hauptstadt:** Dhaka (3,5 Mill. E). **Währung:** 11 Taka = 100 Poisha. **Mitgliedschaften:** UNO und Unterorganisationen, AsDB, CCC, ESCAP, OIC, SAARC, UNCTAD, Commonwealth, Colombo-Plan.

Flagge: Die am 25. 1. 1972 eingeführte Flagge zeigt eine rote Scheibe auf grünem Grund. Das Grün symbolisiert die grüne Natur des fruchtbaren Landes, das Rot das im Kampf um die Freiheit vergossene Blut. Der Flaggenentwurf stammt von Seradschul Alam (»Licht der Flagge«).

Bevölkerung: 98% Bengalen, 1,5% Bihari u. a., tibetobirmanische Stämme. **Staatssprache:** Bangali (Bangla), dazu indoiranische und tibetobirmanische Dialekte. **Religion:** 83% Muslime (vorw. Sunniten), 16% Hindus, buddhistische und christliche Minderheiten. **Verwaltungsgliederung:** 64 Distrikte.

Landesnatur: Flache, an der Küste sumpfige Aufschüttungsebenen des Ganges-, Brahmaputra- und Meghna-Deltas (höchste Erhebung ca. 100 m), nur im äußersten Südosten gebirgig. Tropisches Monsunklima, dessen große Regenmengen häufige Überschwemmungen des Flachlands mit katastrophalen Folgen für die Bevölkerung bringen.

Geschichte: Ostbengalen wurde 1947 als Ostteil des Moslemstaats Pakistan unabhängig, doch führte die politische Herrschaft und wirtschaftliche Ausbeutung durch Westpakistaner zu Spannungen, die 1970 unter Führung der Awami-Liga zum Bürgerkrieg führten. Nach dem Einmarsch westpakistanischer Truppen am 25. 3. 1971 riefen die

Ostpakistaner einen Tag später den unabhängigen Staat Bangladesch aus. Am 3. 12. 1971 kam es zum Krieg zwischen Indien und Pakistan; am 15. 12. legten die pakistanischen Truppen in Bangladesch die Waffen nieder. Seit dem Sturz des ersten Premiers, Scheich Mujibur Rahman, Führer der Awami-Liga, im August 1975, herrschen wechselnde Militärregierungen. 1991 freie Wahlen.

Unabhängig seit 26. 3. 1971. **Nationalfeiertage:** 21. 2. (Tag der Märtyrer), 26. 3. (Unabhängigkeitstag), 16. 12. (Tag des Sieges).

Nationalhymne: Im April 1971 von der provisorischen Regierung angenommen, am 13. 1. 1972 von der Nationalversammlung offiziell gebilligt. **Melodie** und **Text:** Rabindranath Tagore (1861–1941). **Arrangement:** T. M. Cartledge.
»Āmār sonār Bāmlā, Āmi tomāý bhālobāshi, Cirādin tomār ākās, tomār bātas āmār prānē . . .«
»Mein goldenes Bengalen, ich liebe dich. Gleich einer Flöte versetzen deine Himmel, deine Luft mein Herz in Schwingung . . .«

Staatswappen: Das Wappen zeigt die aus den durch Wellenlinien symbolisierten Flüssen Ganges und Brahmaputra aufsteigende Wasserlilie (Shaplablüte), eingefaßt von Reis, Jute und vier Sternen, die die sozialen und wirtschaftlichen Ziele des Staates symbolisieren.

BARBADOS

Amtlich **Barbados,** Konstitutionelle Monarchie im Commonwealth in Mittelamerika, 431 qkm, 254 626 Einwohner (1991) = 590,7 E/qkm. **Hauptstadt:** Bridgetown (10 000 E, als Groß-B. 110 000 E). **Währung:** 1 Barbados-Dollar = 100 Cents. **Mitgliedschaften:** UNO und Unterorganisationen, CARICOM, CECLA, ECLAC, IDB, SELA, UNCTAD, Commonwealth.

Flagge: Offiziell gehißt am 30. 11. 1966. Die blauen Streifen symbolisieren das Meer und den Himmel, zwischen die die durch Gold (Gelb) repräsentierten Strände eingebettet sind. Der schwarze Dreizack bringt die enge Verbundenheit mit dem Meer zum Ausdruck.

Bevölkerung: Über 90 % Schwarze und Mulatten, Weiße. **Staatssprache:** Englisch; Umgangssprache Bajan. **Religion:** 70 % Anglikaner, Methodisten, Katholiken.

Landesnatur: Östlichste Insel der Kleinen Antillen in der Karibik, flaches Plateau aus Korallenkalk, im Nordosten bis 340 m hohes Hügelland, tropisch-ozeanisches Klima.

Geschichte: 1519 von Spaniern entdeckt, ab 1627 von Engländern besiedelt, Einfuhr von Negersklaven für Zuckerrohrplantagen, 1834 Abschaffung der Sklaverei. 1958 zur Westindischen Föderation, 1961 volle innere Selbstverwaltung, seit 1966 unabhängig.

Unabhängig seit 30. 11. 1966. **Nationalfeiertag:** 30. 11.

Nationalhymne: Text: Irving Louis Burgie (∗ 1934). **Melodie:** Van Roland Edwards (∗ 1913). Am 30. 11. 1966 angenommen.

»In plenty and in time of need, when this fair land was young, / Our brave forefathers sowed the seed from which our pride is sprung, / A pride that makes no wanton boast of what it has withstood, / That binds our hearts from coast to coast, the pride of nationhood. // We loyal sons and daughters all do hereby make it known: / These fields and hills beyond recall are now our very own...«

»In guten wie in schlechten Zeiten, als dieses schöne Land jung war, / haben unsere wackeren Ahnen die Saat gestreut, aus der unser Stolz entsprang. / Ein Stolz ganz ohne eitlen Ruhm, was er geleistet hat, / Der von Küste zu Küste unsere Herzen eint – der Stolz, eine Nation zu sein. // Wir treuen Söhne und Töchter tun hiermit alle kund: / Diese unermeßlichen Felder und Berge sind nunmehr uns zu eigen...«

Staatswappen: Verliehen durch Königin Elisabeth II. am 21. 12. 1965 bei ihrem ersten Besuch. Auf dem goldenen Schild ein gebarteter Feigenbaum (namengebend für die Insel) unter zwei Orchideenblüten. Auf dem Helm Arm mit Zuckerrohr. Schildhalter sind Delphin und Pelikan. Das Motto lautet »Stolz und Fleiß«.

BELGIEN

Amtlich **Royaume de Belgique** bzw. **Koninkrijk België,** Parlamentarisch-demokratische Monarchie in Westeuropa, 30 519 qkm, 9,9 Millionen Einwohner (1991) = 325 E/qkm. **Hauptstadt:** Brüssel (1 Mill.
E). **Währung:** 1 Belg. Franc = 100 Centimes. **Mitgliedschaften:** UNO
und Unterorganisationen, AsDB, BENELUX, BIZ, CCC, ECE, EG,
EPA, ESA, IDB, IEA, IPU, NATO, WEU, OECD, UNCTAD,
Europarat.

Flagge: Fast quadratische Trikolore in den Farben Schwarz, Gold und
Rot. Diese Farben wurden während des erfolglosen Aufstands gegen
die Österreicher 1787 für Militärfahnen unterschiedlicher Zeichnung
gebraucht. Als Belgien 1830 selbständig wurde, führte man die jetzige
Flagge ein.

Bevölkerung: 57,1 % niederländischsprechende Flamen, 32,7 % fran-
zösischsprechende Wallonen, ca. 10 % zweisprachige Brüsseler,
deutschsprachige Minderheit. **Religion:** Ca. 90 % römisch-katholisch,
Protestanten, Juden. **Verwaltungsgliederung:** 9 Provinzen.

Landesnatur: Tiefland mit Anteil an der mitteleuropäischen Gebirgs-
schwelle (Ardennen), entwässert durch Schelde, Maas und Sambre.
Feuchtgemäßigtes Klima mit milden Wintern und kühlen Sommern.

Geschichte: Ab 1477 unter der Herrschaft der Habsburger, 1797 teilweise von Frankreich annektiert, durch den Wiener Kongreß 1815 zum
Königreich der Niederlande, 1830 Loslösung, Garantie der Neutralität
Belgiens durch die Londoner Konferenz. Der Nationalkongreß wählt
1831 Leopold I. von Sachsen-Coburg zum König. In beiden Weltkriegen trotz strikter Neutralitätspolitik von Deutschland besetzt; König

Leopold III., der 1940 vor den Deutschen kapituliert hatte, mußte 1951 zugunsten seines Sohnes Baudouin abdanken. 1980 erzwangen ethnische Spannungen eine Neugliederung des Staatsgebiets in Sprachgebiete mit Regionalparlamenten. Heute staatsrechtlich Föderation mit drei Regionen.
Unabhängig seit 4. 10. 1830. **Nationalfeiertag:** 21. 7. (Unabhängigkeitstag).

Nationalhymne: Melodie und Text entstanden während der Juli-Revolution 1830. **Musik:** François van Campenhout (1779–1848), **Text:** Hyppolite Dechet (1801–1830). Den jetzigen Text verfaßte 1860 Charles Rogier (1800–1885). Die niederländische Textfassung, die von der französischen abweicht, wurde 1938 amtlich anerkannt.
»Après des siècles d'esclavage, / Le Belge, sortant du tombeau, / A reconquis per son courage / Son nom, ses droits et son drapeau . . .«
»Nach weltenlanger Sklaverei / Erhob sich Belgien aus dem Grab; / Sein Mut, kraft dessen es nun frei, / Ihm Name, Recht und Fahne gab . . .«
»O dierbaar Belgie, o heilig Land der Vaadren, / Onze ziel en ons hart zij U gewijd; Aan waard ons kracht en het bloed van ons aadren; Wees ins doel in arbeid en in strijd . . .«
»O teures Belgien, heilges Land der Ahnen, / Dir sei all unsres Herzens Kraft geweiht; / Der Drang im Blute wird den Weg uns bahnen, / Sei unser Ziel im Werke und im Streit . . .«

Staatswappen: Das Königswappen, das auch das Staatswappen ist, zeigt auf schwarzem Feld einen goldenen Löwen. Das kleine Staatswappen besteht aus Wappenschild, Krone, Motto (»L'Union fait la force« = Einigkeit macht stark), zwei gekreuzten Zeptern und dem Leopoldsorden, beim großen kommen die Banner der belgischen Provinzen dazu.

BELIZE

Amtlich **Belize,** Konstitutionelle Monarchie im Commonwealth in Mittelamerika, 22 963 qkm, 228 069 Einwohner (1991) = 9 E/qkm. **Hauptstadt:** Belmopan (4000 E). **Währung:** 1 Belize-Dollar = 100 Cents. **Mitgliedschaften:** UNO und Unterorganisationen, AKP, CA-RICOM, ECLAC, UNCTAD, Commonwealth.

Flagge: Offiziell gehißt am 21. 9. 1981, in leicht abgewandelter Form schon seit 1964 in Gebrauch, halbamtlich seit 2. 2. 1950. Auf blauem Feld weiße Scheibe mit dem von einem Blätterkranz eingefaßten Staatswappen. Seit 1981 ist die Flagge oben und unten rot gesäumt.

Bevölkerung: 50% Schwarze und Mulatten, 22% Mestizen, 13% Indianer, schwarze Kariben, Chinesen, Inder, 2% Weiße. **Staatssprache:** Englisch; Verkehrssprachen auch Spanisch und Creole. **Religion:** 65% Katholiken, 30% Protestanten. **Verwaltungsgliederung:** 6 Distrikte.

Landesnatur: Küstenebenen, flachwelliges Hinterland bis auf 1123 m ansteigend (Maya Mountains), dicht bewaldet, Plantagenkulturen. Feuchtwarmes Tropenklima.

Geschichte: Seit 1643 von England als Holzlieferant benutzt, Einfuhr von Negersklaven. Seit 1862 Kolonie, seit 1884 Kronkolonie. Seit 1964 innere Autonomie, seit 1981 unabhängig.

Unabhängig seit 21. 9. 1981. **Nationalfeiertage:** 10. und 21. 9.

Nationalhymne: Text: Samuel Alfred Haynes (1898–1971). **Melodie:** Selwyn Walford Young (1899–1977). 1951 anläßlich einer politischen Veranstaltung aufgeführt. Offiziell angenommen am 21. 9. 1981.

»O Land of the Free by the Carib Sea, / Our manhood we pledge to thy liberty! / No tyrants here linger, despots must flee / This tranquil haven of democracy. / The blood of our sires which hallows the sod / brought freedom from slav'ry oppression's rod, / By the might of truth and the grace of God / No longer shall we be hewers of wood. // Arise ye sons of the Baymen's clan! / Put on your armour, clear the land . . .«

»O Land der Freien an der Karibischen See, / Deiner Freiheit widmen wir unsere Kraft! / Hier gibt es keine Tyrannen, Despoten müssen fliehen / Aus diesem ruhigen Hafen der Demokratie. / Das Blut unserer Ahnen, das den Boden heiligt, / Hat uns von der Unterdrückung befreit. / Durch die Macht der Wahrheit und die Gnade Gottes / Müssen wir nicht mehr Holzfäller sein. // Erhebt euch, Söhne des Buchtvolksstamms! / Bewährt euch, säubert das Land . . .«

Staatswappen: Der damaligen Kolonie Britisch-Honduras am 28. 1. 1907 durch königliches Patent verliehen, heute leicht abgewandelt. Auf dem Schild Werkzeuge zur für die Volkswirtschaft bedeutenden Holzbearbeitung. Der auf den britischen Schutz bezogene Wahlspruch »Ich blühe im Schatten« wurde beibehalten.

BENIN

Amtlich **République du Bénin**, Republik in Westafrika, 112 622 qkm, 4 Millionen Einwohner (1991) = 42 E/qkm. **Hauptstadt:** Porto-Nova (144 000 E). **Währung:** 1 CFA-Franc = 100 Centimes. **Mitgliedschaften:** UNO und Unterorganisationen, AKP, CEDEAO, ECA, IPU, OAU, OCAM, UMOA, UNCTAD.

Flagge: Offiziell anerkannt am 1. 8. 1990. Ein grüner Streifen am Liek und zwei gelb-rote Streifen auf der Flugseite. Die Farben Gelb und Grün symbolisieren die Scheidung zwischen dem nördlichen Teil (Savannen) und dem südlichen Teil Benins (mit Palmen bewaldet). Die Teile sind verbunden durch das vergossene Blut (Rot). Von November 1959 bis November 1975 war es die Flagge von Dahomey (alter Name Benins).

Bevölkerung: 60 Stämme, meist Sudangruppen (Fon, Adja, Bariba u. a.), Joruba, Fulbe, Haussa. **Staatssprache:** Französisch; Umgangssprachen 60 Dialekte. **Religion:** 70 % Muslime, Naturreligionen, Christen. **Verwaltungsgliederung:** 6 Provinzen.

Landesnatur: Hinter flacher Küstenzone hügeliges Hinterland, im Norden Anteil am Nigerbecken. Tropisches Klima mit geringen jahreszeitlichen Temperaturschwankungen.

Geschichte: Früher Königreich Danh-home, den Europäern ab dem 16. Jh. bekannt. 1892 von Franzosen besetzt, 1904 als Dahomey Bestandteil von Französisch-Westafrika. 1960 unabhängig. 1972 Militärputsch, 1975 Umbenennung in Benin, von 1977 – 1990 Volksrepublik mit marxistisch-leninistischer Verfassung. 1990 neue Verfassung. Februar 1991 freie Wahlen. Mehrparteiensystem.

Unabhängig seit 1. 8. 1960. **Nationalfeiertag:** 30. 11.

Nationalhymne: Text und **Melodie:** Gilbert Dagnon (* 1926). Am 1. 8. 1960 eingeführt, Änderung des Staatsnamens am 30. 11. 1975.
»Enfants du Bénin, debout! / La liberté d'un cri sonore / Chante aux premiers feux de l'aurore, / Enfants du Bénin, debout!«
»Auf, Kinder von Benin, / Die Freiheit ruft hell / beim ersten Morgenstrahl. / Auf, Kinder von Benin!«

Staatswappen: Schild mit vier Feldern: 1. Silber mit Sombaschloß in Gold; 2. Auf Silber Stern von Benin (achtspitziges blaues Kreuz mit schwarzen und silbernen Winkelstrahlen; in der Mitte fünfzackiger Stern); 3. Grüne Palme auf Silber; 4: Schwarzes Schiff auf blauem Meer. Schildhalter = gefleckte Panther. Über Schild zwei Füllhörner. Unten Band: »Fraternité, Justice, Travail«.

BHUTAN

Amtlich **Druk-Yul** (tibet.) und **Druk Gaykhab** (Dsongha), Konstitutionelle Monarchie in Südasien, 47 000 qkm, 1,59 Millionen Einwohner (1991) = 34 E/qkm. **Hauptstadt:** Thimphu /21 000 E). **Währung:** 1 Ngultrum = 100 Chetrum. **Mitgliedschaften:** UNO und Unterorganisationen, AsDB, ESCAP, SAARC, UNCTAD, Colombo-Plan.

Flagge: Der tibetische Landesname Druk-Yul bedeutet »Drachenreich«. Deshalb der schwarz-weiße flügellose Drache auf schräggeteiltem Feld. Das Safrangelb symbolisiert die Königsmacht, das Orangerot die geistliche Gewalt des Buddhismus. Die Flagge ist seit dem 19. Jh. in Gebrauch.

Bevölkerung: 60 % Bhotia (Tibeter), 25 % Nepalesen, Lhopa, Leptscha, Inder. **Staatssprache:** Tibetisches Dsongha, daneben im Zentrum Bumthangkha, im Osten Sarchopkha, im Süden Nepali. **Religion:** 75 % Buddhisten (Staatsreligion), 25 % Hindus. **Verwaltungsgliederung:** 18 Distrikte.

Landesnatur: Hochgebirgsland mit tief eingeschnittenen Tälern und Senken, im Norden die Himalaja-Hauptkette mit über 7000 m hohen Bergen, im Süden dschungelbedeckter Gebirgsrand zur Ganges-Brahmaputra-Ebene hin. Feuchtheißes Monsunklima. Über fruchtbaren Tälern mit Ackerterrassen ausgedehnte Tannenwälder, darüber Gebirgsweiden bis zur 5500 m hohen Schneegrenze.

Geschichte: Seit dem 16. Jh. unter tibetischer Herrschaft, im 19. Jh. wachsender britischer Einfluß. 1907 erhob sich einer der selbständigen Vögte der Tallandschaften zum erblichen Maharadscha (Druk Gyalpo). 1910 wurde Bhutan britisches Protektorat, 1949 wurde das Land unabhängig, lehnt sich aber wirtschaftlich und außenpolitisch eng an Indien an. Seit 1960 nennt sich der Druk Gyalpo König; er kann seit 1969 mit Zweidrittelmehrheit der 1954 konstituierten Nationalversammlung abgesetzt werden.

Unabhängig: Als altes Fürstentum gibt Bhutan kein genaues Datum an. **Nationalfeiertag:** 17. 12.

Nationalhymne: Offizielle Angaben über Einführung und Text einer Nationalhymne liegen nicht vor; bekannt ist lediglich eine von Dasho Thinley Dorji komponierte Melodie, die von W. L. Reed arrangiert wurde.

Staatswappen: Wappen ist ein neuer Entwurf des Jahres 1980 (nur Schwarzweiß). Es zeigt das »Khorlo«, das buddhistische Rad des Gesetzes, Symbol der Monarchie. Das Rad wird beschützt durch zwei Drachen (weltliche und spirituelle Autorität). Unten die Lotosblume, ein buddhistisches Emblem, oben der Edelstein Umbrella. Die vier Ecken symbolisieren die vier Teile Bhutans.

BOLIVIEN

Amtlich **República de Bolivia,** Präsidiale Republik in Südamerika, 1 098 581 qkm, 7,1 Millionen Einwohner (1991) = 6,5 E/qkm. **Hauptstadt:** La Paz (1 Mill. E); verfassungsmäßig Sucre (120 000 E). **Währung:** 1 Bolivianischer Peso = 100 Centavos. **Mitgliedschaften:** UNO und Unterorganisationen, ALADI, BLADEX, CECLA, ECLAC, IDB, IPU, OAS, SELA, UNCTAD, Andenpakt, Andenparlament.

Flagge: Offiziell eingeführt am 14. 7. 1888. Rot-Gelb-Grün/waagerecht. Basiert auf der vom ersten Präsidenten des Landes 1851 geschaffenen Flagge. Rot versinnbildlicht die Tapferkeit der bolivianischen Soldaten, Gelb (Gold) den Reichtum an Mineralschätzen und Grün die Fruchtbarkeit des Landes.

Bevölkerung: 50% Indianer, ca. 30% Mestizen, Weiße. **Staatssprache:** Spanisch, Amtssprachen auch Quechua und Aimará. **Religion:** 93% römisch-katholisch (Staatsreligion). **Verwaltungsgliederung:** 9 Departamentos mit 96 Provinzen.

Landesnatur: Im Westen Kettengebirge der Anden (bis 6520 m hoch) mit eingebetteten Seen und Salztonebenen, östlich davon Hochlandsblock der Puna, im Osten abgeschlossen durch Hochgebirgsketten (bis 6882 m hoch). Die Osthälfte des Landes gehört dem Chaco-Tiefland an. Mehrere Klimazonen von feuchtheißem Tropenklima bis zum trockenen Hochgebirgsklima.

Geschichte: Land der Inka, 1538 durch Spanier unter Pizarro erobert. Eingliederung in spanische Vizekönigreiche. Ab 1780 Aufstände gegen die Spanier, am 6. 8. 1825 unabhängig (benannt nach dem Freiheitshelden Simón Bolívar). 1932–1938 Chaco-Krieg gegen Paraguay, weitere Gebietsverluste. Unstabile Regierungen (Militärdiktaturen), bürgerkriegsähnliche Zustände. Seit 1982 wieder Zivilregierungen.

Unabhängig seit 6. 8. 1825. **Nationalfeiertag:** 6. 8.

Nationalhymne: Text: José Ignacio de Sanjinés (1786–1864). **Melodie:** Leopoldo Benedetto Vincenti (Lebensdaten unbekannt). 1826 entstanden, am 18. 11. 1845 erstmals offiziell aufgeführt.
»Bolivianis: el hado propicio / Coronó nuestros votos y anhelo; / Es ya libre ya libre este suelo, / Ya cesó su servil condición. / Al estruendo marcial que ayer fuera / Y al clamor de la guerra horroroso, / Siguen hoy en contraste armonioso / Dulces himnos de paz y de unión. // ¡Da la Patria al alto nombre / En glorioso esplandor conservamos / Y en sus aras de nuevo juremos, / Morir antes que esclavos vivir!«
»Bolivianer, das freundliche Schicksal / Krönte die Sehnsucht, der wir uns weihten, / Und wir leben nun in dem befreiten / Land, dessen Knechtschaft ihr Ende fand. / Zu dem Tosen des Kriegs, das verhallte, / Und dem grausamen Totengeläute / Steht in lieblichem Gegensatz heute / Der Einheit, des Friedens süßer Gesang. // Des Vaterlandes erhabnen Namen / Wolln wir in ruhmreichem Glanze bewahren, / Seinen Altären aufs neue beschwören, / Zu sterben eher als Sklave zu sein!«

Staatswappen: 1888 auf der Grundlage eines Wappens von 1825 eingeführt. Die neun Sterne repräsentieren die Departamentos des Landes. Auf dem Schild der Berg von Potosí (Erzreichtum) und Landschaft mit Alpaka, Garbe und Palme (Naturschätze). Die Sonne ist ein Inkasymbol; der Kondor symbolisiert die Freiheit.

BOSNIEN-HERZEGOWINA

Amtlich **Republika Bosna i Hercegovina,** Präsidiale Republik in Südosteuropa, 51 129 qkm, 4,3 Millionen Einwohner (durch Kriegssituation nicht gesicherte Zahl). **Hauptstadt:** Sarajevo (448 000 E?). **Währung:** 1 Dinar = 100 Para. **Mitgliedschaften:** UNO und Unterorganisationen, CSCE.

Flagge: Offiziell eingeführt am 4. 5. 1992. Weiß, in der Mitte das
Staatswappen. Die Muslime führen eine grün-weiß-grüne Flagge, in
der Mitte ein grüneingefaßter weißer Halbmond. Die Farbe Grün und
der Halbmond stehen für Islam und Glaube, Weiß symbolisiert den
Frieden.

Bevölkerung: 39,5 % Muslime, 32 % Serben, 18,4 % Kroaten. **Staatssprache:** Serbokroatisch, div. Dialekte. **Religion:** Muslime, katholische und serbisch-orthodoxe Christen. **Verwaltungsgliederung:** unge-
wiß. Zur Diskussion stehen drei autonome Republiken für Serben,
Kroaten und Muslime.

Landesnatur: Im Norden waldreiche Gebirge bis 1500 m. Im Süden
unfruchtbares Karstgebiet bis 2000 m Höhe. Mitteleuropäisches Klima.

Geschichte: Bis 958 kroatisches Gebiet, von 1000–1200 ungarisch. Im
12. Jh. Selbstverwaltung, Herrschaft über Herzegowina. 1463 türkische Besetzung. 1878 unter österreichischer Kontrolle, 1908 Annexion
durch Österreich-Ungarn. 1918 jugoslawische Provinz. 1946 Teilrepublik Jugoslawiens. 15. 10. 1991 Erklärung der Souveränität. 29. 2. 1992
Referendum für Unabhängigkeit. Bürgerkrieg, ausgelöst durch serbi-
sche Minorität. 6. 4. 1992 Anerkennung der Souveränität durch die EG
und am 8. 4. 1992 durch USA.

Selbständig seit 6. 4. 1992. **Nationalfeiertag:** noch nicht festgelegt.

Nationalhymne: noch nicht bekannt.

Staatswappen: Eingeführt 1992. Das Wappen geht auf die Zeit des Königreiches Bosnien unter der Dynastie der Kotromanici im 14. Jh. zurück.

BOTSWANA

Amtlich **Republic of Botswana,** Präsidiale Republik in Südafrika, 600 372 qkm, 1,25 Millionen Einwohner (1991) 2 E/qkm. **Hauptstadt:** Gaberone (80 000 E). **Währung:** 1 Pula = 100 Thebe. **Mitgliedschaften:** UNO und Unterorganisationen, AKP, CCC, ECA, OAU, SADCC, SAEMU, UNCTAD; Commonwealth.

Flagge: Offiziell gehißt am 30. 9. 1966. Das blaue Feld repräsentiert sowohl den Himmel als auch das für das Land so wichtige Wasser, während die Farben Schwarz und Weiß auf die Koexistenz schwarzer und weißer Menschen auf dem afrikanischen Kontinent hinweisen.

Bevölkerung: Bantu (Sotho-Tswana), Buschmänner, Inder, Weiße. **Staatssprache:** Se Tswana u. a. Bantusprachen; Englisch. **Religion:** Naturreligionen, knapp 50 % Christen. **Verwaltungsgliederung:** 12 Distrikte.

Landesnatur: Im Südwesten Kalahariwüste, anschließend Okawangosümpfe und Makarikari-Salzpfanne, insgesamt abflußloses Hochbekken, heiß und trocken, Grassteppe und Dornbuschsavanne.

Geschichte: Erst im 18. Jh. von Tswana besiedelt, 1885 als Betschuanaland britisches Protektorat, Südteil 1895 der Kapkolonie angegliedert. Seit 30. 9. 1966 unabhängige Republik innerhalb des Commonwealth. **Unabhängig** seit 30. 9. 1966. **Nationalfeiertag:** 30. 9.

Nationalhymne: Text und **Melodie:** Kgalemang Tumedisco Motsete (1900–1974). Am 30. 9. 1966 offiziell angenommen.
»Fathse leno la rona, ke mpho ya Modimo, (Ke boswa jwa borraetsho; a le nne ka kagiso. // Tsogang, tsogang! bana, tsogang! / Emang,

basadi, emang, tlhagafalang! Re kopaneleng go direla lefatshe la rona.«

»Gesegnet sei dies edle Land, gegeben uns aus Gottes Hand, / Ererbt von unsern Vätern, möge es immer sich des Friedens erfreuen. // Erwacht, erwacht, ihr Männer, erwacht! Und Frauen stehen neben ihnen, gemeinsam dienen sie arbeitend diesem Land, diesem glücklichen Land.«

Staatswappen: Seit dem 30. 9. 1966 geführt. Auf dem Schild in Weiß drei blaue Wellenlinien, darüber Zahnräder (Industrie) und Stierkopf (Landwirtschaft) darunter. Wellenlinien und die Inschrift »Pula« (Regen) verweisen auf die große Bedeutung des Wassers. Schildhalter: Zebras mit Elefantenstoßzahn und Sorghumpflanze.

BRASILIEN

Amtlich **República Federativa do Brasil,** Präsidiale Bundesrepublik in Südamerika, 8 511 965 qkm, 155,3 Millionen Einwohner (1991) = 18,2 E/qkm. **Hauptstadt:** Brasilia (1,8 Mill. E). **Währung:** 1 Cruzeiro = 100 Centavos. **Mitgliedschaften:** UNO und Unterorganisationen, ALADI, BLADEX, CCC, CECLA, ECLAC, IDB, IPU, OAS, SELA, UNCTAD, Amazonasvertrag.

Flagge: In dieser Form am 11. 5. 1992 offiziell festgelegt, doch sind die Farben Grün und Gelb schon seit dem frühen 19. Jh. in Gebrauch. Als Brasilien 1889 Republik wurde, ersetzte man das kaiserliche Wappen durch die blaue Himmelskugel mit den Sternbildern des Südens und dem Motto »Ordnung und Fortschritt«.

Bevölkerung: 54,7% Weiße, 40% Mulatten, Schwarze, Japaner, ca. 190 000 Indianer. **Staatssprache:** Portugiesisch. **Religion:** 90% römisch-katholisch, 6% protestantisch, Orthodoxe, Buddhisten, Naturreligionen. **Verwaltungsgliederung:** 26 Bundesstaaten, 3 Territorien, 1 Bundesdistrikt.

Landesnatur: Im Norden Amazonastiefland (tropische Urwälder), in Osten und Mitte dichtbewaldete Tafelberge, im Nordosten und Süden Trockensteppe (Campos). Im Norden tropisches, im Süden subtropisches Klima.

Geschichte: 1500 von Carbal entdeckt, portugiesische Kolonie. Seit 1574 Einfuhr von Negersklaven. Seit 1763 portugiesisches Vizekönigreich. 1821 Revolution, 1822 Ausrufung eines unabhängigen Kaiserreichs, 1889 Ausrufung der Republik. Im 20. Jh. wechselnde Diktaturen und Militärregierungen, seit 1985 wieder Zivilregierung.

Unabhängig seit 7. 9. 1822. **Nationalfeiertag:** 7. 9.

Nationalhymne: Text: Joaquim Osório Duque Estrada (1870–1927).
Melodie: Francisco Manuel da Silva (1795–1865). Melodie erstmals
anläßlich der Thronbesteigung Pedros II. 1831 öffentlich gespielt, am
20. 1. 1890 offiziell angenommen, Text seit 7. 9. 1922 offiziell.
»Ouviram do Ypiranga as margens placidas / De um povo heroico o
brado retumbante / E o sol da liberdade, em raios fulgidos, / Brilhou no
céo da Patria nesse instante. // Se o penhor dessa agualdade / Consegui-
mos conquistar com braço forte, / Em teu seio, ó liberdade, / Desafia o
nosso peito a propria morte! / Ó Patria amada, / Idolatrada, / Salve!
Salve . . .«
»Aufhorchten am Ypiranga die schönen Gestade, / Als des tapfren
Volks Rufe dröhnend erklangen / Und der Sonne der Freiheit leuch-
tende Gnade / Ist am Himmel des Vaterlands aufgegangen: / Wenn wir
mit starkem Arme der Gleichheit / Hohen Felsengipfel unbesiegt
erreichen, / Dann soll in deinem Zeichen, o Freiheit. / Unsre Brust dem
leibhaftigen Tode nicht weichen. // O Vaterland wertes, / Gottgleich
verehrtes, / Heil dir, heil dir . . .«

Staatswappen: 1889 eingeführt, letztmals am 11. 5. 1992 festgestellt.
Der große Stern symbolisiert Einheit und Unabhängigkeit. Auf der
blauen Scheibe das Kreuz des Südens, eingefaßt von 26 Sternen (für
die 26 Bundesstaaten), alles auf einem Kranz aus Kaffee- und Tabak-
blättern. Auf dem Band das Datum der Ausrufung der Republik.

BRUNEI

Amtlich **Negara Brunei Darussalam** (Staat Brunei, Heimstatt des Friedens), Sultanat in Südasien, an der Nordküste Borneos, 5765 qkm,
397 777 Einwohner (1991) = 68,9 E/qkm. **Hauptstadt:** Bandar Seri
Begawan (75 000 E). **Währung:** 1 Brunei-Dollar = 100 Sen. **Mitgliedschaften:** UNO und Unterorganisationen, ASEAN, OIC, UNCTAD,
Commonwealth.

Flagge: Gelb mit weiß-schwarzem Doppelstreifen, in der Mitte das
Staatswappen. Ohne Wappen 1906 offiziell eingeführt. Wappen 1959
eingefügt. Nach Erlangung der Unabhängigkeit (1. 1. 1984) unverändert weitergeführt. Das Gelb symbolisiert die Herrschermacht des
Sultans.

Bevölkerung: 60% Malaien, 20% Chinesen, 6% Protomalaien (Iban,
Dusun, Murut u. a.), Inder. **Staatssprache:** Malaiisch, daneben als
Verkehrssprachen Englisch, Chinesisch, Iban. **Religion:** 64% Muslime, 14% Buddhisten, 10% Christen, Konfuzianer. **Verwaltungsgliederung:** 4 Distrikte.

Landesnatur: Zwei vom malaiischen Sarawak umgebene Landesteile
im Norden der Insel Borneo, von Hügel- und Bergland eingefaßte
Schwemmlandküste am Südchinesischen Meer; Anbau von Reis,
Kautschuk, Kokos- und Sagopalmen, im Hinterland tropischer Urwald; wichtigster Wirtschaftszweig Erdölgewinnung.

Geschichte: Das mächtige Sultanat Brunei beherrschte im 16. Jh. ganz
Borneo und Teile der Philippinen; es unterstellte sich nach erheblicher
Schwächung 1886 britischem Schutz. Erst seit 1971 innere Autonomie,
seit 1. 1. 1984 ist das Sultanat wieder völlig unabhängig.

Unabhängig seit 1. 1. 1984. **Nationalfeiertage:** 1. 1. (Unabhängigkeits-tag), 23. 2. und 15. 7. (Geburtstag des Sultans).

Nationalhymne: 1947 entstanden und 1951 offiziell übernommen wor-den. **Melodie:** Awang Haji Besar bin Sagap (* 1914). **Text:** Pengiran Haji Mohamed Yusuf bin Pengiran Haji Abdul Rahim (* 1923).
»Ya Allah lanjutkan lah usia / Duli tuanku yang maha mulia / Abdil berdaulat menaungi nosa / Memimpin ra'ayat kekal bahagia; / Hidup sentosa Negara dan Sultan, / Ilahi selamatkan Brunei Darus salam.«
»O Gott, lang lebe Seine Majestät der Sutan; Gerechtigkeit und Herr-schaft zum Schutz unseres Landes und zur Führung unseres Volkes; Gedeihen für unsere Nation und unseren Sultan; Gott erhalte Brunei, die Heimstatt des Friedens.«

Staatswappen: Geflügelter Mast auf Halbmond, dem Symbol des Is-lam. Die beiden Hände wurden beigefügt, als Brunei 1959 eine Verfas-sung erhielt. Die arabische Beschriftung lautet: »Durch Gottes Hand wird das Gute gedeihen« und »Brunei, Heimstatt des Friedens«.

BULGARIEN

Amtlich **Republika Bǎlgarija,** Republik in Südosteuropa, 110 912 qkm, 8,97 Millionen Einwohner (1986) = 80,8 E/qkm. **Hauptstadt:** Sofia (1,2 Mill. E). **Währung:** 1 Lew = 100 Stótinki. **Mitgliedschaften:** UNO und Unterorganisationen, BIZ, CCC, ECE, IPU, RGW, UNCTAD.

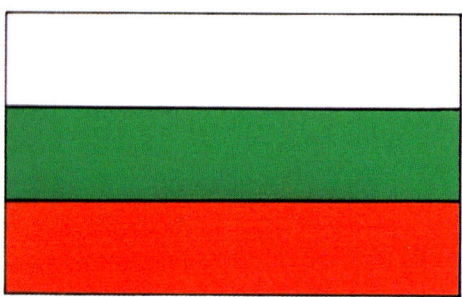

Flagge: Weiß-Grün-Rot, waagerecht. Die erste, 1878 angenommene Nationalflagge beruhte auf der damaligen weiß-blau-roten russischen Flagge. Die 1944 angenommenen Farben symbolisieren Friedensliebe (Weiß), den reichen Boden (Grün) und die Tapferkeit des Volkes (Rot). In dieser Form offiziell seit dem 22. 11. 1990.

Bevölkerung: 92 % Bulgaren, ca. 5 % Türken, Zigeuner. **Staatssprache:** Bulgarisch. **Religion:** Nur ca. 40 % bekennen sich zur einer Religion, davon 86 % orthodoxe Christen, 11 % Muslime, ferner Katholiken und Protestanten. **Verwaltungsgliederung:** 9 Provinzen.

Landesnatur: Das Land im Südosten der Balkanhalbinsel wird im Zentrum vom Balkan- und im Süden vom Rhodope-Gebirge durchzogen, die ausgedehnte Beckenlandschaft umschließen (Donauebene, Thrakische Ebene). Kontinentales Klima mit heißen Sommern und verhältnismäßig kalten Wintern; Landesfläche etwa zur Hälfte landwirtschaftlich genutzt.

Geschichte: Das Turkvolk der Altbulgaren wanderte im 7. Jh. auf der Balkanhalbinsel ein. Im frühen Mittelalter war Bulgarien ein Großreich, das 1393 türkische Provinz wurde. Nach dem Russisch-Türkischen Krieg Schaffung eines bulgarischen Fürstentums, dessen Fürst 1908 die Unabhängigkeit von der Türkei erklärte und sich zum »Zar der Bulgaren« erhob. Die Unabhängigkeit wurde am 5. 10. 1908 anerkannt. Im 1. Weltkrieg mit den Mittelmächten verbunden, im 2. Weltkrieg auf seiten der Achsenmächte, wurde Bulgarien 1944 von Sowjettruppen besetzt und ein kommunistisches Regime etabliert. 1946 wurde der Sohn des Zaren zur Abdankung gezwungen und die Volksrepublik ausgerufen. 1991 freie Wahlen, Ende des kommunistischen Systems.

Unabhängig seit 5. 10. 1908. **Nationalfeiertage:** 3. 3. und 9. 9.

Nationalhymne: Die heutige Nationalhymne wurde durch Erlaß des Präsidiums der Volksverammlung vom 8. 9. 1964 eingeführt. **Melodie** und **Text**, inzwischen mehrfach abgeändert, wurden 1885 von Zwetan Radoslawow (1863–1931) verfaßt.
»Gorda Stara planina, do neji Dunava sineji, slunze Trakija ogrjava nad Perina plameneji . . .«
»Stolz erheben sich die Berge des Balkans, zu ihren Füßen fließt die blaue Donau, über Thrakien scheint die Sonne, der Piräus schimmert in pupurner Glut . . .«

Staatswappen: Der Löwe, seit 1879 offiziell das Emblem Bulgariens, geht auf das 14. Jh. zurück. Weizen und Zahnrad symbolisieren Landwirtschaft und Industrie. Möglicherweise wird ein neues Wappen in Kürze kreiert.

BURKINA FASO

Amtlich **Burkina Faso,** Präsidiale Republik in Westafrika, 274 200 qkm, 9,3 Millionen Einwohner (1991) = 34,1 E/qkm. **Hauptstadt:** Wagadugu (441 514 E). **Währung:** 1 CFA-Franc = 100 Centimes. **Mitgliedschaften:** UNO und Unterorganisationen, AKP, CCC, CEAO, CEDEAO, ECA, OAU, OCAM, OIC, OKB, UMOA, UNCTAD.

Flagge: Am 4. 8. 1984 eingeführt. Rot-Grün/waagerecht mit gelbem Stern in der Mitte. Die panafrikanischen Farben wurden im Zuge der Afrikanisierung gleichzeitig mit der Umbenennung des Staates gewählt; der Stern soll die revolutionären Prinzipien versinnbildlichen.

Bevölkerung: Voltavölker (Mossi u. a.), westsudanische Gruppen (Bobo), Fulbe, Haussa, Tuareg. **Staatssprache:** Französisch; verschiedene eingeborene Umgangssprachen. **Religion:** Naturreligionen, 20 % Muslime, Christen. **Verwaltungsgliederung:** 30 Provinzen.

Landesnatur: Überwiegend Ebenen, vereinzelt Inselberge und Bergketten, bis 700 m hoch. Einziger ganzjährig wasserführender Fluß Schwarzer Volta. Im Süden Feucht- und Baumsavanne, in der Mitte Trockensavanne, im Norden wüstenhafte Sahelzone.

Geschichte: Mossi-Fürstentümer, ab 1896 von Frankreich kontrolliert, 1919 Kolonie Obervolta, seit 1958 innerhalb der Französischen Gemeinschaft autonome Republik, 1960 in die Unabhängigkeit entlassen. Seit 1966 Putsche und Militärregierungen, 1984 Umbenennung in Burkina Faso und verstärkte Afrikanisierung.

Unabhängig seit 5. 8. 1960. **Nationalfeiertag:** 5. 8.

Nationalhymne: Text und **Melodie:** Robert Ouedraogo (* 1922). Am 3. 8. 1960 von der Nationalversammlung offiziell gebilligt.

»Fière Volta des mes aïeux! / Ton soleil ardent et glorieux / Te revêt d'or et de clarte, / O Reine drapée de loyauté. // Nous te ferons et plus forte et plus belle, / A ton amour nous resterons fidèles / Et nos cœurs vibrants de fierté / Acclameront ta beauté.«

»Obervolta – Ahnenland! / Glühend glänzt der Sonne Brand – / Königin, mit Redlichkeit / Trage stets dein edles Kleid! // Deiner Liebe Kraft und Treu / Schwören immer wir aufs neu. / Mit den Herzen fiebern wir / Allerhöchsten Beifall dir.«

Staatswappen: Ebenfalls 1984 eingeführt. Zahnrad mit fünfstrahligem Stern, in der Mitte ein landwirtschaftliches Gerät und eine Waffe. Ein aufgeschlagenes Buch verweist auf die Bedeutung der Bildung für den Aufbau des neuen Staates. Von Maiskolben flankiert.

BURUNDI

Amtlich **Republika y' Uburundi** (KiRundi) bzw. **République du Burundi** (franz.), Präsidiale Republik in Ostafrika, 27834 qkm, 5,8 Millionen Einwohner (1991) = 209,5 E/qkm. **Hauptstadt:** Bujumbura (170000 E). **Währung:** 1 Burundi-Franc = 100 Centimes. **Mitgliedschaften:** UNO und Unterorganisationen, AKP, CCC, CEPGL, ECA, OAU, UNCTAD.

Flagge: Offiziell eingeführt am 28. 7. 1967. Grün symbolisiert Hoffnung. Rot die Opfer im Kampf um die Unabhängigkeit, Weiß Friedensliebe. Die drei grüngeränderten roten Sterne repräsentieren die drei Wörter des Staatswahlspruches »Einigkeit, Arbeit, Fortschritt«, aber auch die drei Volksgruppen des Landes.

Bevölkerung: 82% Hutu (Bantu), 14% Tutsi (Watussi), Twa (Pygmäen), Europäer, Asiaten. **Staatssprachen:** KiRundi und Französisch. **Religion:** Christen (vorwieg. Katholiken), Naturreligionen, muslimische Minderheit. **Verwaltungsgliederung:** 15 Provinzen.

Landesnatur: Wasserreiches Hochland (durchschnittlich 1500 m ü. M.) im Nordosten des Tanganjikasees zwischen den Einzugsgebieten von Kongo und Nil. Äquatoriales Regenklima.

Geschichte: Im 17. Jh. von den Tutsi gegründet, ab 1899 deutsches Kolonialgebiet, 1920 zusammen mit Rwanda als Völkerbundsmandat an Belgien. Ab 1. 7. 1962 unabhängiges Tussi-Königreich, nach Militärputsch 1966 in Republik umgewandelt, seit 1981 Präsidialrepublik unter Militärregime. 1987 Militärputsch. Stammeskonflikte zwischen Hutu und Tutsi.

Unabhängig seit 1. 7. 1962. **Nationalfeiertag:** 1. 7.

Nationalhymne: Text: Jean-Baptiste Ntahokaja (*1920). **Melodie:** Marc Barengayabo. Am 1. 7. 1962 angenommen.

»Burŭndi bwâcu, Burŭndi buhĭre, / Shīnga icúmu mu mashinga, / Gaba intăhe y-úbugabo ku buīngo. / Warápfunywe ntíwapfûye, / Waráhabīshijwe ntíwahababuka, / Uhagurukana, uhagurukana, uhagurukana ubugabo uríkūkira . . .«

»Teures Burundi, sei glücklich und froh, / Tritt ein in den Kreis der Nationen; / In allen Ehren schreite in die Unabhängigkeit! / Zu Tode gehetzt – du gingst nicht zugrunde, / In Elend getrieben – erhebst du dich frei! / Voll Stolz, mit Mut erhebst du dich zu neuer Macht und Unabhängigkeit . . .«

Staatswappen: Der Löwenkopf auf dem Schild verweist auf die koloniale Vergangenheit des Landes. Die drei Speere repräsentieren ebenso wie die drei Sterne der Flagge die drei Wörter des Staatswahlspruchs sowie die Tutsi, Hutu und Twa, die drei wichtigsten ethnischen Gruppierungen Burundis.

CHILE

Amtlich **República de Chile,** Republik in Südamerika, 756626 qkm, 13,2 Millionen Einwohner (1991) = 17,5 E/qkm. **Hauptstadt:** Santiago (4,4 Mill. E). **Währung:** 1 Chilenischer Peso = 100 Centavos. **Mitgliedschaften:** UNO und Unterorganisationen, ALADI, BLADEX, CCC, CECLA, CIPEC; ECLAC, IDB, OAS, SELA, UNCTAD.

Flagge: Offiziell eingeführt am 17. 10. 1817. Vorbild war die Flagge der Vereinigten Staaten. Weiß symbolisiert den Schnee der Anden, Blau den Himmel, Rot das fürs Vaterland vergossene Blut. Der weiße fünfstrahlige Stern steht für den Fortschritt und die Ehre des Landes.

Bevölkerung: 60% Mestizen, 30% Weiße, 3% Indianer. **Staatssprache:** Spanisch. **Religion:** 89% römisch-katholisch, 6% Protestanten. **Verwaltungsgliederung:** 13 Regionen.

Landesnatur: Von Anden und Pazifischem Meer begrenzt, über 4000 km lang. Im Norden Küstenkordillere und Atacamawüste, südlich davon Zentralchilenisches Längstal (Siedlungsschwerpunkt), begrenzt von bis 6880 m hohen Gebirgszügen. Im Süden die Gletscherberge Patagoniens, zerklüftete Küste mit zahlreichen Inseln. Fünf Klimazonen.

Geschichte: Teil des Inkareiches, 1534–1541 von den Spaniern erobert. 1810 Ausrufung der Unabhängigkeit, 1818 Republik, 1879 bis 1883 Salpeterkrieg mit Bolivien und Peru, Gebietserweiterung. 1891 Bürgerkrieg. Auch im 20. Jh. starke soziale Spannungen, wechselnde Militärregierungen. 1973 Sturz des gewählten Präsidenten Allende, danach Militärjunta unter General Pinochet. Dezember 1989 freie Wahlen. März 1990 Ende der Militärjunta Pinochets.

Unabhängig seit 12. 2. 1818. **Nationalfeiertag:** 18. 9. (Lossagung von Spanien).

Nationalhymne: Text: Eusebio Lillo (1826–1910). **Melodie:** Ramón Carnicer (1789–1855). Melodie erstmals am 23. 12. 1828 öffentlich gespielt, am 17. 9. 1847 offiziell übernonmmen. Text am 12. 8. 1909 verfaßt, am 27. 6. 1941 offiziell angenommen. Von den 6 Strophen wird in der Regel nur die 5. gesungen:

»Puro, Chile, es tu cielo azulado, / Puras brisas te cruzan también, / Y tu campo de flores bordado, / Es la copia feliz del Edén. / Majestuosa es la blanca montaña / Que te dió por baluarte el Señor, / Y ese mar que tranquilo te baña / Te promete futuro esplendor. // Dulce Patria, recibe los votos / Con que Chile en tus aras juró / Que, o la tumba serás de los libres, / O el asilo contra la opresión.«

»Rein ist, Chile, dein Himmel, der blaue, / Linde Lüfte durchwehn dein Gefild, / Prächtig leuchtet dir blumige Aue; / Bist fürwahr Edens glückliches Bild. / Majestätische, schneeige Anden / Gab der Herr dir zum schützenden Kranz / Und das Meer, dessen Wogen dir branden, / Weist die Bahn uns zu künftigem Glanz. // Traute Heimat, vernimm, was in Treuen / Dir auf Chiles Altären erschallt: / Entweder wirst du das Grab aller Freien / Oder ein sicheres Asyl vor Gewalt.«

Staatswappen: 1834 angenommen. In den Farben der Flagge gehalten. Unter dem Schild der aus der Kampfzeit gegen die Spanier stammende Wahlspruch »Mit Vernunft oder Gewalt«. Schildhalter sind ein Andenhirsch (»Huemul«) und ein Kondor, charakteristische Vertreter der einheimischen Tierwelt.

CHINA (TAIWAN)

Amtlich **Ta Tschung Hua Min-Kuo,** Republik in Ostasien, 36 1188 qkm, 20,6 Millionen Einwohner (1991) = 570,8 E/qkm. **Hauptstadt:** Taipeh (2,7 Mill. E). **Währung:** 1 Neuer Taiwan-Dollar = 100 Cents. **Mitgliedschaften:** IBRD, IDA, IFC, AsDB; 1971/72 zugunsten der VR China aus der UNO und fast allen Unterorganisationen ausgeschlossen.

Flagge: Die Flagge der Republik China stammt aus dem Jahr 1914, offiziell eingeführt wurde sie am 28. 10. 1928. Sie ist rot und trägt im blauen Obereck eine weiße Sonne (Symbol der Kuomintang). Rot ist die Nationalfarbe der chinesischen Han; Blau symbolisiert Gleichheit und Gerechtigkeit, Weiß Brüderlichkeit und Offenheit.

Bevölkerung: 98% Han-Chinesen, 2% malaio-polynesische Gaoschan (Urbevölkerung der Insel). **Staatssprache:** Chinesisch, verschiedene Dialekte als Umgangssprachen. **Religion:** Konfuzianismus, Buddhismus, Taoismus, christliche und muslimische Minderheiten. **Verwaltungsgliederung:** 4 Stadtkreise, 16 Landkreise, 2 Sonderstadtkreise.

Landesnatur: Inselrepublik aus Taiwan (Formosa) und vorgelagerten kleinen Inseln, Taiwan von bis zu 3997 m hohem Zentralgebirge durchzogen, verhältnismäßig schmale Küstenebene im Osten, im Westen sehr fruchtbare ausgedehnte Ebenen und Hügelländer. Subtropisches Klima mit Taifunen von Juli bis Oktober.

Geschichte: 1624–1661 von Holländern besetzt, ab 1683 chinesisch, seit 1885 Provinz des chinesischen Reiches. 1895–1945 japanisch, 1949 landeten vor den Kommunisten fliehende Kuomintangtruppen auf der

Insel und riefen am 1. 3. 1950 die Nationalchinesische Republik aus. Die strikt antikommunistische Nationalregierung wurde von den USA gestützt, aber 1978 zugunsten der Volksrepublik China fallengelassen. Eine Wiedervereinigung mit China wird bislang noch abgelehnt.

Unabhängig seit 1. 1. 1912 (Die Republik China betrachtet sich als Nachfolgerin der nach dem Sturz der Mandschuherrschaft ausgerufenen Republik). **Nationalfeiertag:** 10. 10. (Beginn des Aufstands von Wutschang 1911).

Nationalhymne: Text auf der Grundlage einer Rede, die der Kuomintanggründer Sun Yat-sen (1866–1925) am 16. 7. 1924 hielt, vertont nach einer Melodie von Ch'eng Mao-yün (∗ 1900). 1928 zum Parteilied der Kuomintang erklärt, 1930 als vorläufige Nationalhymne anerkannt. 1943 offiziell bestätigt; Gültigkeit seit 1949 auf Nationalchina (Republik China) beschränkt.
»Aan min-tschu-i / Wu tang so tsong. / I tchien min-kuo / I tchin ta-t'ung . . .«
»Des Volkes goldner Dreierspruch / Wird hoch geehrt von der Partei. / Sie baut den Staat des Volkes auf, / Das Ziel die Große Gleichheit sei . . .«

Staatswappen: Staatswappen ist das 1895 eingeführte Emblem der Kuomintang, eine zwölfstrahlige weiße Sonne auf blauem Grund. Die Strahlen symbolisieren nicht nur die 12 Doppelstunden des Tages, sondern auch den Geist des unaufhaltsamen Fortschritts.

CHINA (VOLKSREPUBLIK)

Amtlich **Zhonghua Renmin Gongheguo** bzw. **Tschung-Hua Jen-Min Kung-Ho Kuo,** Volksrepublik in Ostasien, 9 560 779 qkm, 1,15 Milliarden Einwohner (1991) = 120,4 E/qkm. **Hauptstadt:** Beijing (Peking, 9,5 Mill. E). **Währung:** 1 Renminbi Yuan = 10 Jiao = 100 Fen. **Mitgliedschaften:** UNO und Unterorganisationen, CCC, ESCAP, IPU, UNCTAD.

Flagge: Rot mit einem großen und vier kleinen Sternen im inneren Obereck; offiziell seit 1. 10. 1949. Rot ist nicht nur die Farbe des Kommunismus, sondern auch des chinesischen (Han-)Volks. Die 5 Sterne symbolisieren China, Mandschurei, Mongolei, Sinkiang und Tibet, aber auch die Partei und die vier Werktätigenklassen.

Bevölkerung: 93,3% Han-Chinesen, 56 nationale Minderheiten (Turkvölker, Thaigruppen, Mongolen, Tibeter, Mandschu usw.). **Staatssprache:** Chinesisch, (Kao-yü), in autonomen Gebieten auch die Sprachen der jeweiligen Gruppen. **Religion:** Keine offiziellen Angaben; Konfuzianismus, Buddhismus, Taoismus, Muslime (Sunniten), ca. 6 Mill. Christen. **Verwaltungsgliederung:** 21 Provinzen, 3 unmittelbare Städte, 36 autonome Gebiete und Bezirke, 80 autonome Kreise.

Landesnatur: Größtenteils Gebirgsland (60% des Territoriums über 2000 m hoch), das in Stufen von der Tibetischen Hochebene im Westen zum Pazifik im Osten abfällt. Im Norden wüstenartige Landschaften (Gobi, Tarimbecken), im Osten fruchtbare Lößebenen, von mächtigen Flüssen durchzogen. Nur ca. 10% des Territoriums landwirtschaftlich nutzbar; intensive Bewässerungskultur. Im Inneren und im Norden Kontinentalklima, nach Osten hin Übergang vom gemäßigten über das subtropische zum tropischen Klima.

Geschichte: 1. 7. 1921 Gründung der kommunistischen Partei Chinas, nach Bruch mit der Kuomintang ab 1927 kommunistische Aufstände, Aufstellung einer »Roten Armee«, die 1947–1949 die Kuomintang unter Tschiang Kai-schek zum Rückzug nach Taiwan zwingt. Am 1. 10. 1949 Ausrufung der Volksrepublik China in Peking durch Mao Tse-tung. Nach Maos Tod Kurswechsel und Öffnung zum Westen.

Unabhängig seit 1. 10. 1949 (Volksrepublik); fast 4000jährige Staatsüberlieferung. **Nationalfeiertag:** 1. 10.

Nationalhymne: 1932 von T'ien Han gedichtet und von Nie Erh (1912–1935) vertont, am 27. 9. 1949 offiziell als Nationalhymne übernommen, am 5. 3. 1978 Einführung eines neuen Textes (von Kollektiv verfaßt).
»Quian-jin! Ge min-zu ying-xiong-de re-min. Wei da-de-gong chan dang ling dao wo-men ji-xu chang zheng...«
»Voran! Heroisches Volk im ganzen Land! Die große Kommunistische Partei führt uns weiter auf dem Langen Marsch...«

Staatswappen: Weizen und Reis symbolisieren die Landwirtschaft, das Zahnrad die Industrie. Das Tor des Himmlischen Friedens in Peking verweist auf die Wiederherstellung der Macht in der traditionellen Hauptstadt. Am 20. 9. 1950 eingeführt.

COSTA RICA

Amtlich **República de Costa Rica,** Präsidiale Republik in Mittelamerika, 50 700 qkm, 3,1 Millionen Einwohner (1991) = 61,3 E/qkm. **Hauptstadt:** San José (260 000 E). **Währung:** 1 Costa-Rica-Colón = 100 Centimos. **Mitgliedschaften:** UNO und Unterorganisationen, BCIE, BLADEX, CACM, CECLA, CONDECA, ECLAC, IDB, IPU, MCCA, NAMUCAR, OAS, ODECA, SELA, UNCTAD.

Flagge: Erstmals am 29. 9. 1848, in heutiger Form am 21. 10. 1964 eingeführt. Auf dem roten Mittelstreifen in weißem Oval das Staatswappen. Obwohl laut Gesetz Privatleute ihre Häuser nur mit Wimpeln in den Nationalfarben schmücken dürfen, wird doch häufig die Flagge (aber ohne Staatswappen) gehißt.

Bevölkerung: 75 % Weiße, 15 % Mestizen, Schwarze, Mulatten, Indianer. **Staatssprache:** Spanisch. **Religion:** 95 % römisch-katholisch (Staatskirche). **Verwaltungsgliederung:** 7 Provinzen.

Landesnatur: Hochplateau, im Norden Urwälder, im Westen Savannen, von bis zu 3432 m hoher vulkanischer Gebirgskette durchzogen. Pazifische und atlantische Klimazone.

Geschichte: 1502 von Kolumbus entdeckt, seit 1530 spanische Kolonie, 1821 Ausrufung der Republik, bis 1838 in der Föderation Zentralamerikanischer Republiken. Im 20. Jh. trotz verschiedener Reformen soziale Spannungen, aber relativer Wohlstand.

Unabhängig seit 15. 9. 1821 (Republik) bzw. 14. 11. 1838 (Austritt aus der Föderation). **Nationalfeiertag:** 15. 9.

Nationalhymne: Text: José María Zeledón Brenes (1877–1949). **Melodie:** Manuel María Gutiérrez (1829–1887). Melodie 1852 erstmals öffentlich gespielt, im gleichen Jahr offiziell übernommen. Heutiger Text 1903 ausgewählt, erst 1949 durch offizielles Dekret bestätigt.
»Noble patria, tu hermosa bandera / Expresión de tu vida nos da: / Bajo el limpido azul de tu cielo / Blanca y pura descanza la paz.«
»Edle Heimat, dein herrliches Banner / zeig uns deines Lebens Gestalt: / Unter dem strahlenden Blau deines Himmels / Ruht der Friede weißschimmernd und rein.«

Staatswappen: 1848 eingeführt, mehrfach geändert (zuletzt 1964). Die 7 Sterne erinnern an die Föderation Zentralamerikanischer Republiken (1821–1838) und repräsentieren gleichzeitig die 7 Provinzen. Die Vulkane symbolisieren die Landbrücke zwischen Nord- und Südamerika, die Wasserflächen Atlantik und Pazifik.

DÄNEMARK

Amtlich **Kongeriget Danmark,** Parlamentarisch-demokratische kon-
stitutionelle Monarchie in Nordeuropa, 43 075 qkm, 5,125 Millionen
Einwohner (1991) = 119 E/qkm. **Hauptstadt:** Kopenhagen (1,3 Mill.
E). **Währung:** 1 Dänische Krone = 100 Øre. **Mitgliedschaften:** UNO
und Unterorganisationen, AsDB, BIZ, CCC, ECE, EG, ESA, EWS,
IDB, IEA, IPU, NATO, OECD, UNCTAD, Europarat, Nordischer
Rat.

Flagge: Rot mit weißem skandinavischem Kreuz. Der **Danebrog** ist
vermutlich die älteste seit ihrer Einführung unverändert gebliebene
Flagge. Sie soll den Dänenkönig Waldemar II. 1219 während einer
Schlacht gegen die Esten erschienen sein, doch gibt es noch andere
Erklärungen für den Ursprung.

Bevölkerung: 96,5% Dänen, 1,7% Deutsche, 0,4% Schweden.
Staatssprache: Dänisch. **Religion:** 98% evangelisch-lutherisch, katholische und jüdische Minderheiten. **Verwaltungsgliederung:** 14 Amts-
kommunen, Frederiksberg und Kopenhagen.

Landesnatur: Gegliedert in die Halbinsel Jütland und 483 Inseln (ca.
100 unbewohnt). Flachwelliges Jungmoränenland mit sandiger Geest
und Marschensaum, landwirtschaftlich intensiv genutzt. Kühlgemä-
ßigtes ozeanisches Klima.

Geschichte: Schon zur Zeit der Normannenzüge sehr bedeutsam, er-
langte Dänemark im 14. Jh. die absolute Vorherrschaft in ganz Nordeuropa, bis Schweden im 17. Jh. die politische Führung im Ostseeraum
übernahm. 1815 wurde Norwegen selbständig, und 1864 ging Schles-
wig-Holstein verloren, doch kam Nordschleswig 1920 wieder zu Däne-

mark. **Außenbesitzungen mit Selbstverwaltung:** Färöer-Inseln = eigene Flagge, Grönland = s. unter Grönland, beide im Nordatlantik.

Nationalfeiertage: 16. 4. (Geburtstag der Königin) und 5. 6. (Verfassungstag).

Nationalhymne: Die erstmals am 4. 7. 1844 gesungene **Landeshymne** wurde von Hans Ernst Kroeyer komponiert, der Text stammt von Adam Gottlieb Oehlenschläger (1779–1850).
Landeshymne: »Der er et yndigt land, (Det står me brede bøge / Nær salten østerstrand; / Det bugter sig i bakke, dal, / Det hedder gamle Danmerk, / Og det er Frejas sal . . .«
»Es liegt ein lieblich Land / Im Schatten breiter Buchen (Am salz'gen Ostseestrand. / An Hügelwellen träumt's, im Tal, / Alt-Dänemark, so heißt es, / Und es ist Frejas Saal . . .«
Königshymne: »Kong Kristian stod ved højen mast / i røg og damp; / Hans værge hamrede så fast, / At Goens hjelm og hjerne brast . . .«
»Herr Christian stand am hohen Mast / In Rauch und Dampf, / Sein Schwert traf wie des Hammers Last, / Bis Helm und Haupt der Goten barst . . .«

Staatswappen: 3 blaue Löwen und 9 rote Herzen auf gelbem/goldenem Schild, seit Waldemar d. Gr. (1157–1182) bekannt, 1819 offiziell eingeführt. Das größere quadrierte **Königswappen** (1 und 4 Dänemark, 2 Schleswig, 3 Kalmarer Union/Grönland) mit Schildhaltern, Krone und Ordensbändern wurde am 16. 11. 1972 offiziell eingeführt.

DEUTSCHLAND
(BUNDESREPUBLIK)

Amtlich **Bundesrepublik Deutschland,** demokratisch, parlamentarischer Bundesstaat in Mitteleuropa, 356 945 qkm, 80 Millionen Einwohner (1989) = 224 E/qkm. **Hauptstadt:** Berlin, Regierungssitz Bonn (291 000 E). **Währung:** 1 Deutsche Mark = 100 Pfennig. **Mitgliedschaften:** UNO und Unterorganisationen, AsDB, BIZ, CCC, ECE, EG, ESA, EWS, IDB, IEA, IPU, NATO, OECD, UNCTAD, WEU, Europarat.

Flagge: Die schwarz-rot-goldene Flagge wurde am 23. 5. 1949 offiziell eingeführt. Die Farben gehen auf die Freiheitskriege (1813) zurück. Die Flagge wurde von der Frankfurter Nationalversammlung (1848) und später von der Weimarer Republik (1919–1933) übernommen.

Bevölkerung: Vorwiegend Deutsche, sorbische und dänische Minderheit, 5,8 Mill. Ausländer (1989). **Staatssprache:** Deutsch. **Religion:** Alte Bundesrepublik: 40,8% evangelisch, 42,9% katholisch, 2,8% Muslime, griechisch-orthodoxe, buddhistische und jüdische Minderheiten (1989). – Neue Bundesländer (ehem. DDR): 30% evangelisch, 6,1% katholisch, 63,5% ohne Religionszugehörigkeit (1990). **Verwaltungsgliederung:** 16 Bundesländer (incl. Berlin).

Landesnatur: Durch große Flußläufe gegliedertes Tiefland im Norden, waldreiche Mittelgebirgszone in der Mitte, im Süden von den Alpen begrenzt. Im Osten seenreiches Tiefland, im Südosten von Mittelgebirgen begrenzt. Im Wechsel vom maritimen atlantischen und kontinentalen, eurasischen Klima beeinflußt.

Geschichte: Hervorgegangen aus dem Deutschen Reich. Nach dem 2. Weltkrieg entstanden 2 deutsche Staaten: Bundesrepublik Deutschland: Gründung 24. 5. 1949. Erste freie Wahlen 14. 8. 1949. Volle

Souveränität 5. 5. 1955. DDR: Gründung 7. 10. 1949. Volle Souveränität 25. 3. 1954. Erste freie Wahlen 12. 3. 1990. – Vereinigung beider Staaten und Beitritt der DDR zur Bundesrepublik Deutschland 3. 10. 1990.

Gründung: Neue Bundesrepublik Deutschland 3. 10. 1990. **Nationalfeiertag:** 3. 10. (Tag der Vereinigung).

Nationalhymne: Melodie von Joseph Haydn (1732–1809), ursprünglich 1797 uraufgeführte österreichische Kaiserhymne. **Text** von A. H. Hoffmann von Fallersleben (1798–1874), 1841 verfaßt. Durch Verordnung des Reichspräsidenten Ebert am 11. 8. 1922 zur offiziellen Reichshymne erklärt, durch Bundespräsident Heuss am 2. 5. 1952 als Nationalhymne der Bundesrepublik bestätigt. Seit 18. 4. 1950 wird bei staatlichen Anlässen nur die dritte Strophe gesungen.
»Einigkeit und Recht und Freiheit / Für das deutsche Vaterland – / Danach laßt uns alle streben / Brüderlich mit Herz und Hand! / Einigkeit und Recht und Freiheit / Sind des Glückes Unterpfand. / Blüh im Glanze dieses Glückes, / Blühe, deutsches Vaterland!«

Staatswappen: Der schwarze Adler im goldenen Feld geht auf das Wappen des Heiligen Römischen Reiches Deutscher Nation zurück, dieses wiederum auf die Feldzeichen der römischen Legionen, auf deren Stangen ein goldener Adler saß; das Bundeswappen wurde gleichzeitig mit der Flagge der Bundesrepublik eingeführt.

DOMINIKA

Amtlich **Commonwealth of Dominica,** Republik im britischen Commonwealth, 751 qkm, 90 000 Einwohner (1989). **Hauptstadt:** Roseau (8400 E). **Währung:** 1 East Caribbian Dollar = 100 Cents. **Mitgliedschaften:** Brit. Commonwealth, EG-Assoziation, Caricom, VDCN.

Flagge: Offiziell gehißt am 3. 11. 1981. Grünes Feld mit Kreuz, das dreigeteilt ist: Gelb, Weiß, Schwarz, Symbol der christlichen Dreieinigkeit. Die rote Scheibe ist das Zeichen für das sozialitische Entwicklungsprogramm. Im Kreis 10 grüne Sterne, in der Mitte ein farbiger Papagei. Flagge 1993 leicht verändert.

Bevölkerung: Mulatten, Caribeanen. **Staatssprache:** Englisch, Patois (Kreolisch mit franz. Grundlage). **Religion:** 80% römisch-katholisch, Anglikaner und Methodisten. **Verwaltungsgliederung:** 2 Städte und 25 Landkreise.

Landesnatur: Inselbogen der Kleinen Antillen im Karibischen Meer. Vulkanischer Ursprung. Gebirgig, Morne Diablotins (1448 m ü. M.). Der innere Teil der Insel ist schwer zugänglich und nicht erschlossen.

Geschichte: Dominica wurde 1493 von Kolumbus entdeckt. Sie wurde Streitobjekt zwischen den ersten Kolonialherren, den Franzosen und den Engländern, die 1783 Besitzer wurden. Ende des 19. Jh. gliederten sie die Insel verwaltungsmäßig den Leeward Islands an.

Unabhängig seit 3. 11. 1978 von England. **Nationalfeiertag:** 3. 11.

Nationalhymne: Melodie: Lemuel McPherson Christian, **Text:** Wilfred Oscar Morgan Pond.

»Isle of beauty, isle of splendour, / Isle to all so sweet and fair, / All must surely gaze in wonder / Art thy gifts so rich andrare. / Rivers, valleys, hills and mountains, / All these gifts we do extol. / Healthy land, so like all fountains, / Giving cheer that warms the soul.«

»Insel der Schönheit, Insel der Pracht, / Insel so süß und schön, / Jeder muß verwundert erstarren, / ob deiner Gaben so reich und rar. / Flüsse, Täler, Hügel und Berge, / all diese Gaben preisen wir, / Gesundes Land, wie alle Quellen, / mit Freude, die das Herz erwärmt.«

Staatswappen: Offiziell eingeführt am 21. 7. 1961. Schild durch blau-gelbes Kreuz geteilt. Feld 1 und 4 = Gold mit Kokospalme; Feld 2 = grüner Frosch auf blauem Feld; Feld 3 = braunes Boot, blaues Feld, weiße Wellen, Schildhalter sind zwei grüne Papageien, dazu weiß-blaue Wülste, darüber ein goldener Löwe.

DOMINIKANISCHE REPUBLIK

Amtlich **República Dominicana,** Präsidiale Republik in Mittelamerika, 48 734 qkm, 7,3 Millionen Einwohner (1991) = 151,5 E/qkm. **Hauptstadt:** Santo Domingo (1,65 Mill. E). **Währung:** 1 Dominikanischer Peso = 100 Centavos. **Mitgliedschaften:** UNO und Unterorganisationen, BLADEX, ECLAC, CECLA, IPU, OAS, SELA, UNCTAD.

Flagge: Offiziell bestätigt am 8. 11. 1844, nachdem das dominikanische Volk unter Führung der Trinitarianer, einer revolutionären Geheimgesellschaft, erstmals die Unabhängigkeit von Spanien und Haiti erkämpft hatte. Blau steht für Freiheit, Rot für das vergossene Blut, das weiße Kreuz für den religiösen Glauben des Volkes.

Bevölkerung: 73 % Mulatten, 16 % Weiße, 11 % Schwarze. **Staatssprache:** Spanisch. **Religion:** 98 % römisch-katholisch. **Verwaltungsgliederung:** 28 Provinzen, 1 Hauptstadtdistrikt.

Landesnatur: Ostteil der westindischen Karibikinsel Hispaniola (auf dem Westteil von Haiti), von vier Gebirgsmassiven bedeckt (bis 3175 m hoch), dazwischen tief eingesenkte Längsfurchen (Enriquillo-Salzsee 44 m unter Meereshöhe). Randtropisches Klima mit starker regionaler Differenzierung.

Geschichte: Hispaniola von Kolumbus entdeckt, spanische Kolonie, 1697 Teilung der Insel, 1795 an Frankreich abgetreten, 1808 auf britischen Druck wieder spanisch. 1822 Annexion durch Haiti, 1844 Proklamation der Unabhängigkeit, aber 1861–1863 auf eigenen Wunsch erneut spanisch. 1865 endgültige Loslösung von Spanien. Innere Unruhen, 1916–1924 von US-Truppen besetzt, 1930–1961 Trujillo-Diktatur. 1965 Bürgerkrieg mit Eingreifen einer »amerikanischen Friedenstruppe«.

Unabhängig seit 27. 2. 1844 (Proklamation) bzw. 3. 5. 1865 (formelle Lösung von Spanien). **Nationalfeiertag:** 27. 2.

Nationalhymne: Text: Emilio Prud'homme (1865–1932). **Melodie:** José Reyés (1835–1905). Mit erster Textfassung am 17. 8. 1883 erstmals vorgestellt, mit neuem Text am 7. 7. 1897 von der Nationalversammlung offiziell angenommen, aber erst am 30. 5. 1934 öffentlich verlautbart.
»Quisqueyanos valientes, alcemos / Nuestro canto con viva emoción, / Y del mundo à la faz ostentemos / Nuestro invicto, glorioso pendón. / ¡Salve! al pueblo que, intrépido y fuerte, / A la guerra à morir se lanzó, / Cuando en bélico reto de muerte / Sus cadenas de esclavo rompió.«
»Tapfere Quisqueyaner, lasset uns singen / Mit bewegtem Gemüte unseren Sang, / Und vorm Antlitz der Welt woll'n wir schwingen / Unsere Fahne, die niemand bezwang. / Heil sei dem Volk, das die Kraft dran gegeben. / Und mit Todesmut sich geworfen ins Feld, / Als es im Ringen auf Tod und Leben / Selbst seine Sklavenketten zerschellt.«

Staatswappen: 1844 angenommen, 1863 wiederhergestellt. Auf dem Schild in Gestalt der Flagge silberne Bibel, goldenes Kreuz und beidseits je drei Flaggen. Auf dem oberen Band der Spruch »Gott, Vaterland, Freiheit«, auf dem unteren Band der Name des Staates.

DSCHIBUTI

Amtlich **République de Djibouti** (franz.) bzw. **Jumhuriya Djiboutiya** (arab.), Präsidiale Republik in Nordostafrika, 22 000 qkm, 350 000 Einwohner (1986) = 15,9 E/qkm. **Hauptstadt:** Dschibuti (80 000 E). **Währung:** 1 Dschibuti-Franc = 100 Centimes. **Mitgliedschaften:** UNO und Unterorganisationen, AKP, ECA, IPU, OAU, OIC, UIA, UNCTAD, Arabische Liga.

Flagge: Offiziell gehißt am 27. 6. 1977. Hellblau steht für Himmel und Meer und ist die traditionelle Farbe der Issa. Grün repräsentiert die Afar und ihren mohammedanischen Glauben. Weiß symbolisiert die Friedensliebe, der rote Stern die Einheit und den Kampf um die Unabhängigkeit.

Bevölkerung: 47% Issa, 37% Afar, 8% Weiße, 6% Araber. **Staatssprachen:** Französisch und Arabisch. **Religion:** 94% Muslime (Sunniten), christliche Minderheit. **Verwaltungsgliederung:** 4 Distrikte.

Landesnatur: Küstenebene am Golf von Aden, begrenzt von Bergland, in Hochland übergehend. Wüstenhaft, trockenheißes Klima.

Geschichte: Ab 1862 unter französischer Kontrolle, Kolonie Französisch-Somaliland, 1967 in Französisches Territorium der Afar und Issa umbenannt. Seit 1977 unabhängig, aber wegen strategischer Bedeutung von Äthiopien und Somalia beansprucht.

Unabhängig seit 27. 6. 1977. **Nationalfeiertag:** 27. 6.

Nationalhymne: Text: Aden Elmi (*1950). **Melodie:** Abdi Robleh (*1945). 1977 offiziell angenommen.

»Hinjinne u sara kaca / Calankaan harraad iyo / Haydaar u mudateen. / Hir cagaarku qariyayiyo / Habkay samadu tahayoo / Xiddig dhi igleh hooorshoo / Caddaan lagu hadheeyaay. / Maxaa haybad kugu yaal.«
»Erhebt euch machtvoll, denn wir haben unsere Fahne aufgepflanzt, / Die Fahne, die uns mit äußerstem Hunger und Schmerz / So viel abverlangt hat. / Unsere Farben: das ewige Grün der Erde, / Das Blau des Himmels und Weiß, die Farbe des Friedens, / Und in der Mitte der rote Blutstern. / O, unsere Flagge, welch herrlicher Anblick!«

Staatswappen: Am 27. 6. 1977 eingeführt. Schild und Speer mit zwei messerhaltenden Armen, oben der fünfstrahlige rote Stern der Einheit in Rot, es ist von einem Blätterkranz umrahmt und steht für die Verteidigung des Landes.

ECUADOR

Amtlich **República del Ecuador,** Präsidiale Republik in Südamerika, 283 561 qkm, 10,5 Millionen Einwohner (1991) = 37 E/qkm. **Hauptstadt:** Quito (1,2 Mill. E). **Währung:** 1 Sucre = 100 Centavos. **Mitgliedschaften:** UNO und Unterorganisationen, ALADI, CECLA, ECLAC, IDB, IPU, OAS, OPEC, SELA, UNCTAD, Amazonasvertrag, Andenparlament.

Flagge: Seit 1860 in Gebrauch, offiziell seit 7. 11. 1900. Ähnlich den Flaggen von Kolumbien und Venezuela, mit denen Ecuador nach Erlangung der Unabhängigkeit bis 1830 eine Union bildete. Gelb symbolisiert die Sonne und die Naturreichtümer, Blau den Himmel und das Meer, Rot das für die Unabhängigkeit vergossene Blut.

Bevölkerung: 40% Indianer, 40% Mestizen, 15% Weiße, 5% Schwarze. **Staatssprache:** Spanisch, Umgangssprache auch Quechua. **Religion:** Über 90% römisch-katholisch. **Verwaltungsgliederung:** 20 Provinzen (mit Galápagosinseln).

Landesnatur: Pazifisches Küstenland von den bis 6267 m hohen Anden mit 200 km breitem andinem Hochland begrenzt, im Osten steil zum Amazonastiefland abfallend. Innertropisches Klima mit Höhenstufen.

Geschichte: Bestandteil des Inkareiches, 1533 von den Spaniern erobert, Kolonie, 1809 Proklamation der Unabhängigkeit, 1822 unter Bolívar Sieg über die Spanier, Union mit Kolumbien und Venezuela (Großkolumbien), am 10. 8. 1830 selbständiger Staat. Endgültige Grenzen seit 1942 (Gebietsabtretung an Peru).

Unabhängig seit 10. 8. 1809 (Proklamation) bzw. 10. 8. 1830 (Loslösung von Großkolumbien). **Nationalfeiertag:** 10. 8.

Nationalhymne: Text: Juan León Mera (1832–1894). **Melodie:** Antonio Neumane (1818–1871). Am 10. 8. 1866 oder 1870 erstmals öffentlich aufgeführt, 1886 offiziell angenommen.
»¡Salve, oh Patria, mil veces! ¡Oh Patria, / Gloria a ti! Ya en tu pecho rebosa / Gozo y paz, y tu frente dariosa / más que el sol contemplamos lucir . . .«
»Heil dir, Vaterland, tausendfach; Ruhm dir / Vaterland: in deinem Busen gedeihn / Frieden und Freude. Mit hellerem Schein / Als die Sonne glüht, strahlt uns deine Stirn . . .«

Staatswappen: Vor dem höchsten Berg des Landes, dem Chimborazo, ein Schiff als Symbol des Handels. Darüber die Freiheitssonne und die Tierkreiszeichen der Revolutionsmonate des Jahres 1845. Auf dem Schild ein Kondor als Symbol der Unabhängigkeit, darunter ein Liktorenbündel als Sinnbild der republikanischen Staatsordnung.

EL SALVADOR

Amtlich **República de El Salvador,** Präsidiale Republik in Mittelamerika, 21 041 qkm, 5,6 Millionen Einwohner (1986) = 266 E/qkm. **Hauptstadt:** San Salvador (920 000 E). **Währung:** 1 El-Salvador-Colón = 100 Centavos. **Mitgliedschaften:** UNO und Unterorganisationen, BCIE, CACM, CECLA, CONDEDA, ECLAC, IDB, MCCA, SELA, ODECA, UNCTAD.

Flagge: 1838–1865 in Gebrauch, am 17. 5. 1912 wieder eingeführt, offiziell gehißt am 27. 11. 1972. Es gibt drei offizielle Versionen des Grundmodells: mit freiem weißem Feld, mit dem Staatswappen im weißen Feld oder mit dem Motto »Dios Union Libertad« (Gott, Einigkeit, Freiheit) im weißen Feld.

Bevölkerung: 70 % Mestizen (Ladinos), 15 % Indianer, Weiße. **Staatssprache:** Spanisch. **Religion:** 85 % römisch-katholisch. **Verwaltungsgliederung:** 14 Departementos.

Landesnatur: Lagunenküste, gesäumt von vulkanischer Gebirgskette (61 Vulkane, bis 2386 m hoch). Nördlich davon Hochebene, nach Honduras hin von bis zu 2660 m hohen Gebirgskomplexen begrenzt. Randtropisches Klima.

Geschichte: Seit 1524 spanische Kolonie. 1821 Proklamation der Unabhängigkeit, 1832–1841 Mitglied der Zentralamerikanischen Förderation. Seit dem Militärputsch von 1979 bürgerkriegsähnliche Zustände. 1992 Ende des Bürgerkriegs.

Unabhängig seit 15. 9. 1821 (Proklamation) bzw. 30. 1. 1841 (Loslösung aus der Zentralam. Föderation). **Nationalfeiertag:** 15. 9.

Nationalhymne: Text: Juan José´ Cañas (1826–1918). **Melodie:** Juan Aberle (1846–1930). Am 15. 9. 1879 uraufgeführt, am 11. 12. 1953 offiziell angenommen.
»Saludemos la patria orgullosos / De hijos suyos podernos llamar; / Y juremos la vida animosos, / Sin descanso a su bien consagrar . . .«
»Der Gruß ans Vaterland soll uns erheben / Das Herz voll Stolz, seine Söhne zu sein. / Laßt uns beschwören, mutig das Leben / Dem Wohle des Vaterlands rastlos zu weihn . . .«

Staatswappen: Das Dreieck symbolisiert die Gleichheit, Regenbogen und phrygische Mütze stehen für Freiheit. Zwischen zwei Wasserflächen (Pazifik und Atlantik) erheben sich 5 Vulkane. Darüber das Datum 15. September 1821, an dem die Unabhängigkeit proklamiert wurde. Dem Wappen der Zentralamerikanischen Föderation ähnlich.

ELFENBEINKÜSTE

Amtlich **République de Côte-d'Ivoire,** Präsidiale Republik in West-
afrika, 322 463 qkm, 12,9 Millionen Einwohner (1991) = 40,2 E/qkm.
Hauptstadt: Yamoussoukro (75 000 E); Regierungssitz Abidjan (2
Mill. E). **Währung:** 1 CFA-Franc = 100 Centimes. **Mitgliedschaften:**
UNO und Unterorganisationen, AKP, CCC, CEAO, OEDEAO,
SFA, ECA, IPU, OAU, OCAM, UMCFA, UNCTAD.

Flagge: Offiziell eingeführt am 3. 12. 1959. Nach dem Vorbild der
französischen Trikolore gestaltet. Orange steht für die Savannen im
Norden des Landes, Grün für die Wälder der südlichen Küstengebiete,
während Weiß die Einheit zwischen Norden und Süden symbolisieren
soll.

Bevölkerung: 23 % Baule, 18 % Bete, 15 % Senufo, 11 % Malinke,
14 % Agni-Aschanti, 10 % Kru usw. (60 ethnische Gruppen). **Staatssprache:** Französisch. **Religion:** 23 % Muslime, 13 % Christen, Naturreligionen. **Verwaltungsgliederung:** 34 Départements.

Landesnatur: Lagunenreicher Küstenraum, zentrales Hochland
(200–500 m hoch), westliches Hochland (bis 1600 m), im Nordwesten
kuppenreiche Hochebene. Im Süden äquatoriales, im Norden südsu-
danesisches Klima.

Geschichte: Erst im 17. Jh. eigene Herrschaftsbereiche, ab 1842 französisches Protektorat, ab 1893 Kolonie. 1956 teilautonom, 1960 selbständig. Stabile innenpolitische Verhältnisse.

Unabhängig seit 7. 8. 1960. **Nationalfeiertag:** 7. 12.

Nationalhymne: Text: Mathieu Ekra, Joachim Bony, Pierre Coty und P. M. Pango. **Melodie:** Pierre Michel Pango und Pierre Coty. Am 7. 8. 1960 angenommen.

»Salut, ô terre d'espérance, / Pays de l'hospitalité! / Tes légions remplies de vaillance / Ont relevé ta dignité...«

»Du Land der Hoffnung unsrer Heimat / Und wundervollen Gastlichkeit, / Es preisen deine Legionen / Des Landes Würde weit und breit...«

Staatswappen: Am 26. 6. 1964 festgelegt. Grüner Schild mit silbernem Elefantenkopf. Symbol der Demokratischen Partei der Elfenbeinküste (PDCI), die das Land in die Unabhängigkeit geführt hat. Der Elefantenstoßzahn hat dem Land den Namen gegeben. Über dem Schild Sonne, seitlich zwei Palmen.

ERITREA

Amtlich **Eritrea,** Republik im Nordosten Afrikas, 119 400 qkm, 3,5 Millionen Einwohner (1991) = 29,3 E/qkm. **Hauptstadt:** Asmara (250 000 E). **Währung:** 1 Äthiopischer Birr = 100 Cents. **Mitgliedschaften:** UNO und Unterorganisationen, OAV.

Flagge: Offiziell seit 24. 5. 1993. Die Flagge ist eine Kombination der alten Flagge von 1952 und der der Freiheitsbewegung EPLF. Rot steht für das vergossene Blut, Blau für den Reichtum des Meeres, Grün symbolisiert die Landwirtschaft.

Bevölkerung: Zusammensetzung unklar. **Staatssprache:** ungeklärt. **Religion:** Muslime und Kopten, Christen. **Verwaltungsgliederung:** 8 Provinzen.

Landesnatur: Sehr heiße und trockene Küstenebene im Osten; äthiopisches Gebirge bis 3000 m Höhe im Westen.

Geschichte: Ursprünglich zu Ägypten. Zur Zeit der Römer unabhängiges Königreich mit griechischer Kultur. Im Mittelalter Teil Abessiniens, seit dem 16. Jh. türkisch, 1865 fallen Küstenteile an Ägypten, 1870 Assab-Italienisch, 1882 offiziell italienische Kolonie. 1885 Besetzung Massawa; 1890 Assad und Massawa bilden die Kolonie Eritrea. 1941 Besetzung durch britische Truppen. 1952 autonomes Gebiet von Äthiopien. 1962 äthiopische Provinz. 1991 Sturz von Mengistu. April 1993 Referendum für Unabhängigkeit.

Unabhängig seit 24. 5. 1993. **Nationalfeiertag:** 24. 5.

Nationalhymne: noch unbekannt.

Staatswappen: Offiziell eingeführt 1993. Zwei grüne Ölzweige um ein Kamel auf grünem Boden. Unten in drei Sprachen der Name des Landes.

ESTLAND

Amtlich **Eeste Vabariik,** Präsidiale Republik in Nordosteuropa, 45 100 qkm, 1,6 Millionen Einwohner (1991) = 35,4 E/qkm. **Hauptstadt:** Tallin (Reval) (482 000 E). **Währung:** 1 Krone = 100 Senti. **Mitgliedschaften:** UNO und Unterorganisationen, IMF, CSCE.

Flagge: Festgelegt in der Verfassung vom 4. 7. 1920. Offiziell wieder eingeführt am 24. 2. 1989. Waagerecht Blau-Schwarz-Weiß. Blau = Treue und Vertrauen, Schwarz = die Ahnen, Weiß = Symbol für den Schnee.

Bevölkerung: 61,5% Esten, 30,4% Russen, 3,1% Ukrainer u. a. **Staatssprache:** Estnisch (offiziell), Russisch. **Religion:** 92% evangelisch-lutherisch, russisch-orthodox. **Verwaltungsgliederung:** 15 Distrikte, 33 Städte.

Landesnatur: Nördlichstes Land der drei baltischen Länder zwischen dem Finnischen Meerbusen bis zur Rigabucht. In der Ostsee vorgelagert etwa 800 Inseln. Das Land wird vom baltischen Landrücken durchzogen. Die Ebenen bestehen aus kargem Boden und ausgedehnten Mooren. Der Fluß Narowa, der in den Peipussee mündet, wird zur Energieversorgung genutzt. Gemäßigtes Klima, nach Osten zunehmend kontinental.

Geschichte: Bis zum 1. Weltkrieg russische Provinz. Zwischen den Weltkriegen unabhängig. 1940 Besetzung durch die Rote Armee. Bis 1990 Teil der UdSSR. Unabhängigkeitserklärung im März 1990. Endgültig am 20. 8. 1991.

Unabhängig seit 20. 8. 1991. **Nationalfeiertag:** 24. 2.

Nationalhymne: »Mu Isamaa, Mu Onn Ja Room«. Offiziell seit März 1990. **Text:** Johan Voldemar Jannsen. **Melodie:** Friedrich Pacius.

»Mu isamaa, mu onn ja room, kui kaunis oled sa! / Ei leila nina iital tääl see suure, laia ilma pääl, / mis mull' ni armas oleks ka, kui sa, mu isamaa!«

»Mein Vaterland, mein Glück und Freud', so schön du bist! / Ich werd' nie woanders in dieser Welt / was finden, das so lieb wär' wie du, mein Vaterland! // Du hast mich zur Welt gebracht und großgezogen! / Ich werd' dir immer danken und bis zum Tode treu bleiben! / Das Allerliebste bist für mich, mein liebes Vaterland! // Laß denn Gott dich hüten, mein liebes Vaterland! / Laß ihn dein Beschützer sein und dich segnen. / Was immer auch du unternimmst, mein liebes Vaterland!«

Staatswappen: Offiziell wieder eingeführt am 8. 5. 1990. Goldener Schild mit drei blauen Löwen mit roten Zungen. Das Wappen erinnert an König Waldemar III. von Dänemark, Gründer der Burg Reval. Zwei goldene Eichenzweige, Symbol für Kraft und Standhaftigkeit, umkränzen den Schild.

FIDSCHI

Amtlich **Dominion of Fiji** (englisch) bzw. **Matanitu Ko Viti** (fidschianisch), Konstitutionelle Monarchie im Commonwealth in Ozeanien, 18 272 qkm, 744 006 Einwohner (1991) = 40,7 E/qkm. **Hauptstadt:** Suva (120 000 E). **Währung:** 1 Fidschi-Dollar = 100 Cents. **Mitgliedschaften:** UNO und Unterorganisationen, AKP, AsDB, ESCAP, SPC, SPEC, SPF, UNCTAD, Colombo-Plan.

Flagge: Hellblau mit Union Jack im inneren Obereck, daneben Wappenschild. Das derzeitige Wappen wurde bereits 1908 durch königliches Patent verliehen und 1970 bestätigt. Die Flagge wurde am 10. 10. 1970 erstmals offiziell gehißt.

Bevölkerung: 49,2 % Inder, 45,1 % Fidschi (Melanesier), Mischlinge, Rotumas, Chinesen, Europäer. **Staatssprachen:** Englisch, Fidschianisch, Hindi. **Religion:** 51 % Christen (vorwiegend Protestanten), 40 % Hindu, 9 % Muslime. **Verwaltungsgliederung:** 4 Bezirke mit 14 Provinzen.

Landesnatur: Gruppe von 332 Inseln (110 bewohnt) im Pazifischen Ozean, durch großes Barriereriff geschützt. Atolle und Riffe aus Korallenkalk zwischen Hochinseln vulkanischen Ursprungs (Mount Victoria 1323 m), fruchtbare Böden (Plantagenwirtschaft). Niederschlagsreiches Passatklima.

Geschichte: 1643 von Abel Tasman entdeckt, 1774 von Cook besucht, 1827 von Dumont d'Urville erforscht, ab 1874 britische Kolonie, seit dem 10. 10. 1970 unabhängig. Ethnische Spannungen zwischen der indischen Mehrheit, Nachkommen der von den Engländern im 19. Jh. aus Indien gebrachten Plantagenarbeiter und den Fidschi, denen laut

Gesetz 83 Prozent des Grund und Bodens gehört. Die Förderung von Bodenschätzen (Kupfer, Mangan, Gold) hat neben der traditionellen Landwirtschaft den wirtschaftlichen Aufschwung gefördert. 1987 Militärputsch. Juni 1992 neue Verfassung. Fidschi wird selbständige Republik. Austritt aus dem Commonwealth (1986).

Unabhängig seit 10. 10. 1970. **Nationalfeiertag:** 10. 10.

Nationalhymne: Text: Michael Francis Alexander Prescott (* 1928). **Melodie:** Komponist unbekannt, entstanden kurz vor Erlangung der Unabhängigkeit 1970.

»Blessing grant, oh God of nations, on the isles of Fiji, / As we stand united under noble banner blue. / And we honour and defend the cause of freedom ever, / Onward march together, God bless Fiji . . .«

»Segen gewähre, o Gott der Völker, den Inseln von Fidschi, / Da wir uns unter dem edlen blauen Banner scharen. / Hoch halten wir und verteidigen stets die Sache der Freiheit, / Marschieren gemeinsam voran, Gott segne Fidschi . . .«

Staatswappen: Das Wappen zeigt außer dem roten Georgskreuz und dem britischen Löwen landwirtschaftliche Produkte (Zuckerrohr, Kokospalme, Bananen) und eine Friedenstaube, ein Auslegerkanu und das Motto »Fürchte Gott und ehre den König«. Am 4. 7. 1908 durch königliches Patent verliehen.

FINNLAND

Amtlich **Suomen Tasavalta** (finnisch) und **Republiken Finland** (schwedisch), Parlamentarisch-demokratische Republik in Nordeuropa, 338 107 qkm, 5,0 Millionen Einwohner (1993) = 14,7 E/qkm. **Hauptstadt:** Helsinki (492 000 E). **Währung:** 1 Finnmark = 100 Penniä. **Mitgliedschaften:** UNO und Unterorganisationen, AsDB, BIZ, CCC, ECE, EFTA, IDB, IPU, OECD, UNCTAD.

Flagge: Weiß mit blauem skandinavischen Kreuz, gesetzlich festgelegt am 29. 5. 1918, offiziell eingeführt am 12. 2. 1920. Nach den Worten des Dichters Zachris Topelius (1870) sollen die Farben den Schnee und die Seen Finnlands symbolisieren.

Bevölkerung: 93,2% Finnen, 6,6% Schweden, 2500 Lappen (Samen). **Staatssprachen:** Finnisch und Schwedisch. **Religion:** 91,5% evangelisch-lutherisch (Staatskirche), finnisch-orthodoxe, katholische, jüdische und muslimische Minderheiten. **Verwaltungsgliederung:** 12 Provinzen (Laanit).

Landesnatur: In der Hauptsache seenreiche alte Rumpffläche, kaum über 200 m hoch, im Nordwesten gebirgig (bis 1324 m). 1200 km lange Küste; Böden teils sauer und vermoort. Subpolar-kontinentales Klima mit langen schneereichen Wintern und kurzen warmen Sommern.

Geschichte: Im 6.–8. Jh. von Finnen aus dem uralsibirischen Raum besiedelt, ab dem 12. Jh. schwedische Ostkolonisation und Christianisierung, im 18. Jh. teilweise, 1809 völlig von Rußland besetzt (autonomes Großherzogtum des russischen Reiches). Am 6. 12. 1917 Ausrufung der Unabhängigkeit, 1919 Umwandlung in Republik. Am 30. 11. 1939 russischer Einmarsch (»Winterkrieg«), nach dem 2. Weltkrieg Gebietsabtretungen an die Sowjetunion. Zu Finnland gehören die autonomen Ålandinseln (mit eigenem Landtag) = eigene Flagge (s. unter Autonome Gebiete/Außenbesitzungen im Anhang).

Unabhängig seit 6. 12. 1917 (Proklamation). **Nationalfeiertag:** 6. 12.

Nationalhymne: Melodie: Fredrik Pacius (1809–1891). **Text:** Johann Ludwig Runeberg (1804–1877). Erstmals gesungen auf einem am 13. 5. 1848 bei Helsinki veranstalteten Studentenfest.
Finnisch: »Oi Maamme, Suomi, synnyinmaa! Soi sana kultainen! Ei laaksoa, ei kukulaa, Ei vettä, rantaa rakaampaa, Kuin kotimaa tää pohjoinen, Maa kallis isien!«
Schwedisch: »Vårt land, vårt land, vårt fösterland, ljud högt, o dyra ord! Ej lyfts en höjd mot himlens rand, ej sänks en dal, ej sköls en strand, mer älskad än vår bygd i nord, än våra fäders jord...«

»O Heimat, Heimat, Vaterland, / Kling laut, du teures Wort! / Kein Land, so weit der Himmelsrand, / Kein Land mit Berg und Tal und Strand / Wird mehr geliebt als unser Nord, / Hier, unsrer Väter Hort...«

Staatswappen: Das Löwenwappen findet sich erstmals auf dem Grabmal von Gustav I. Wasa, in dessen Regierungszeit (1523–1560) Finnland zu Schweden gehörte. Die neun silbernen Rosen im roten Feld symbolisieren die traditionellen Provinzen Finnlands.

FRANKREICH

Amtlich **République Française,** Demokratische Republik in Westeuropa, 547026 qkm, 56,5 Millionen Einwohner (1991) = 103,4 E/
qkm. **Hauptstadt:** Paris (2,2 Mill. E). **Währung:** 1 Französischer Franc
= 100 Centimes. **Mitgliedschaften:** UNO und Unterorganisationen,
AsDB, BIZ, CCC, ECA (assoz.), ECE, ECLAC, EG, EPA, ESCAP,
EWS, IDB, IPU, NATO, OECD, SPC, UNCTAD, WEU, Europarat.

Flagge: Blau-Weiß-Rot/senkrecht (»Trikolore«), die erste und be-
kannteste Nationalflagge der Welt. Die Farben wurden am 4. 10. 1789
offiziell als französische Kokarde eingeführt, die heutige Anordnung
und Abfolge der Farben wurde 1794 festgelegt (die Flagge von 1790
war weiß mit rot-weiß-blauen Oberecken).

Bevölkerung: Franzosen, u. a. Bretonen, Elsässer, Lothringer, Italiener, Katalanen, Korsen, Flamen, Basken; ca. 4,5 Mill. Ausländer.
Staatssprache: Französisch, Umgangssprachen auch Baskisch, Breto-
nisch, Elsässisch, Katalanisch, Korsisch, Okzitanisch u. a. **Religion:**
Überwiegend römisch-katholisch, protestantische, jüdische, muslimische und armenische Minderheiten. **Verwaltungsgliederung:** 96 Départements in 22 Regionen und 5 Übersee-Départements.

Landesnatur: Pariser Becken und Garonnebecken, von der Rhône-
Saône-Grabenzone getrennt durch das Massif Central, im Osten begrenzt von Vogesen, Jura und Alpen, im Süden von den Pyrenäen,
entwässert zum Atlantik und Mittelmeer durch große Flüsse. Im Westen wintermildes ozeanisches Klima, im Süden subtropisches Mittelmeerklima.

Geschichte: Geprägt durch römische Vergangenheit, in der Völkerwanderung großenteils von Germanenvölkern besiedelt, fränkisches Merowingerreich, später Westfränkisches Reich, nach Erlöschen des Karolingerreichs unter den Kapetingern, seit Ludwig XIV. führende Macht in Europa. 1789 Französische Revolution, die weltweite Auswirkungen hat. Napoleon verändert Europa. Nach monarchistischem Intermezzo seit 1870 wieder Republik. Nach zwei Weltkriegen politisches Wiedererstarken unter de Gaulle. Verfassung von 1958 mit starker Stellung des Präsidenten (siehe auch unter Autonome Gebiete/Außenbesitzungen im Anhang).
Beginn der Staatsgeschichte: Vertrag von Verdun (843 n. Chr.). **Nationalfeiertag:** 14. 7. (Erstürmung der Bastille 1789).

Nationalhymne: Text und **Melodie:** Claude-Joseph Rouget de l'Isle (1760–1836). Am 24. 4. 1792 in Straßburg als Marschlied verfaßt, am 15. 7. 1795 als Nationalhymne übernommen.
»Allons enfants de la Patrie, / Le jour de gloir est arrivé; / Contre nous, de la tyrannie, / L'étendard sanglant est levé . . .«
»Wohlan, des Vaterlandes Sohn, / Der Tag des Ruhmes brach an. / Sein blutiges Banner hat schon / Uns zum Trotz gesetzt der Tyrann . . .«

Staatswappen: Ein Staatswappen im eigentlichen Sinn hat Frankreich seit 1870 nicht mehr. Das heute benutzte Emblem besteht aus Symbolen der Französischen Revolution, umzogen von der Großen Kette des Ordens der Ehrenlegion. Auf dem Band der Wahlspruch »Freiheit, Gleichheit, Brüderlichkeit«.

GABUN

Amtlich **République Gabonaise,** Präsidiale Republik in Äquatorial-
afrika, 267 667 qkm, 1,16 Millionen Einwohner (1986) = 4,2 E/qkm.
Hauptstadt: Libreville (370 000 E). **Währung:** 1 CFA-Franc = 100
Centimes. **Mitgliedschaften:** UNO und Unterorganisationen, AKP,
CCC, CFA, ECA, IPU, OAU, OIC, OPEC, UDEAC, UNCTAD.

Flagge: Am 9. 8. 1960 offiziell eingeführt. Grün steht für die Waldun-
gen, die für die Volkswirtschaft so bedeutungsvoll sind, Gelb für die
Sonne und Blau für das Meer, von dem das Land im Westen gesäumt
wird.

Bevölkerung: 25% Fang, weitere Bantugruppen, 1% Pygmäen.
Staatssprache: Französich. **Religion:** Etwa 50% Christen, Muslime,
Naturreligionen. **Verwaltungsgliederung:** 9 Provinzen.

Landesnatur: Waldreiches Gebirgsland am Golf von Guinea: Küstenebene, Hügelland und bis 1000 m hohe Randschwelle des Kongobek-
kens. Wenig diffferenziertes Äquatorialklima mit hoher Luftfeuchtig-
keit und reichlichen Niederschlägen.

Geschichte: Von den Portugiesen 1472 entdeckt, aber erst ab 1839 von
Franzosen kolonisiert, 1910 Bestandteil der Kolonie Französisch-
Äquatorialafrika. Seit 1960 unabhängig. In enger Anlehnung an
Frankreich wirtschaftliche Prosperität.

Unabhängig seit 17. 8. 1960. **Nationalfeiertage:** 12. 3. und 17. 8.

Nationalhymne: Text und **Melodie:** Georges Damas Aleka. Am 17. 8.
1960 eingeführt.

»Uni dans la concorde et la fraternité, / Eveille-toi Gabon! Une aurore se lève, / Encourage l'ardeur qui vibre et nous soulève, / C'est enfin notre essor vers la félicité . . .«
»Verbunden in Eintracht und Brüderlichkeit, / Erwache, Gabun, die Morgenröte erglüht! / Entfache den Brand, er trägt uns empor! / Endlich ist da unser Aufbruch ins Glück . . .«

Staatswappen: Durch Dekret vom 15. 7. 1963 eingeführt. Im grünen Schildhaupt (= Wälder) drei goldene Scheiben (= Bodenschätze), darunter Dreimaster mit Nationalflagge (= Fortschrittswille). Über dem Schild das Motto »Vereint kommen wir voran«, darunter »Einheit, Arbeit, Gerechtigkeit«. Schildhalter sind Panther.

GAMBIA

Amtlich **Republic of the Gambia,** Republik in Westafrika, 11 295 qkm,
874 553 Einwohner (1991) = 77,4 E/qkm. **Hauptstadt:** Banjul (47 000
E). **Währung:** 1 Dalasi = 100 Butus. **Mitgliedschaften:** UNO und
Unterorganisationen, AGC, AKP, CEDEAO, ECA, OAU, OIC,
UNCTAD, Commonwealth.

Flagge: Am 18. 2. 1965 offiziell gehißt. Rot steht für die Sonne, Weiß
für Einigkeit und Frieden, Blau für den Gambiafluß, die »Lebensader«
des kleinen afrikanischen Staates, und Grün für die Landwirtschaft
und die Naturschätze, die ihre Grundlage bilden.

Bevölkerung: 40 % Mandingo, 12 % Wolof, 12 % Fulbe, Senegalesen.
Staatssprache: Englisch. **Religion:** 90 % Muslime (Sunniten), Christen. **Verwaltungsgliederung:** Hauptstadtbezirk, 6 Divisionen.

Landesnatur: Von der Republik Senegal umschlossen am Gambiafluß,
am Flußdelta Mangrovesümpfe, anschließend Sandböden mit Savan-
nenvegetation, im dichtbesiedelten Osten fruchtbare Böden auf Sand-
steinschichten. Randtropisches Klima.

Geschichte: Im 10./11. Jh. zum Großreich Ghana, im 13. Jh. zum
Malireich. 1444 erste portugiesische Niederlassung, Handelsvormacht
in Gambia im 16. Jh. zwischen Spaniern und Holländern, im 17. Jh.
zwischen Engländern und Franzosen umstritten. 1618 erste englische
Niederlassung, 1816 Gründung von Bathurst (heute Banjul), seit 1888
eigene britische Kolonie. 1963 innere Autonomie, 1965 selbständig,
seit 1982 Zusammenschluß mit Senegal (Konföderation Senegambia),
1989 wieder gelöst.
Unabhängig seit 18. 2. 1965. **Nationalfeiertag:** 18. 2.

Nationalhymne: Text: Virginia Julia Howe (* 1927). **Melodie:** Jeremy Frederic Howe (* 1929). Nach einem volkstümlichen Mandingovolkslied gestaltet. Am 18. 2. 1965 offiziell angenommen.

»For the Gambia, our homeland, we strive and work and pray, / That all may live in unity, freedom and peace each day. / Let justice guide our actions towards the common good, / And join our diverse peoples to prove man's brotherhood. / We pledge our firm allegiance, our promise we renew; / Keep us, great God of nations, to the Gambia ever true.«

»Für Gambia, unser Heimtland, streben, arbeiten und beten wir, / Auf daß alle jederzeit in Einheit, Freiheit und Frieden leben mögen. / Gerechtigkeit leite uns in unserem Tun zum Frommen aller, / Mögen alle unsere Völker zusammenfinden und die Brüderlichkeit der Menschheit beweisen. / Wir stehen fest in Treue und erneuern unser Gelöbnis; / Gib, großer Gott der Völker, daß wir Gambia allzeit die Treue halten.«

Staatswappen: Am 18. 11. 1964 von Königin Elisabeth II. verliehen. Axt und Hacke im Schild und die Palme auf dem Helm weisen auf die agrare Grundlage der Volkswirtschaft hin. Die Löwen als Schildhalter verkörpern Stolz und Würde, deuten aber auch auf die frühere britische Kolonialherrschaft hin.

GEORGIEN

Amtlich **Sakartvelos Respublika,** Präsidiale Republik im Westen von
Zentralkaukasien zwischen Asien und Europa, 69 700 qkm, 5,46 Millionen Einwohner (1991) = 78,3 E/qkm. **Hauptstadt:** Tblisi (Tiflis) (1,2
Mill. E). **Währung:** 1 Rubel = 100 Kopen (eigene Währung in Vorbereitung). **Mitgliedschaften:** UNO und Unterorganisationen, CSCE.

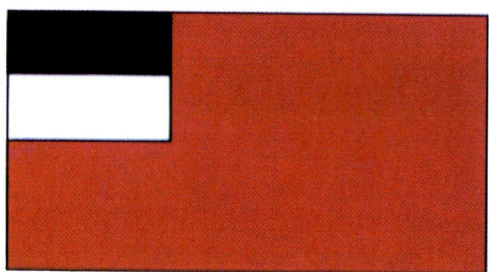

Flagge: Offiziell eingeführt am 18. 11. 1990. Karminrot, am Liek
schwarz-weißes Feld. Rot = Freude und die strahlende Vergangenheit
Georgiens, Schwarz = die Zeit unter russischer Herrschaft, Weiß =
die friedliche Entwicklung des Landes.

Bevölkerung: 70% Georgier, 10% Armenier, 8% Russen, 5,5%
Aserbaidschaner, u. a. Osseten, Abchasen, Ukrainer, Kurden, Griechen, Juden. **Staatssprache:** Georgisch (offiziell), Armenisch, Russisch, Aserbaidschani. **Religion:** Orthodoxe Christen, Juden, Muslime. **Verwaltungsgliederung:** noch unbekannt.

Landesnatur: Georgien erstreckt sich im Norden bis zur Hauptkette
des Kaukasus. Südgeorgien im Kleinen Kaukasus besteht aus einer
Lavaebene mit alten Vulkangipfeln des Kleinen Kaukasus. Gebirgswälder und Steppe. Das Klima ist, geschützt durch Gebirge, mild (Jan.
= +5 Grad). In den Ebenen trockenes Steppenklima.

Geschichte: Im 4. Jh. das Königreich Kolschis und Iberia. Im 8. Jh.
Eroberung durch die Araber. Invasionen durch Mongolen und Türken. 1801 Annexion durch Rußland. Persisch-russischer Krieg
1804–1813. Seit 1922 Teil der Sowjetunion. 1936 Sowjetrepublik. 1991
Erklärung der Unabhängigkeit. Endgültig im Dezember 1991. Seit
1991 Bürgerkrieg zwischen Rebellen des Expräsidenten Gamsakhur-

dia und der Regierung. Südossetien sucht den Anschluß an Nordosse-
tien innerhalb der russischen Föderation.
Unabhängig seit 9. 4. 1991. Endgültig 25. 12. 1991.
Nationalfeiertag: 9. 4.

Nationalhymne: noch unbekannt.

Staatswappen: Eingeführt am 11. 2. 1990. In der Mitte der hl. Georg.
Er reitet über den Berg Elbrus, die höchste Erhebung des Kaukasus.
Der hl. Georg ist Namensgeber und Schutzpatron Georgiens. Der
Mond und die Sonne symbolisieren die historischen Königreiche, die
Sterne die Fürstentümer. Der siebenzackige Stern und die Ornamente
stammen aus der georgischen Folklore.

GHANA

Amtlich **Republic of Ghana,** Republik in Westafrika, 238 537 qkm,
15,6 Millionen Einwohner (1991) = 65,4 E/qkm. **Hauptstadt:** Accra
(1,17 Mill. E). **Währung:** 1 Cedi = 100 Pesewas. **Mitgliedschaften:**
UNO und Unterorganisationen, AKP, CCC, CEDEAO, ECA, OAU,
UNCTAD.

Flagge: 1957 eingeführt, am 28. 2. 1966 wiederhergestellt. Rot erinnert
an das im Freiheitskampf vergossene Blut, Gelb an die Bodenschätze
(früherer Landesname »Goldküste«), Grün steht für Wälder und Felder. Der schwarze Stern gilt als »Leitstern der afrikanischen Freiheit«.

Bevölkerung: Sudangruppen (Aschanti, Fanti, Ga, Ewé, Gonia u. a.),
Fulbe, Haussa. **Staatssprache:** Englisch; Umgangssprachen u. a. Twi,
Fanti, Ga, Ewé, Ful. **Religion:** 40% Christen, 16% Muslime, Naturre-
ligionen. **Verwaltungsgliederung:** 10 Regionen.

Landesnatur: Im Süden Küstenzone mit Mangrovesümpfen und Sa-
vanne, anschließend stark bewaldetes hügeliges Plateau (bis 500 m
hoch), Voltabecken mit Volta-Stausee und Savannen, im Norden
Hochebene. Äquatoriales Klima.

Geschichte: Seit 1470 portugiesische Stationen für den Handel mit
Gold und Sklaven, Handel ab 1642 von Niederländern, ab 1662 von
Engländern kontrolliert. Im 17./18. Jh. Aschanti-Bund, ab 1806 mit
britischer Hilfe in 7 Kriegen zerschlagen, 1850 als »Goldküste« eigene
britische Kolonie. 1922 Angliederung der Westhälfte der ehemaligen
deutschen Kolonie Togo. 1957 unter dem Namen Ghana unabhängig.
1958 Ausrufung der Republik. Seit 1966 mehrere Militärputsche und
Militärregierungen.

Unabhängig seit 6. 3. 1957. **Nationalfeiertage:** 6. 3 und 1. 7.

Nationalhymne: Text und **Melodie:** Philip Gbeho (1905–1976). 1956 komponiert, 1957 ohne Text angenommen, später Unterlegung eines Textes von Gbeho, 1966 nach Militärputsch durch den heutigen Text ersetzt.

»God bless our homeland Ghana and make our nation great and strong, / Bold to defend forever the cause of freedom and right; / Fill our hearts with true humility, make us cherish fearless honesty, / And help us to resist opressor's rule with all our will and might for evermore.«

»Gott segne unser Heimatland Ghana und mache unsere Nation groß und stark, / Auf daß sie kühn allzeit für Freiheit und Recht eintrete; / Er erfülle unsere Herzen mit wahrer Demut und schenke uns furchtlose Aufrichtigkeit, / Und helfe uns, allzeit Unterdrückern mit Entschlossenheit und Kraft entgegenzutreten.«

Staatswappen: Am 4. 3. 1957 von Königin Elisabeth II. verliehen. Durch goldgerändertes grünes Kreuz mit goldenem Löwen. Geviert: Stab und Schwert gekreuzt, Schloß, Kakaobaum und Goldmine. Über dem Schild Wulst mit schwarzem Stern, zwei goldene Adler als Schildhalter. Auf dem Band das Motto »Freiheit und Gerechtigkeit«.

GRENADA

Amtlich **State of Grenada,** Monarchie im britischen Commonwealth, 344 qkm, 85 000 Einwohner (Schätzung 1988). **Hauptstadt:** St. George (4800 E, 1981). **Währung:** 1 East Caribbean Dollar = 100 Cents. **Mitgliedschaften:** UNO und Unterorganisationen, Commonwealth, Caricomm, VDCN.

Flagge: Offiziell seit 7. 2. 1974. Vier Dreiecke in Grün und Gelb auf rotem Grund. In der Mitte ein gelber Stern auf roter Scheibe. Oben und unten je drei gelbe Sterne. Die sieben Sterne symbolisieren die sieben Gemeinden der Insel. Im grünen Dreieck auf der Lieckseite befindet sich eine Muskatnuß, wichtigster Exportartikel.

Bevölkerung: 84 % Schwarze, 11 % Mulatten, 5 % Weiße und andere. **Staatssprachen:** Englisch und Französisch. **Religion:** 64 % römisch-katholisch, 21 % anglikanisch. **Verwaltungsgliederung:** 7 Gemeinden (parishes).

Landesnatur: Vulkanische Inseln mit tropischen Wäldern. Berge bis 900 m Höhe. Die Hauptinsel ist 310 qkm groß. Häufige Erdbeben. Die Inseln sind die südlichsten der Kleinen Antillen, liegen nördlich von Trinidad vor der Küste Venezuelas.

Geschichte: 1498 von Kolumbus entdeckt, 1674 erste Kolonialherr-schaft durch die Franzosen. 1763 Übernahme durch die Briten. Mit-glied der Westindischen Föderation. 1967 innere Autonomie. Unab-hängig seit 7. 2. 1974, nach schweren politischen Unruhen und der amerikanischen Invasion. Nach dem Wahlsieg der Neuen Nationalpar-tei 1985 Ende der USA-Besatzung.

Unabhängig seit 7. 2. 1974. **Nationalfeiertag:** 7. 2. (Unabhängigkeits-tag).

Nationalhymne: Melodie: Louis Arnold Masanto. **Text:** Irva Merle Baptiste.
»Hail Grenada, land of ours, / We pledge ourselves to thee, / Heads, hearts and hands in unity / To reach our destiny. / Ever conscious of God, / Being proud of our heritage, / May we with faith an courage / Aspire, build, advance / As one people, one family / God bless our nation.«
»Heil Grenada. Unser Land / Wir geloben dir, / Kopf, Herz und Hand in Einheit, / zu erreichen unser Ziel. / Im steten Bewußtsein Gottes, / im Stolz auf unser Erbe, / Mögen wir mit Glauben und Courage streben, / errichten, vorwärtsgehen, / Als ein Volk, eine Familie. / Gott schütze unsere Nation.«

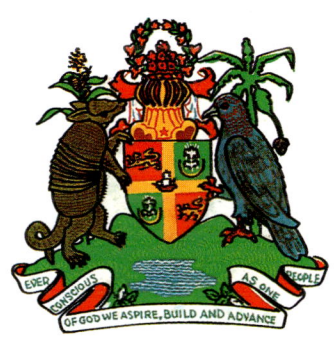

Staatswappen: Eingeführt am 7. 2. 1974. Schild wird durch gelbes Kreuz geteilt. Feld 1 und 4 Rot mit goldenem Löwen. 2 und 3 Grün mit weißer Marienlilie auf goldenem Halbmond. Auf goldenem Helm rot-weißer Wulst, Bogen aus roten Rosen. Schildhalter: rechts Schuppen-tier, links blaue Taube. Podest grün mit Wasserwelle, Bananenpalme, Mais und gelben Blüten.

GRIECHENLAND

Amtlich **Elleniki Dimokratia,** Parlemantarisch-demokratische Republik in Südosteuropa, 131 944 qkm, 10 Millionen Einwohner (1991) = 76 E/qkm. **Hauptstadt:** Athen (3,2 Mill. E). **Währung:** 1 Drachme = 100 Lepta. **Mitgliedschaften:** UNO und Unterorganisationen, BIZ, CCC, ECE, EG, EWS, IEA, IPU, NATO, OECD, UNCTAD, Europarat.

Flagge: Die neun Streifen entsprechen den neun Silben im griechischen Schlachtruf »Freiheit oder Tod« während des Freiheitskampfs gegen die Türken. Die Farben Blau-Weiß waren auch die des aus Bayern stammenden ersten Königs Otto. Die Flagge wurde erstmals im März 1822 gehißt und am 22. 12. 1978 wieder eingeführt.

Bevölkerung: 98,5 % Griechen, Türken, Bulgaren, Armenier. **Staatssprache:** Neugriechisch. **Religion:** 98 % Griechisch-Orthodoxe, muslimische, katholische und jüdische Minderheiten. **Verwaltungsgliederung:** 10 in Nomoi unterteilte Bezirke.

Landesnatur: Zu 80 % von Gebirgen bedeckt, nur 25 % der Fläche landwirtschaftlich nutzbar, tief einschneidende Buchten und Golfe, ein Drittel der Landesfläche Inseln (ca. 2000, 169 bewohnt). Mediterranes Klima mit milden Wintern und heißen trockenen Sommern. Kurze, nicht schiffbare Flüsse.

Geschichte: Im Altertum Kultur-, Wirtschafts- und Machtzentrum, ab 395 zu Ostrom, ab dem 13. Jh. türkisch, nach vergeblichen Aufständen 1821–1830 Freiheitskampf. 1832 Einsetzung des Bayernfürsten Otto als König, 1843 Einführung einer Verfassung. 1924 Ausrufung der Republik, 1935 Restitution der Monarchie. Im 2. Weltkrieg von den

Achsenmächten besetzt, nach Kriegsende blutiger Bürgerkrieg, nach Volksabstimmung Rückkehr des Königs. Nach Putschen Militärdiktatur, 1975 nach Volksabstimmung Abschaffung der Monarchie. 1981 Eintritt in die EG.

Unabhängig seit 13. 1. 1822 (Proklamation) bzw. 2. 3. 1830 (Londoner Protokoll). **Nationalfeiertag:** 25. 3. (1821 Ausrufung der Revolution).

Nationalhymne: Text: Dionysios Solomos (1798–1857, **Melodie:** Nikolaos Mantzaros (1795–1873), 1828 komponiert, 1964 offiziell zur Nationalhymne erhoben.
»Sé gnoríso apó tin kópsi / Tú spathiú tin trmerí (Sé gnoríso apó tin ópsi / Pú me wiá metrái ti ji . . .«
»Dich erkenn ich: deinem Schwerte / Eigen ist der Zornesblitz; / Dich erkenn ich kraft der Fährte / Deines ungestümen Schritts . . .«

Staatswappen: Das heutige Staatswappen wurde am 7. 6. 1975 nach der Abschaffung der Monarchie eingeführt. Das silberne Kreuz auf blauem Feld symbolisiert das Christentum, der grüne Lorbeerkranz die jahrtausendealte Geschichte des Landes.

GRÖNLAND

Amtlich **Kalaallit Nunaat,** Autonomes Gebiet Dänemarks im Nordatlantik, 2,18 Mill. qkm, 56 752 Einwohner (1991) = 0,038 E/qkm. **Hauptstadt:** Nuuk (Godthaab) (12 181 E). **Währung:** 1 Dänische Krone = 100 Øre. **Mitgliedschaften:** s. Dänemark. (seit 1985 nicht mehr Mitglied der EG).

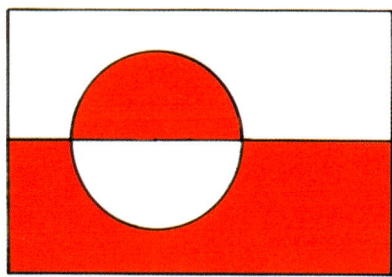

Flagge: Offiziell angenommen am 21. 6. 1985. Zwei gleichbreite waagerechte Streifen, oben weiß, unten rot. Leicht zum Liek versetzt eine große Scheibe, die in Halbkugeln geteilt sind. Rot oben, Weiß unten. Weiß = Schnee, Rot = Sonne.

Bevölkerung: 86% Grönländer, 14% Dänen. **Amtssprache:** Dänisch und Eskimodialekte. **Religion:** Christen (lutherisch).

Landesnatur: Die Insel ist zu 84% eisbedeckt. Im Zentrum bis 3000 m stark. An den Küsten Gebirge (Nunatakker) und tiefe Fjorde. Polklima. An der Westküste Einfluß des Golfstromes.

Geschichte: 875 von den Wikingern entdeckt. 982 Besuch von Erik dem Roten. 1000 Einführung des Christentums durch Leif Ericsson. 1261 unter norwegischem Schutz. 1937 Kalmar-Union: Grönland und Norwegen fallen an Dänemark. 1917 Konflikt zwischen Norwegen und Dänemark wegen der Fischereirechte, 1931–1933 wegen Steinkohlefunden. Im 2. Weltkrieg unter USA-Schutz. 1953 offiziell zu Dänemark. 1979 autonom. Seit 1985 souverän.

Unabhängig seit 1. 5. 1979 (autonom). **Nationalfeiertag:** 16. 4.

Nationalhymne: noch nicht bekannt.

Staatswappen: Offiziell eingeführt am 12. 3. 1987. Blaues Schild mit einem silbernen Eisbären mit roter Zunge.

GROSSBRITANNIEN UND NORDIRLAND

Amtlich **United Kingdom of Great Britain and Northern Ireland,** Konstitutionelle Monarchie in Westeuropa, 244046 qkm, 57,5 Millionen Einwohner (1991) = 235,6 E/qkm. **Hauptstadt:** London (6,75 Mill. E). **Währung:** 1 Pfund Sterling = 100 Pence. **Mitgliedschaften:** UNO und Unterorganisationen, AsDB, BIZ, CCC, ECA (assoz.), ECE, ECLAC, EG, EPA, ESA, ESCAP, EWS, IDB, IEA, IPU, NATO, OECD, SPC, UNCTAD, WEU, Commonwealth, Colombo-Plan, Europarat.

Flagge: Der »Union Jack« ist eine Kombination der Kreuze der Schutzheiligen Englands (St. Georg), Schottlands (St. Andreas) und Irlands (St. Patrizius) und genaugenommen eher eine Königs- als eine Staatsflagge. Erstmals offiziell gehißt wurde sie in der heutigen Form am 1. 1. 1801.

Bevölkerung: Engländer, Schotten, Waliser, Iren; Westinder, Inder, Pakistaner (ca. 3,9 Mill. Farbige), dazu ca. 2,6 Mill. Ausländer. **Staatssprache:** Englisch; Reste keltischer Sprachen (Manxisch, Kornisch, Kymrisch, Gälisch). **Religion:** Vorwiegend Protestanten (anglikanische Staatskirche, schottische Staatskirche, Freikirchen, Methodisten), 8% römische Katholiken, ca. 1 Mill. Muslime, 370000 Juden. **Verwaltungsgliederung:** 49 Counties und 6 Metropolitan Counties in England, 8 Counties in Wales, 26 Distrikte in Nordirland, 12 Regionen in Schottland.

Landesnatur: Durch Gebirge (Schottische Hochlande, Pennines, Cambrian Mountains/Wales) gegliedertes Inselreich mit Tiefland in

Schottland und ausgedehntem Schichtstufenland in England. Ozeanisches Klima mit milden Wintern und mäßig warmen Sommern, niederschlagsreich.

Geschichte: Ab dem 7. Jh. v. Chr. von Kelten besiedelt, bis 407 n. Chr. von Römern besetzt, danach Eindringen germanischer Stämme, 1066 von Normannen erobert. 1215 Magna Charta als erster Freibrief demokratischer Rechte, 1246 erstes Parlament als Gegengewicht zur Königsmacht. Ab dem 16. Jh. Aufbau eines Kolonialreichs (British Empire), aus dem nach dem 2. Weltkrieg das Commonwealth of Nations wurde. Seit 1952 unter Königin Elisabeth II. 1982 Invasion der Falkland-Inseln durch Argentinien (siehe auch unter Autonome Gebiete/Außenbesitzungen im Anhang).
Nationalfeiertage: England 23. 4. (Georgstag), Wales 1. 3. (Davidstag), Schottland 30. 11. (Andreastag); für das ganze Königreich im Juni, Tag jährlich wechselnd.

Nationalhymne: Komponist und Dichter unbekannt; genannt werden John Bull (1563–1628) und Henry Carey (1690–1743).
»God save our gracious Queen / Long live our noble Queen / God save the Queen / Send her victorious, / Happy and glorious, / Long to reign over us. / God save the Queen . . .«
»Gott, schütz die edele / Gnädige Königin, / Lang lebe sie. / Wollest ihr Sieg verleihn, / Laß sie in Ruhm gedeihn, / Lang unsre Herrin sein, / Gott schütze sie . . .«

Staatswappen: Seine heutige Gestalt erhielt das britische Königs- und Staatswappen anläßlich der Thronbesteigung von Königin Viktoria 1837. In Schottland ist seit 1910 ein leicht abgewandeltes Wappen in Gebrauch. Am Fuß des Wappens das Motto »Dieu et mon droit« (für Gott und mein Recht).

GUATEMALA

Amtlich **República de Guatemala,** Präsidiale Republik in Mittelamerika, 108 889 qkm, 9 Millionen Einwohner (1991) = 83,5 E/qkm. **Hauptstadt:** Guatemala City (1,35 Mill. E). **Währung:** 1 Quetzal = 100 Centavos. **Mitgliedschaften:** UNO und Unterorganisationen, BCIE, CACM, CECLA, CONDECA, ECLAC, IDB, MCCA, OAS, ODECA, SELA, UNCTAD.

Flagge: Am 17. 8. 1871 eingeführt, offiziell erst am 15. 9. 1968. Das Blau steht für den Himmel, aber auch für Gerechtigkeit und Glauben, während das Weiß Reinheit und ausgewogene Vernunft symbolisiert. Die Farbenfolge bezieht sich auf die geographische Lage Guatemalas zwischen Pazifik und Karibischem Meer.

Bevölkerung: 50% Indianer, 40% Mestizen, Schwarze, Mulatten, 5% Weiße. **Staatssprache:** Spanisch; Umgangssprachen: Maya-Dialekte. **Religion:** 96% römisch-katholisch. **Verwaltungsgliederung:** 22 Departamentos.

Landesnatur: Im Norden karibisches Tiefland, in der Mitte vulkanisches Hochland mit Kettengebirgen und über 4000 m hohen Vulkanen, im Süden pazifisches Küstentiefland. Randtropisches Klima.

Geschichte: Blühendes 1000jähriges Maya-Reich 1525 von den Spaniern vernichtet. Am 15. 9. 1821 Proklamation der Unabhängigkeit, zunächst zu Mexiko, 1823–1839 zur Zentralamerikanischen Föderation, am 13. 4. 1839 Austritt. Im 20. Jh. starker US-amerikanischer Einfluß.

Unabhängig seit 15. 9. 1821. **Nationalfeiertag:** 15. 9.

Nationalhymne: Text: José Joaquín Palma (1844–1911). **Melodie:** Rafael Alvarez Ovalle (1860–1948). Am 28. 10. 1896 und 19. 2. 1897 durch Regierungsbeschluß angenommen, in geänderter Form seit 26. 7. 1934 offiziell.

»¡Guatemala feliz! que tus aras / No profane jamás el verdugo / Ni hay esclavos que lamen el yugo / Ni tiranos que escupan ti faz. / Si mañana tu sueclo sagrado / La amenaza invasión extranjera. / Libre al viento tu hermosa bandera, / A vencer o morir llamará. // Libre al viento tu hermosa bandera / A vencer o morir llamará. / Que tu pueblo con ánima fiera / Antes muerto que esclavo será.«

Guatemala im Glück, die Altäre / Möge nie dir ein Henker entweihen, / Kein Tyrann dir ins Angesicht speien, / Und kein Sklave liebkosen das Joch! / Wenn deine geheiligten Fluren / Morgen landfremde Streiter bedrohen, / Laß dein schönes Banner im Winde lohen, / Es wird zu Sieg oder Tod uns weih. // Laß dein schönes Banner im Winde lohen, / Und es wird zu Sieg oder Tod uns weih, / Denn dein Volk wird im todesfrohen / Zorn eher sterben als Sklave sein.

Staatswappen: Offiziell eingeführt am 12. 9. 1968. Der Nationalvogel Guatemalas, der Quetzal, symbolisiert Freiheit, die Waffen stehen für die Entschlossenheit zur Verteidigung der Freiheit. Auf der Pergamentrolle die Inschrift »Freiheit – 15. September 1821«; an diesem Tag wurde die Unabhängigkeit proklamiert.

GUINEA

Amtlich **République de Guinée,** Präsidiale Republik in Westafrika,
245 857 qkm, 7,4 Millionen Einwohner (1991) = 30,3 E/qkm. **Hauptstadt:** Conakry (850 000 E). **Währung:** 1 Syli = 100 Cauris. **Mitgliedschaften:** UNO und Unterorganisationen, AKP, CEDEAO, ECA,
OAU, OIC, UNCTAD.

Flagge: Am 10. 11. 1958 offiziell eingeführt. Die sogenannten panafrikanischen Farben haben folgende Symbolbedeutungen: Rot steht für
das Blut der Opfer des Freiheitskampfes, Gelb für die Sonne und für
die Bodenschätze des Landes, Grün für die Vegetation und die Schätze
der Natur.

Bevölkerung: Mandingo (15% Malinke, 18% Sussu, Kissi), Fulbe.
Staatssprache: Französisch. **Religion:** 75% Muslime (Sunniten), Naturreligionen, Christen. **Verwaltungsgliederung:** 33 Regionen.

Landesnatur: Küstenzone mit Mangrovesümpfen, landeinwärts Hü-
gellandschaft mit Fouta-Djalon-Massiv (bis 1500 m hoch), im Südosten
Hochfläche (500–1000 m) mit Gebirgen (bis 1768 m). Wechselfeuchtes
Tropenklima.

Geschichte: 3.–9. Jh. Königreich Manding, ab 13. Jh. zum Malireich.
Im 15. Jh. von Portugiesen entdeckt, seit 1849 unter französischer
Kontrolle, ab 1883 Kolonie Französisch-Guinea. 1946 beschränktes
französisches Bürgerrecht. 1958 unabhängig, Annäherung an den Ostblock. 1984 Machtübernahme durch das Militär.

Unabhängig seit 2. 10. 1958. **Nationalfeiertag:** 2. 10.

Nationalhymne: Textlose Hymne, geht auf eine seit um 1880 bekannte Volksweise zurück, Komponist Kodofo Moussa oder Alfa Yaja, bearbeitet von Keita Fodeba (1921–1969), seit 2. 10. 1958 offiziell.

Staatswappen: Offiziell 1985. Geteilter Schild, rechts grün, links rot. Darüber ein braunes Gewehr, gekreuzt mit einem silbernen Schwert. Darunter drei Felder mit den Landesfarben Rot, Gelb, Grün. Der Schild ist mit silberner Borte umrahmt. Text: Travail, Justice, Solidarité (Arbeit, Gerechtigkeit, Solidarität). Über dem Schild eine weiße Taube mit einer goldenen Reispflanze im Schnabel.

GUINEA-BISSAU

Amtlich **República de Guiné-Bissau,** Republik in Westafrika, 36 125 qkm, 1 Million Einwohner (1991) = 28,3 E/qkm. **Hauptstadt:** Bissau (130 000 E). **Währung:** 1 Guinea-Peso = 100 Centavos. **Mitgliedschaften:** UNO und Unterorganisationen, AKP, CEDEAO, ECA, OAU, OIC, UNCTAD.

Flagge: Am 24. 9. 1973 offiziell gehißt. Die panafrikanischen Farben (Rot-Gelb-Grün); Rot als senkrechter Streifen am Mast, darauf schwarzer fünfstrahliger Stern, Symbol für Afrika und sein schwarzes Volk, aber auch für die PAIGC, die das Land in die Unabhängigkeit geführt hat.

Bevölkerung: 33% Balantas, 20% Fulbe, 14% Manyako, Mandingas, Papéis. **Staatssprache:** Portugiesisch. **Religion:** 35% Muslime, Naturreligionen, 5% Katholiken. **Verwaltungsgliederung:** 9 Regionen.

Landesnatur: Stark versumpfte Küstenebene, anschließend Savannengürtel, dahinter Trockenwaldzone und tropischer Regenwald. Wechselfeuchtes Tropenklima.

Geschichte: 1462 von den Portugiesen entdeckt, Errichtung von Faktoreien für den im 17./18. Jh. blühenden Sklavenhandel, 1879 Eingliederung ins portugiesische Kolonialreich, 1951 Überseeprovinz Portugiesisch-Guinea. Ab 1962 Aufstände unter Führung der PAIGC, am 24. 9. 1973 Ausrufung der Unabhängigkeit, am 10. 9. 1974 von Portugal anerkannt. 1980 Militärputsch. Mai 1984 neue Verfassung.

Unabhängig seit 24. 9. 1973 (Proklamation) bzw. 10. 9. 1974 (Anerkennung). **Nationalfeiertag:** 24. 9.

Nationalhymne: Text: Amilcar Cabral (1924–1973). **Melodie:** Kapverdisch-chinesisches Kollektiv. Gleichzeitig die Nationalhymne der Kapverden. 1976 offiziell angenommen.

»Sol, su or e o verde mar, séculos de dor e esperança / Esta é a terra dos nossos avós! / Fruto das nossas mãos, da flor do nosso sangue: / Esta é a nossa pátria amada. // Viva pátria gloriosa! Floriu nos céus a bandeira da luta . . .«

»Sonne, dein Gold und das grüne Meer, Jahrhunderte des Schmerzes und der Hoffnung; / Dies ist das Land unserer Vorfahren! / Frucht unserer Hände, aus unserem Blut erblüht; / Dies ist unser geliebtes Vaterland! // Es lebe das ruhmreiche Vaterland! In den Himmeln flatterte die Kampfesfahne . . .«

Staatswappen: Seit 1973 offiziell. Das Wappen ist in den panafrikanischen Farben gehalten und zeigt den auch auf der Flagge zu findenden schwarzen Stern. Auf dem roten Band zwischen grünen Palmzweigen der Staatswahlspruch »Einigkeit, Kampf, Fortschritt«.

GUYANA

Amtlich **Cooperative Republic of Guyana,** Unabhängige Kooperative
Republik in Südamerika, 214 969 qkm, 749 508 Einwohner (1991) =
3,4 E/qkm. **Hauptstadt:** Georgetown (200 000 E). **Währung:** 1 Gu-
yana-Dollar = 100 Cents. **Mitgliedschaften:** UNO und Unterorganisationen, AKP, CARICOM, CCC, ECLAC, IDB, IMO, IPU, SELA,
UNCTAD, Commonwealth, Amazonasvertrag.

Flagge: Offiziell gehißt am 26. 5. 1966. Auf grünem Feld vom Mast
ausgehend schwarzgerändertes rotes Dreieck auf weißgerändertem
gelben Dreieck. Grün repräsentiert die Wälder und Felder des Landes,
Weiß den Wasserreichtum, Gelb die Bodenschätze, Schwarz die Aus-
dauer und Rot Begeisterung und Opferbereitschaft des Volkes.

Bevölkerung: 50% Inder, 32% Schwarze, 4% Indianer, Weiße, Chinesen. **Staatssprache:** Englisch. **Religion:** 57% Christen, 33% Hindus,
Muslime. **Verwaltungsgliederung:** 10 Distrikte.

Landesnatur: Bis 70 km breite Küstenebene (Agrarzone), Savannengürtel, Bergland mit dichtem Tropenwald. Im Inneren kaum erschlossen; reich an Bodenschätzen. Tropisches Klima.

Geschichte: Seit 1796 britisch, seit 1814 Kronkolonie. Unabhängig seit
1966. Seit 1980 Kooperative Republik mit Präsidialsystem und Ein-
kammerparlament. Wegen der reichen Bodenschätze von Venezuela
beansprucht.

Unabhängig seit 26. 5. 1966. **Nationalfeiertag:** 23. 2.

Nationalhymne: Text: Archibald Leonard Luker (1917–1971). **Melodie:** Robert Cyril Gladstone Potter (1899–1981). Am 21. 4. 1966 gebilligt.

»Dear land of Guyana, of rivers and plains, / Made rich by the sunshine and lush by the rains, / Set gemlike and fair between mountains and sea, / Your children salute you, dear land of the free.«

»Liebes Land von Guyana mit Flüssen und Ebenen, / durch Sonnenschein reich, durch Regen grün, / Ein schönes Juwel zwischen Bergen und Meer, / Deine Kinder grüßen dich, liebes Land der Freien.«

Staatswappen: Am 21. 1. 1966 von Königin Elisabeth II. verliehen. Einheimische Attribute sind der Kopfputz eines Kaziken, Diamanten, Jaguare als Schildhalter sowie Zuckerrohr und Reis. Im Schild Seerose, drei blaue Wellenleisten (Wasserreichtum) und Canje-Fasan. Schriftband: »Ein Volk, eine Nation, ein Schicksal«.

HAITI

Amtlich **République d'Haiti,** Präsidiale Republik in Mittelamerika, 27 750 qkm, 6,2 Millionen Einwohner (1991) = 226,5 E/qkm. **Hauptstadt:** Port-au-Prince (830 000 E). **Währung:** 1 Gourde = 100 Centimes. **Mitgliedschaften:** UNO und Unterorganisationen, BLADEX, CCC, CECLA, ECLAC, IDB, IPU, OAS, SELA, UNCTAD.

Flagge: Zwei waagrechte Streifen in den Farben Blau und Rot, die die errungene Freiheit und die neue Zeit symbolisieren. In der Mitte auf einem weißen Rechteck das Staatswappen: eine Wappentrophäe mit der Inschrift »L'Union fait la Force« (»Einigkeit macht stark«). Flagge eingeführt: 25. 2. 1986 (erneut).

Bevölkerung: Fast nur Schwarze und Mulatten, weiße Minderheit. **Staatssprache:** Französisch; Umgangssprache Kreolisch. **Religion:** 90% römisch-katholisch, 10% Protestanten, gleichzeitig verbreiteter Voodoo-Kult. **Verwaltungsgliederung:** 9 Départements.

Landesnatur: Westteil von Hispaniola, einer Insel der Großen Antillen, durch Gebirgsketten und eingelagerte Längssenken gegliedert, bis 2680 m hoch. Tropisches Klima mit thermischen Höhenstufen.

Geschichte: 1492 von Kolumbus entdeckt, als Hispaniola spanische Kolonie. 1697 Teilung der Insel, Westteil an Frankreich. 1803 Proklamation der Unabhängigkeit als Haiti, 1804–1806 Kaiserreich, 1806 Republik und Teilung, Nordteil 1811–1820 Königreich, 1820 vom Südteil annektiert, Republik, 1849–1859 erneut Kaiserreich, dann wieder Republik. 1915–1935 von USA besetzt, 1957–1985 Duvalier-Diktatur, seit 1986 vom Militär beherrschte Regierung. 1990 erste freie Wahlen. Nach 7 Monaten erneut Militärputsch.

Unabhängig seit 29. 11. 1803 (Proklamation) bzw. 1. 1. 1804 (faktisch).
Nationalfeiertag: 1. 1.

Nationalhymne: Text: Justin Lhérisson (1873–1907). **Melodie:** Nicolas Geffrard (1871–1930). Zur Hundertjahrfeier der Unabhängigkeit 1904 komponiert und offiziell angenommen.
»Pour le Pays / Pour la Patrie, / Marchons unis / Dans nos rangs point de traîtres! / Du sol soyons seuls maîtres. / Marchons unis / Pour le Pays, pour la Patrie.«
»Für Heimat / Und Vaterland / Eint uns ein Band! / Kein Verrat schwächt die Reih'n, / Herr'n des Lands wir allein! / Uns eint ein Band / Für Heimat und Vaterland.«

Staatswappen: Aus der Zeit der Negerherrscher (1804–1820). Auf grünem Rasen Palme und Waffentrophäe mit Ankern, auf jeder Seite drei Nationalflaggen. Im Vordergrund ein weißes Schriftband mit dem Motto »L'Union fait la Force (»Einigkeit macht stark«). Wappen eingeführt (erneut): 25. 2. 1986.

HONDURAS

Amtlich **República de Honduras,** Präsidiale demokratische Republik in Mittelamerika, 112 088 qkm, 4,9 Millionen Einwohner (1991) = 44 E/qkm. **Hauptstadt:** Tegucigalpa (600 000 E). **Währung:** 1 Lempira = 100 Centavos. **Mitgliedschaften:** UNO und Unterorganisationen, BCIE, CACM, CECLA, CONDECA, ECLAC, IDB, MCCA, OAS, ODECA, SELA, UNCTAD.

Flagge: Am 18. 1. 1949 offiziell gehißt. Die Farben (Blau-Weiß-Blau/ waagerecht) entsprechen den Farben der Zentralamerikanischen Föderation, der Honduras 1821–1866 angehörte. Nach dem Austritt wurden zur Erinnerung an die Einheit der mittelamerikanischen Staaten in den weißen Streifen 5 blaue Sterne gesetzt.

Bevölkerung: 80% Mestizen, 10% Indianer, Schwarze, Mulatten, Weiße. **Staatssprache:** Spanisch. **Religion:** 86% römisch-katholisch. **Verwaltungsgliederung:** 18 Departamentos.

Landesnatur: Gebirgsland mit zahlreichen Beckenlandschaften, im Norden am Karibischen Meer Tiefland mit Lagunenküste, zahlreiche Flüsse, Bergland bis 200 m hoch, schmaler Küstenstreifen am Atlantik. Tropisches Klima.

Geschichte: 1502 von Kolumbus entdeckt, seit 1523 spanische Kolonie. 1821 Proklamation der Unabhängigkeit, bis 1838 Mitglied der Zentralamerikanischen Föderation. Innere Unruhen führten dreimal zu bewaffneten Interventionen der USA. Nach Militärregierungen seit 1981 Zivilregierung.
Unabhängig seit 15. 9. 1821 (Proklamation) bzw. 26. 10. 1838 (Austritt aus der Zentralamerikanischen Föderation). **Nationalfeiertag:** 15. 9.

Nationalhymne: Text: Augusto Constantio Coello (1883–1941). **Melodie:** Carlos Hartling (1869–1920). Als offiziell anerkannt durch den Präsidenten am 13. 11. 1915, durch den Nationalkongreß am 23. 1. 1917.

»Tu bandera es un lampo de cielo / Por un bloque de nieve cruzado / Y se ven en su fondo sagrado / Cinco estrellas de pálido azul; / En tu emblema que un mar rumoroso / Con sus ondas bravías escuda, / De un volcán tras la cima desnuda / Hay un astro de nítida luz.«

»Deine Fahne ist ein Blitzstrahl des Himmels, / Der durchragt von dem Fels, dem verschneiten, / Und es stehen auf ihrem geweihten / Felde fünf Sterne in dämmerndem Blau. / In deinem Wappen, das schützende Wogen / Eines donnernden Meeres umdrängen, / Glänzt ob des Feuerbergs nackten Hängen / Ein Gestirn mit klarem Geleucht.«

Staatswappen: Das Dreieck im Oval symbolisiert Gleichheit und Freiheit. Die beiden Türme stehen für Unabhängigkeit und Verteidigungsbereitschaft. Die Pfeile über dem Oval erinnern an die indianischen Bewohner des Landes. Füllhörner, Minen und Werkzeug beziehen sich auf die Naturreichtümer des Landes.

HONGKONG

Amtlich **Hong Kong,** britische Kronkolonie in Ostasien, an der Mündung des Parlflusses an der südchinesischen Küste gelegen, 1063 qkm, 5,4 Millionen Einwohner (1986) = 5080 E/qkm. **Hauptstadt:** Victoria (1,1 Mill. E). **Währung:** 1 Hongkong-Dollar = 100 Cents. **Mitgliedschaften:** GATT, IMO (assoz.), WMO, AsDB.

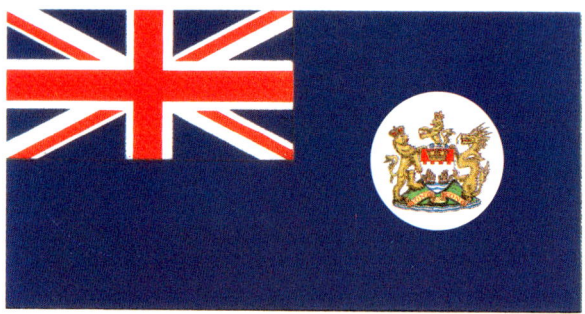

Flagge: Blau mit »Union Jack« im inneren Obereck, daneben in weißer Scheibe das Wappen von Hongkong. Diese Flagge wurde um 1865 eingeführt.

Bevölkerung: 98% Chinesen, Weiße (Briten, US-Bürger, Australier). **Sprachen:** Englisch, Chinesisch. **Religion:** Buddhisten, Konfuzianer, ca. 500000 Christen.

Landesnatur: Besteht aus der Insel Hongkong, der Halbinsel Kaulun und den New Territories auf dem Festland; auf einer Wasserfläche von 2916 qkm gehören über 230 Inseln zur Kronkolonie. Ausgezeichneter Naturhafen, extrem dicht besiedelte Wohngebiete.

Geschichte: Die Insel Hongkong wurde von China 1841 an Großbritannien abgetreten, die Halbinsel Kaulun 1860 erworben. Die New Territories auf dem Festland wurden 1898 für 99 Jahre von China gepachtet. Nach Ablauf des Pachtvertrags erhält 1997 die VR China die volle Souveränität über ganz Hongkong, doch soll für weitere 50 Jahre das bisherige Wirtschafts-, Gesellschafts- und Rechtssystem mit innerer Autonomie beibehalten werden (s. Großbritannien).

Eine Nationalhymne liegt nicht vor.

Wappen: Auf dem Schild im Mittelfeld zwei dreimastige Dschunken, darüber eine Krone mit Meeressymbolen. Die Schildträger repräsentieren das Vereinigte Königreich (Löwe) und China (Drache). Offiziell eingeführt wurde das Wappen am 25. 1. 1959.

INDIEN

Amtlich **Bharat** bzw. **Bharat Juktarashtra,** Demokratisch-parlamentarische Republik mit bundesstaatlicher Gliederung in Südasien, 3 287 590 qkm, 866,3 Millionen Einwohner (1991) = 263,5 E/qkm. **Hauptstadt:** Neu-Delhi (7,1 Mill. E). **Währung:** 1 Indische Rupie = 100 Paise. **Mitgliedschaften:** UNO und Unterorganisationen, AsDB, CCC, ESCAP, IPU, SAARC, UNCTAD, Colombo-Plan, Commonwealth.

Flagge: Offiziell angenommen am 22. 7. 1947. Tiefes Safrangelb – Weiß (mit Ashokas Rad in Blau) – Grün. Offiziell stehen die querliegenden Farben für Mut, Frieden und Wahrheit sowie Glauben, inoffiziell für Hindus und Muslime, zwischen denen das Weiß den Geist der Aussöhnung symbolisiert.

Bevölkerung: 73 % Gruppen mit indoarischen Sprachen (Hindi, Bengali, Nihari, Marathi, Punjabi, Gujarati u. a.), 25 % Gruppen mit Drawidasprachen (Tamil, Telugu, Malajalam, Kannada), 3 % mongolischer Herkunft. **Staatssprache:** Hindi, in den Bundesstaaten 15 gleichberechtigte Regionalsprachen, 24 selbständige Sprachen. **Religion:** 83 % Hindus, 11 % Muslime, 2,6 % Christen, 2 % Sikhs; Dschainas, Buddhisten, Parsen. **Verwaltungsgliederung:** 25 Bundesstaaten und 9 Unionsterritorien.

Landesnatur: Im Norden vom Himalaja begrenzt, daran anschließend die fruchtbaren, dichtbesiedelten Stromebenen von Indus und Ganges, südlich davon die gebirgige Gondwanascholle (Hochland von Dekkan), zu rund 25 % bewaldet. Im Süden typisch heißes, im äußersten Norden kaltes Festlandklima, im Nordosten niederschlagreichstes Gebiet der Erde.

Geschichte: Uraltes Kulturland mit wechselnden Großreichen, ab dem 8. Jh. teilweise unter arabischer und mongolischer Herrschaft, ab dem 16. Jh. unter portugiesischem, ab dem 18. Jh. unter englischem Einfluß. 1858 unter direkter Herrschaft der britischen Krone (Vizekönige), ab 1909 einheimisches Parlament, 1935 eigene Verfassung mit Bundeskongreß. 1947 Unabhängigkeit, seit 26. 1. 1950 Republik im Commonwealth. Juli 1987 Intervention im Bürgerkrieg Sri Lankas.

Unabhängig seit 15. 8. 1947. **Nationalfeiertage:** 26. 1. (Ausrufung der Republik 1950) und 15. 8. (Erlangung der Unabhängigkeit 1947).

Nationalhymne: Text und **Melodie:** W. A. Rabindranath Tagore (1861–1941). Erstmals 1912 veröffentlicht; am 24. 1. 1950 zur Nationalhymne des Landes erklärt.
»Jana-gana-mana-adhinayaka, jaya he Bharata-bhangya-vidhata. / Panjaba-Sindhu-Gujrata-Maratha-Dravida-Utkala-Vanga / Vindhya-Hilachala-Yamuna-Ganga uchchhala-jaladhi-taranga / Tava šubha name jage, tava šubha ašisa mage, gahe tava jaya-gatha . . .«
»Der du die Herzen der Völker durchwaltest / Und unsres Landes Schicksal gestaltest, / Panjab und Orissa, das Land der Gujraten, / Bengalen, der Süden, das Reich der Marathen, / Himalaja, Vindhya, die heiligen Quellen / von Jamna und Ganga, des Ozeans Wellen / Erwachen bei deinem Namen . . .«

Staatswappen: Am 26. 1. 1950 angenommen. Es ist einer Säule in der heiligen Stadt Sarnath nachgebildet. Auf dem Sockel der vier Löwen Ashokas Rad, das die Prinzipien des Buddhismus verkörpert; darunter ein Zitat aus den Mundaka-Upanischaden: »Nur die Wahrheit siegt.«

INDONESIEN

Amtlich **Republik Indonesia,** Zentralistische Republik in Südostasien,
1 919 443 qkm, 193,5 Millionen Einwohner (1991) = 100,9 E/qkm.
Hauptstadt: Jakarta (7 Mill. E). **Währung:** 1 Rupiah = 100 Sen.
Mitgliedschaften: UNO und Unterorganisationen, AsDB, ASEAN,
CCC, CIPEC, ESCAP, IPU, OIC, OPEC, UNCTAD, Colombo-
Plan.

Flagge: Rot-Weiß (waagerecht). Die Farben gehen historisch auf eine
Fahne des Prinzen Jayakatong (1293) zurück, der das von Indonesien
als Vorläufer betrachtete Madschapahitreich begründete. Die heutige
Flagge wurde erstmals am 17. 8. 1945 offiziell gehißt.

Bevölkerung: Überwiegend malaiische Indonesier (Javaner, Sundane-
sen), ca. 4 Mill. Chinesen, Irianer. **Staatssprache:** Bahasa Indonesia,
ca. 60 Mill. Javanisch, 18 Mill. Indonesisch als Erstsprache; ca. 250
indonesische Regionalsprachen, Handelssprache Englisch. **Religion:**
85,1 % Muslime, 6 % Protestanten, je 2 % Hindus, Buddhisten, Konfuzianer, Katholiken; Naturreligionen. **Verwaltungsgliederung:** 24
Provinzen.

Landesnatur: Republik im Indischen und Pazifischen Ozean, 13 677
Inseln, 992 bewohnt, Ost-West-Erstreckung 5110 km; vier Inselgrup-
pen: Große Sundainseln (Sumatra, Kalimantan, Sulawesi, Java, Ma-
dura), Kleine Sundainseln (Bali, Timor, Lombok, Flores u. a.), Mo-
lukken (Halmahera, Ceram u. a.), Westirian (Westhälfte von Neuguinea). Gebildet aus zwei Vulkanbergketten. Maritimes Äquatorialklima mit ergiebigen Niederschlägen.

Geschichte: Vom 8–15. Jh. Großreiche indonesischer Hindu-Buddhisten (Srividjaya, Madschapahit), danach muslimische Königreiche. Nach spanischer und portugiesischer Herrschaft ab dem 16. Jh. holländisch. 1942 durch Japan besetzt. Am 17. 8. 1945 Ausrufung der Unabhängigkeit durch Sukarno, am 27. 12. 1949 durch Holland anerkannt. Der noch holländische Westteil von Neuguinea kam 1963 durch UN-Beschluß als Westirian zu Indonesien. Portugiesisch-Timor wurde 1976 nach blutigem Bürgerkrieg einverleibt.

Unabhängig seit 17. 8. 1945 (Proklamation) bzw. 27. 2. 1949 (Anerkennung). **Nationalfeiertag:** 17. 8.

Nationalhymne: Text und **Melodie:** Wage Rudolf Supratman (1903–1938). Nach Unterzeichnung der Unabhängigkeitserklärung 1945 als Nationalhymne übernommen. **Refrain:**
»Indonesia Raja merdeka merdeka. / Tanahku neg'riku jang kutjinta. / Indonesia Raja merdeka merdeka. / Hiduplah Indonesia Raja.«
»Freies, großes Indonesien, / Du mein liebes Vaterland, / Freies, freies Indonesien, / Leben sollst du, Heimatland!«

Staatswappen: Garuda (heiliger Vogel der Hindu, die 17 Schwung- und 8 Schwanzfedern weisen auf das Unabhängigkeitsdatum hin) mit Wappenschild, dessen Symbole Glaube an Gott, Volkssouveränität, nationales Bewußtsein, soziale Gerechtigkeit und die Gleichheit von Mann und Frau bedeuten. Auf dem Band: »Einigkeit in der Vielfalt«.

IRAK

Amtlich **Al Dschumhurīja al Iraqija,** Präsidiale Republik in Vorder-
asien, 438 446 qkm, 19,5 Millionen Einwohner (1991) = 44,5 E/qkm.
Hauptstadt: Bagdad (3,8 Mill. E). **Währung:** 1 Irak-Dinar = 1000 Fils;
1 Ryal = 200 Fils, 1 Dirham = 50 Fils. **Mitgliedschaften:** UNO und
Unterorganisationen, ECWA, IPU, OAPEC, OIC, OPEC, UIA,
UNCTAD, Arabische Liga.

Flagge: Rot-Weiß-(3 grüne Sterne)Schwarz/waagerecht. Die drei
Sterne gehen auf das Jahr 1963 zurück, als sich Irak, Ägypten und Syrien
um die Schaffung einer Vereinigten Arabischen Republik bemühten,
und wurden auch nach dem Scheitern des Vorhabens beibehalten.
Erstmals offiziell gehißt am 31. 7. 1963. Am 14. 1. 1991 wurde zwischen
die Sterne die Inschrift beigefügt: »Allahū Akbar«, (Allah ist groß).

Bevölkerung: 81 % Iraker, 15 % Kurden, 2 % Türken. **Staatssprache:**
Arabisch. **Religion:** 95 % Muslime (51 % Sunniten, Schiiten), ca.
450 000 Christen, Jesiden, Mandai. **Verwaltungsgliederung:** 18 Gouvernorate (Muhafadha).

Landesnatur: Mesopotamische Tiefebene (Flüsse Euphrat und Tigris)
zwischen dem armenisch-iranischen Gebirgsland und der syrisch-ara-
bischen Tafel. Westlich des Euphrat Wüste, im Nordwesten Steppe;
Regionen im Unterlauf der Flüsse stark sumpfig. Klimatisch der Zone
der tropischen Winterregen zugehörig. Sommer völlig niederschlags-
frei, Temperaturen bis 52° C.

Geschichte: Seit ältester Zeit als Teil des »Fruchtbaren Halbmonds«
Kulturland (Stadtstaaten, Sumerisches Großreich), nach der Zeiten-

wende Sassanidenreich. 1258 Einfall der Mongolen, danach jahrhundertelange türkische Herrschaft. Ab 1918 britisches Völkerbundmandat. Am 3. 10. 1932 Erlangung der Selbständigkeit. 1958 Militärputsch und Sturz der Monarchie. Republik unter der Herrschaft der Baath-Partei, auf die sich der »Revolutionäre Führungsrat« stützt. Ab September 1981 Krieg mit dem Iran. 1988 Waffenstillstand. August 1990 Annexion von Kuwait. 1991 Kapitulation nach Intervention der UN-Truppen. 1992 Wahlen im Nordirak: Kurdengebiet unter UN-Schutz.

Unabhängig seit 3. 10. 1932. **Nationalfeiertage:** 14. 7. (Ausrufung der Republik 1958) und 17. 7. (Revolutionstag der Baath-Partei).

Nationalhymne: Text: Shafiq Abduljabar Al-Kamali (∗ 1930). **Melodie:** Walid Georges Galmiya (∗ 1938). 17. 7. 1981 zur Nationalhymne erklärt.
»Watanun Medde Alal-ufqi Janaha / Warteda Majdal-hadarati Wishaha / Burikat Ardul-furataini Watan / Abqariyy-al-majd Azmen Wa Samaha...«
»Ein Vaterland, das mit seinen Schwingen den Horizont deckte, / Und mit dem Ruhm der Zivilisation bekleidet war – / Gesegnet sei das Land der zwei Flüsse, / Eine Heimat ruhmreicher Entschlossenheit und Toleranz...«

Staatswappen: 1965 offiziell eingeführt. Es zeigt den Adler Saladins mit einem Wappenschild, das die Farben des Landes (und der gescheiterten VAR) trägt. Die Inschrift in kufischer Schrift gibt den Staatsnamen wieder, zwischen den Sternen die Inschrift: »Allahū Akbar«.

IRAN

Amtlich **Dschumhuri-i-Islami-i Irân,** Islamische Republik in Vorderasien, 1 648 000 qkm, 59 Millionen Einwohner (1991) = 35,8 E/qkm. **Hauptstadt:** Teheran (6 Mill. E). **Währung:** 1 Rial = 100 Dinars. **Mitgliedschaften:** UNO und Unterorganisationen, CCC, ESCAP, IPU, OIC, OPEC, UNCTAD, RCD, Colombo-Plan.

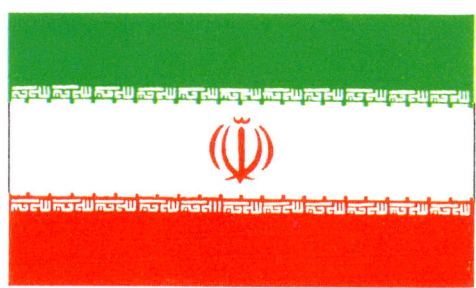

Flagge: Grün-Weiß-(mit rotem Staatsemblem)Rot/waagerecht, an den Innenrändern des grünen und roten Streifens je elfmal der Schriftzug »Allah Akbar« (= Allah ist groß). Grün symbolisiert den Islam, Weiß den Frieden, Rot die Tapferkeit. Offiziell eingeführt im Juli 1980.

Bevölkerung: 63 % iranische Perser, 20 % turktatarische Aserbeidschaner (Aseri), Kurden, Araber, Armenier. **Amtssprache:** Farsi (Persisch); daneben Umgangssprachen (Kurdisch, Aseri, Arabisch). **Religion:** vorwiegend Muslime 93 % Schiiten (Schia Staatsreligion), 5 % Sunniten, Christen u. a. religiöse Minderheiten. **Verwaltungsgliederung:** 24 Provinzen (Ostan) und 9 Gouvernorate (Farmandahira).

Landesnatur: Durch gitterartiges Gebirgssystem in Becken und Senken gegliedertes Hochland, gesäumt von Zügen des eurasischen Gebirgsgürtels, im Elburs bis 5604 m hoch. Becken im Inneren größtenteils Wüsten und Salztonebenen (Kawir, Lut u. a.), erdölreiches Mesopotamisches Tiefland, agrarisch bedeutsam Kaspitiefland und Küstenebenen am Persischen Golf. Niederschlagsarmes Kontinentalklima.

Geschichte: Nach dem Niedergang des antiken Perserreichs im 7. Jh. von mohammedanischen Arabern erobert, 1258–1502 Mongolenherrschaft, dann unter einheimischer Dynastie (Safawiden). Im 19. Jh.

unter britischem, russischem und türkischem Einfluß, 1919 von Briten besetzt (Protektorat), nach Aufstand 1921 wieder selbständig. Dynastie Pahlewi 1925 durch Putsch etabliert, 1979 gestürzt, seither Islamische Republik. 1980–1988 Krieg mit dem Irak. 1989 Tod von Ayatollah Khomeini.

Unabhängig seit ca. 2000 Jahren, Islamische Republik seit 1. 4. 1979.
Nationalfeiertage: 11. 2. und 1. 4.

Nationalhymne: Text: Abol-Qásem Hálat. **Melodie:** Mohammad Beglari-Pur. Trat am 24. 3. 1980 an die Stelle der Schah-Hymne.
»Shod jomhuriye islahme bepah, / Ke hamdin dehad ham donyah bemah. / Az enqelahbe Iran degar Kahkhe / setam gashte siroze-bar . . .«
»Errichtet wurde die Islamische Republik, / die uns die Religion und die Welt gibt. / Fortan bleibt durch Irans Revolution / Der Palast der Unterdrückung zerstört . . .«

Staatswappen: Das auf der Flagge in Rot geführte Emblem ist eigentlich grün. Der Globus symbolisiert den weltweiten Kampf der unterdrückten Völker, Schwert und 4 Halbmonde stehen für Macht, Kraft und Glaube des Islam, das Symbol über dem Schwert für Geisteskraft oder Standhaftigkeit.

IRLAND

Amtlich **Poblacht Na h'Éireann,** Parlamentarisch-demokratische Republik in Westeuropa, 70 283 qkm, 3,48 Millionen Einwohner (1991) = 49,6 E/qkm. **Hauptstadt:** Baile Átha Cliath (Dublin), 920 956 E. **Währung:** 1 Irisches Pfund = 100 New Pence. **Mitgliedschaften:** UNO und Unterorganisationen, BIZ, CCC, ECE, EG, ESA, EWS, IEA, IPU, OECD, UNCTAD, Europarat.

Flagge: Grün-Weiß-Orange/senkrecht. Grün steht für die katholische Mehrheit, Orange für die irischen Protestanten (in Erinnerung an Wilhelm III. von Oranien), Weiß für die Aussöhnung zwischen beiden Gruppen. Im Revolutionsjahr 1848 von Thomas Francis Maegher eingeführt, am 21. 1. 1909 übernommen, offiziell bestätigt: 29. 12. 1937.

Bevölkerung: Fast ausschließlich Iren. **Staatssprachen:** Irisch (Gälisch) und Englisch. **Religion:** 94% römisch-katholisch, 3,2% anglikanisch, Presbyterianer. **Verwaltungsgliederung:** 4 Provinzen mit 26 Counties und 4 City Boroughs.

Landesnatur: Insel im Atlantik, im Inneren flachwelliges Becken, von Gebirgssystemen eingefaßt. Niederschlagsreiches atlantisches Klima.

Geschichte: Schon in der Antike bekannt, um die Zeitenwende keltisch besiedelt, ab dem 5. Jh. christianisiert. 795 durch Wikinger erobert, 1002 vereintes Königreich. 1171 von England besetzt, Parlament seit 1297 von der englischen Krone abhängig. 1801 ins Vereinigte Königreich einverleibt. Im Januar 1919 Unabhängigkeitserklärung des Parlaments, am 6. 12. 1922 als Freistaat und Dominion nominell unabhängig. Am 29. 12. 1937 durch Verfassungsänderung formale Trennung von Großbritannien. 1948 Austritt aus dem Commonwealth.

Unabhängig seit 21. 1. 1919 (Proklamation) bzw. 6. 12. 1922 (nominell). **Nationalfeiertag:** 17. 3. (St. Patrick's Day).

Nationalhymne: Text: Peadar O'Cearney (1883–1942), 1907 verfaßt.
Melodie: Patrick Heaney (1881–1911). Irische Textfassung von Liam O'Rinn. Im Juli 1926 amtlich zur Nationalhymne erklärt.
Refrain (irisch): »Sinn ne loachra Fáil atá fé gheall ag Éirinn / Buidhean dár slógh thar tuinn do ráinig chughainn. / Fé mhoid bheith soar . . .«
»Dir unser Kriegerblut, Insel der Kelten! / Mancher von uns kam mit östlichem Boot, / Freiheit sein Schwur . . .«

Staatswappen: Goldene Harfe mit silbernen Saiten auf blauem Schild, seit dem Mittelalter das weitestverbreitete Symbol Irlands, findet sich auch auf der Präsidentenstandarte. Vorbild für die moderne Version ist die Brian-Boru-Harfe im Trinity College in Dublin.

ISLAND

Amtlich **Lýdveldid Ísland,** Parlamentarisch-demokratische Republik in Nordeuropa, 102 829 qkm, 259 742 Einwohner (1991) = 2,5 E/qkm. **Hauptstadt:** Reykjavik (90 000 E). **Währung:** 1 Isländische Krone = 100 Aurar. **Mitgliedschaften:** UNO und Unterorganisationen, BIZ, CCC, ECE, EFTA, IPU, NATO, OECD, UNCTAD, Europarat, Nordischer Rat.

Flagge: Blau mit weißgerändertem roten skandinavischen Kreuz. Am 19. 6. 1915 offiziell für Führung auf Schiffen in Territorialgewässern eingeführt, 1919 von König Christian X. offiziell anerkannt, seit Proklamierung der Republik am 17. 6. 1944 offizielle Staatsflagge.

Bevölkerung: Isländer (Nachkommen von Norwegern und Kelten). **Staatssprache:** Isländisch (Islenska). **Religion:** 97% evangelisch-lutherisch, kathol. Minderheit. **Verwaltungsgliederung:** 23 Landkreise (Sýslur) und 22 kreisfreie Städte.

Landesnatur: Insel vulkanischen Ursprungs, Bergland mit ca. 20 noch aktiven Vulkanen, reich an Thermen, Geysiren und Solfataren, nur 20% Tiefland. Durch Golfstrom mildes ozeanisches Klima.

Geschichte: Im 8. Jh. durch schottische Mönche, im 9. Jh. durch Wikinger besiedelt, 874 aristokratischer Freistaat, 930–1262 Republik, danach norwegischer, ab 1380 dänischer Vasallenstaat. 1918 unabhängiges Königreich unter dänischer Krone. 1941 US-Stützpunkt und Proklamation der Unabhängigkeit. Nach Volksabstimmung am 17. 6. 1944 Ausrufung der Republik und Aufkündigung der Union mit Dänemark.

Unabhängig seit 1. 12. 1918 (Königreich) bzw. 17. 6. 1944 (Proklamation der Republik). **Nationalfeiertag:** 17. 6.

Nationalhymne: Text: Matthias Jochumsson (1835–1920). **Melodie:** Sveinbjörn Sveinbjörnsson (1847–1926). 1874 anläßlich der Tausendjahrfeier der Besiedlung Islands durch Wikinger und der Gewährung einer liberalen Verfassung durch die dänische Krone verfaßt.
»O, Gud vors lands! Ó, lands vors Gud, / vér lofum þitt heilaga, jeilaga nafn. / Úr sólkerfum himnanna hnýta þér krans / þínir herskarar, timanna safn . . .«
»O Gott, du unsres Islands Herr, / Dein Name sei uns heilig, ja heilig alle Stund. / Dir winden aus Sonnensystemen den Kranz / Deine Scharen, Äonen im Bund . . .«

Staatswappen: Mit Königskrone offiziell seit 1919, 1944 abgeändert. Die vier Schildhalter (Stier, Krieger, Drache und Greif) sind die legendären Beschützer Islands, wie sie in der »Heimskringla« beschrieben sind. Der Sockel ist eine Nachbildung Islands mit seiner felsigen Küste.

ISRAEL

Amtlich **Medinat Yisrael,** Parlamentarische Republik in Vorderasien, 20770 qkm, 4,47 Millionen Einwohner (1991) = 215,5 E/qkm. **Hauptstadt:** Jerusalem (430000 E). **Währung:** 1 Neuer Schekel = 100 Agorot. **Mitgliedschaften:** UNO und Unterorganisationen, BIZ, CCC, IDB, IPU, UNCTAD.

Flagge: Auf Weiß blauer Davidschild, oben und unten je ein blauer Streifen. Geht auf den Tallis (jüdischen Gebetsschal) zurück. Erstmals entfaltet am 21. 7. 1891 bei der Einweihung der Zionhalle in Boston (USA), am 14. 5. 1948 erstmals gehißt, offiziell bestätigt am 12. 9. 1948.

Bevölkerung: Ca. 3,4 Mill. Juden, Araber, Drusen, Christen. **Staatssprache:** Iwrith (Neuhebräisch) und Arabisch. **Religion:** 83% Juden, 14% Muslime, Drusen, Christen. **Verwaltungsgliederung:** 6 Distrikte (Mechosot).

Landesnatur: Am Ostrand des Mittelmeers gelegener Küstenstreifen, fruchtbare Ebene mit Bewässerungskultur, durchschnittlich 600 m hohe Bergkette vom Norden bis zum Sinai. Im Osten der Jordangraben mit Tiberiassee und Totem Meer, bei Sodom mit 394 m u. M. die tiefste Depression der Erdoberfläche. Fast 60% des Staatsgebiets Negev-Wüste, zum Teil heute kultiviert.

Geschichte: Seit dem ausgehenden 19. Jh. systematische jüdische Einwanderung in Palästina, das nach dem 1. Weltkrieg britisches Mandatsgebiet wurde. 1947 britischer Mandatsverzicht. Teilungsplan der UNO sieht jüdischen und arabischen Staat in Palästina vor. Ausrufung des Staates Israel durch den Nationalrat der Juden und den Generalrat der Zionistischen Weltbewegung am 14. 5. 1948. 1967 Sechstagekrieg mit israelischer Besetzung der Sinaihalbinsel bis zum Suezkanal. Nach dem Jom-Kippur-Krieg 1973 Räumung der Kanalzone. Am 26. 3. 1979 Unterzeichnung eines Friedensvertrags mit Ägypten, bis 1982 Räumung des Sinai. Im gleichen Jahr Einmarsch im Libanon, der 1985 bis auf einen Gebietsstreifen im Süden geräumt wurde. 1987 Intifada in den besetzten Gebieten Gaza und Westbank. 1991 Raketenangriff von Irak während des Golfkrieges. 14. 9. 1993 Vertrag zwischen Israel und der PLO über palestinensische autonome Gebiete Gaza und Jericho.

Unabhängig seit 14. 5. 1948 (Proklamation). **Nationalfeiertag:** 15. 5.

Nationalhymne: Text: Naftali Herz Imber (1856–1909). **Melodie:** Komponist unbekannt, Samuel Cohen oder dem Kantor Nissan Belzer zugeschrieben; am 14. 5. 1948 als Nationalhymne anerkannt.
»Kol od balewew penima / nefesch jehudi homija, / ulefa'te misreach kadime / aijn lezijon zofija, / od lo aw'da tikwatenu, / hatikwa bat schnot alpajim / lichjot am chofschi bearzenu, / erez zijon wiruschalajim.«
»Solange im Herzen darinnen / Ein jüdisches Fühlen noch taut, / Solang gen Südost zu den Zinnen / Von Zion ein Auge noch schaut, / Solang lebt die Hoffnung auf Erden, / Die uns 2000 Jahre verband, / Daß ein Freivolk wir wieder werden / In Zions, Jerusalems Land.«

Staatswappen: Offiziell bestätigt am 11. 2. 1949. Die Menorah, der siebenarmige Leuchter des alten Jerusalemer Tempels, wird von zwei Olivenzweigen eingefaßt. Darunter in hebräischer Schrift der Name des Landes.

ITALIEN

Amtlich **Repubblica Italiana,** Parlamentarisch-demokratische Republik in Südeuropa, 301 252 qkm, 57,7 Millionen Einwohner (1991) = 191,7 E/qkm. **Hauptstadt:** Rom (2,84 Mill. E). **Währung:** 1 Italienische Lira = 100 Centesimi. **Mitgliedschaften:** UNO und Unterorganisationen, AsDB, BIZ, CCC, ECE, EG, EPA, ESA, EWS, ICM, IDB, IEA, IPU, NATO, UNCTAD, WEU, Europarat.

Flagge: Grün-Weiß-Rot/senkrecht. Offiziell eingeführt am 19. 6. 1946. Die Form geht auf die französische Trikolore zurück; die Farben sind die der Mailänder Stadtmiliz, die nach Napoleons Einmarsch in der Lombardei 1796 zur Nationalgarde mit grün-weiß-roter Standarte wurde.

Bevölkerung: Italiener, ca. 5% Angehörige von Minderheitssprachen (Sarden, Rätoromanen, Deutschsprachige, Franco-Provenzalen, Slawen, Albaner, Griechen). **Staatssprache:** Italienisch, daneben als Amtssprachen regional Deutsch, Französisch, Ladinisch, Slowenisch. **Religion:** Über 99% römisch-katholisch. **Verwaltungsgliederung:** 20 Regionen mit 96 Provinzen.

Landesnatur: Halbinsel im Mittelmeer mit vorgelagerten Inseln, Rückgrat das Apenninengebirge, im Norden anschließend die Po-Ebene, diese im Westen und Norden von den Alpen eingefaßt. Im Süden noch aktive Vulkane (Vesuv, Ätna, Stromboli). Bis zur Po-Ebene kontinentales Klima, südlich des Apennins »Ölbaumklima« mit verhältnismäßig hohen Wintertemperaturen; kennzeichnend für ganz Italien die milden Winter.

Geschichte: Um die Zeitenwende bis zum 5. Jh. n. Chr. Weltreich der Römer; Durchzugsgebiet der Völkerwanderung, Germanenreiche. Nach dem 9. Jh. großenteils zum Heiligen Römischen Reich. Neuordnung durch den Wiener Kongreß 1815, dagegen Risorgimento-Bewegung zur nationalen Einigung, diese durch Garibaldi vollendet (1870), nachdem Viktor Emanuel am 17. 3. 1861 König von Italien geworden war. Am 23. 3. 1919 erstes Auftreten der Faschisten unter Benito Mussolini. Im 2. Weltkrieg erst auf deutscher, dann auf alliierter Seite. Abdankung Viktor Emanuels III. am 9. 5. 1946, seines Sohnes Hubert II. am 10. 6. (nach Volksabstimmung am 2. und 3. 6.); seither Republik.

Unabhängig seit 1861 (Königreich), Republik seit 1946. **Nationalfeiertag:** erster Sonntag im Juni.

Nationalhymne: Text: Goffredo Mamelli (1827–1849). **Melodie:** Michele Novaro (1822–1885). Seit 2. 6. 1946 offizielle Nationalhymne.
»Fratelli d'Italia, / l'Italia s'è desta; / dell'elmo di Scipio / s'è cinta la testa. / Dov'è la vittoria? / la porga la chioma; / chè schiava di Roma / Iddio la creò. // Stringiamci a coorte, / siam pronti alla morte; / l'Italia chiamò.«
»Ihr Brüder Italiens, / Das dem Schlaf sich entwunden / Und den Helm des Scipio / Aufs Haupt sich gebunden: / Sieg soll nun, die Locken / Zu opfern, sich zeigen, / Rom ewig leibeigen / Hat Gott ihn gemacht. // Fest geschlossen die Reihen, / Woll'n wir dem Tod uns weihen; / Italien erwacht.«

Staatswappen: Offiziell seit 1948. Rotgefaßter weißer Stern auf Zahnrad, eingefaßt von Eichen- und Ölbaumzweig (Symbole für Staat, Arbeit, Kraft und Friedenswille), auf dem roten Band die offizielle Staatsbezeichnung »Repubblica Italiana«.

JAMAIKA

Amtlich **Jamaica,** Konstitutionelle Monarchie im Commonwealth in Mittelamerika, 10 991 qkm, 2,48 Millionen Einwohner (1991) = 226 E/ qkm. **Hauptstadt:** Kingston (110 000 E). **Währung:** 1 Jamaika-Dollar = 100 Cents. **Mitgliedschaften:** UNO und Unterorganisationen, AKP, CARICOM, CCC, CECLA, ECLAC, IDB, IPU, OAS, SELA, UNCTAD, Commonwealth.

Flagge: Am 6. 8. 1962 offiziell gehißt. Durch gelbes (goldenes) Schräg-kreuz geteilt in Grün und Schwarz. Grün ist Symbol für Hoffnung und für Landwirtschaft, Gelb (Gold) für das Sonnenlicht und die Natur-schätze, Schwarz für die Probleme und Bedrängnisse der Vergangen-heit, auch der Gegenwart.

Bevölkerung: 77 % Schwarze, 19 % Mulatten, Weiße, Inder, Chine-sen. **Staatssprache:** Englisch. **Religion:** 79 % Protestanten, 8 % Katho-liken. **Verwaltungsgliederung:** 14 Bezirke (Parishes).

Landesnatur: Insel der Großen Antillen, alluviale Küstenebenen, im Inneren stark gebirgig mit Hochebenen, bis 2256 m hoch. Tropisches Klima mit Hurrikanen.

Geschichte: 1494 von Kolumbus entdeckt, 1509 spanische Kolonie, 1655 von England erobert. Im 18. Jh. Plantagenwirtschaft, Einfuhr von Negersklaven. 1958–1961 zur Westindischen Föderation, seit 1962 unabhängig.

Unabhängig seit 6. 8. 1962. **Nationalfeiertag:** erster Montag im Au-gust.

Nationalhymne: Text: Hugh Sherlock. **Melodie:** Robert Lightburne. Am 19. 7. 1962 vom Parlament offiziell angenommen.

»Eternal Father, bless our land, / Guard us with Thy mighty hand. / Keep us free from evil powers, / Be our light through countless hours. / To our leaders – Great Defender, / Grant true wisdom from above, Justice, truth be ours forever, / Jamaica, land we love, / Jamaica, Jamaica, Jamaica, land we love.«

Ew'ger Vater, segne das Land! / Schütz uns mit deiner mächtigen Hand! / Halt uns frei von bösen Mächten, / Sei uns Licht in dunklen Nächten! / Unsern Führern – hoher Schutzherr – / Gib von oben deinen Rat! / Recht und Wahrheit leite allzeit / Dich, Jamaika, das wir lieben! / Dich, Jamaika, dich, Jamaika, / Dich, Jamaika, das wir lieben.«

Staatswappen: 1661 der damaligen britischen Kolonie verliehen, 1957 leicht abgeändert. In Silber (Weiß) rotes Kreuz, belegt mit fünf goldenen (gelben) Ananasfrüchten. Darüber ein Krokodil, als Schildhalter ein Arawak-Indianerpaar. Auf dem Band der Spruch »Aus vielen ein Volk«.

JAPAN

Amtlich **Nippon Teikoku,** inoffiziell auch **Nihon,** Parlamentarisch-demokratische Monarchie in Ostasien, 372 313 qkm, 124 Millionen Einwohner (1991) = 333 E/qkm. **Hauptstadt:** Tokio (8,5 Mill. E). **Währung:** 1 Yen = 100 Sen. **Mitgliedschaften:** UNO und Unterorganisationen, AsDB, BIZ, CCC, ESCAP, ICM, IDB, IEA, OECD, UNCTAD, Colombo-Plan.

Flagge: Weiß mit roter Sonnenscheibe, offiziell eingeführt am 8. 8. 1854. Banner mit Sonnen- oder Mondscheiben haben in Japan eine jahrhundertelange Tradition; schon im **Nihongi,** einer der ältesten Chroniken, ist von solchen Flaggen im Jahr 697 n. Chr. die Rede. Weiß symbolisiert Rechtschaffenheit, Rot Mut.

Bevölkerung: 99,4 % Japaner; Koreaner, Chinesen, Ainu (Urbevölkerung). **Staatssprache:** Japanisch. **Religion:** Ca. 90 % Buddhisten und Schintoisten, 1,5 Mill. Christen. **Verwaltungsgliederung:** 43 Präfekturen (Ken), 1 Provinz, 2 Stadtbezirke (Fu), 1 Hauptstadtbezirk (To).

Landesnatur: Inselreich im Pazifischen Ozean aus 4 Hauptinseln und 3900 kleineren Inseln, Gipfel eines versunkenen alten Randgebirges, Nord-Süd-Erstreckung 2400 km. Mehrere Vulkanketten, erdbebenreich, bis 3767 m hoch; ca. 80 % der Landfläche Gebirge. 7 große Ebenen, dichtbesiedelter Wirtschaftsgürtel auf der Ostseite der Inseln. Klima im Sommer subtropisch, im Winter kühlgemäßigt, beeinflußt durch den warmen Kuroschiostrom.

Geschichte: Erste (legendäre) Reichsgründung um 660 v. Chr., starker chinesischer und koreanischer Einfluß. Ab 1192 n. Chr. Herrschaft der Schogune. Im 19. Jh. Schwächung des Feudalstaats, um 1853 zwangsweise Öffnung des Landes für Kolonialmächte. Ab 1871 absolute, ab 1889 konstitutionelle Monarchie, Gebietserweiterung nach Kriegen mit China und Rußland. Am 7. 12. 1941 Kriegseintritt (Überfall auf Pearl Harbor), 14. 8. 1945 Kapitulation nach Atombombenabwürfen der USA. Umwandlung in parlamentarisch-demokratische Monarchie durch Verfassung vom 3. 5. 1947.

Staatsgeschichte seit mindestens 660 v. Chr. **Nationalfeiertage:** 29. 4. (Geburtstag des Kaisers), 3. 5. (Verfassungstag).

Nationalhymne: Text: Auf der Grundlage der Gedichtsammlung **»Kokin-Waka-Shu«** des Kaisers Daigo (898–930). **Melodie:** Hiromori Hayashi (1831–1896), in der heutigen Fassung von Franz Eckert (1852–1916); am 12. 8. 1893 als Nationalhymne anerkannt.
»Kimigayo wa Chiyo ni Yachiyo ni / Sazareishi no, Iwao to narite Koke / no musu made.«
»Bis zum Fels der Stein geworden, / übergrünt von Moosgeflecht, tausend, abertausend Jahre blühe, / Kaiserliches Reich!«

Staatswappen: Das kaiserliche Reichswappen zeigt eine stilisierte Chrysantheme mit 16 Blütenblättern. Es findet sich auch auf der roten Kaiserstandarte. Dieses schon jahrhundertealte Emblem (Mon) darf nur von der kaiserlichen Familie benutzt werden.

JEMEN

Amtlich **Al Dschumhurija al Jamaniya / Republic of Yemen,** Republik
(gegründet am 24. 5. 1990 nach der Vereinigung beider jemenitischen
Staaten), 531870 qkm, 11 Millionen Einwohner. **Hauptstadt:** Sana'a
(427000 E, 1986). **Währung:** 1 Jemen-Dinar = 26 Jemen-Riyals. **Mitgliedschaften:** FAO, GATT, GIZ, Interpol, IMF, UNO und Unterorganisationen, IPU, OIC, UIA, UNCTAD, Arabische Liga, VDCN.

Flagge: Eingeführt am 24. 5. 1990. Rot-Weiß-Schwarz/waagerecht.
Rot = Symbol für den revolutionären Geist; Weiß = Hoffnung auf
eine bessere Zukunft; Schwarz = die dunklen Tage der Vergangenheit. Die Farben symbolisieren im Südjemen die Nationale Befreiungs-
front.

Bevölkerung: Jemeniten. Im Norden etwa 50000 ausländische Arbeit-
nehmer, im Süden Minderheiten aus Indien, Pakistan und Somalia.
Staatssprache: Arabisch. **Religion:** Islam (Sunniten). **Verwaltungsgliederung:** Nordjemen = 11 Provinzen; Südjemen = 6 Provinzen;
insgesamt 17 Provinzen.

Landesnatur: Nordjemen: sandiger Küstenstreifen am Roten Meer.
Im Landesinneren zentrales Hochland (im Durchschnitt 3000 m) mit
weiten Talebenen und Plateaubergen. Im Osten Steilabfall zur Sand-
wüste Rub al Khali. Niederschlagsreiche Randzonen im Westen. Das
Hochland niederschlagsarm. Im Osten total trocken. – Südjemen:
Küstenebene am Indischen Ozean. Landeinwärts bis zu 2300 m hohes
Tafelland mit Wadis, nördlich bis 700 m hohes Hochland und die
Sandwüste Rub al Khali. Extrem trockenes tropisches Wüstenklima.

Geschichte: 1200–650 v. Chr. Königreich Minaean. 631 n. Chr. islamisiert. Türkenherrschaft von 1538–1733. Seit 1918 war Nordjemen völlig unabhängig; der Südjemen unter britischer Kontrolle von 1839–1967. Seit 24. 5. 1990 sind beide Staaten vereinigt in der Republik Jemen.

Nationalfeiertag: 24. 5. Eingeführt Mai 1990.

Nationalhymne:
»Radedi Ayatoha Adonia Nashidi / Radedihi Wa Aaeedi Wa Aaeedi / Wathkory Fi Farhati Kola Shahid / Wamnahihi Holalan Men Dhawee Eidi / Ya Beladi Nahno Abnaa Wa Ahfad Rejalek / Sawfa Nahmi Kola Ma Bayna Yadayna Men Jalalek / Wa Sayabqa Khalidadhawee Ala Kolil Masalek / Kola Sakhren Fi Jebalek Kola Tharate Remalek / Kola Andaa Thelalek / Inaha Molko Amanina Lkabira.«

Staatswappen: Goldener Adler über grünem Band. Inschrift: »Al-Jamhuryija tel Jemenija«. Auf der Brust ein Wappenschild: goldene Mauer mit Kaffeepflanze. Unten vier blaue Wellen: Rechts und links goldene Fahnenstangen mit der Flagge von Jemen. Eingeführt im Mai 1990.

JORDANIEN

Amtlich **Al Mamlakah Al Urdunniyah Al Hashimiyah,** »Haschemitisches Königreich Jordanien«, Konstitutionelle Monarchie in Vorderasien, 97 740 qkm, 3,5 Millionen Einwohner (1986) = 34,8 E/qkm. **Hauptstadt:** Amman (1,4 Mill. E). **Währung:** 1 Jordan-Dinar = 1000 Fils. **Mitgliedschaften:** UNO und Unterorganisationen, CCC, ECWA, IPU, OIC, UNCTAD, Arabische Liga, Gemeins. Arab. Markt.

Flagge: Die 1921 eingeführte Flagge ähnelt der des arabischen Aufstands gegen die Türken. Geändert wurde die Abfolge der Farben (Schwarz-Weiß-Grün/waagerecht). Der siebenstrahlige weiße Stern im roten Dreieck am Liek symbolisiert die sieben Grundsuren des islamischen Glaubens, die den Koran einleiten.

Bevölkerung: Jordanische Araber, ca. 1,3 Mill. arabisch-palästinensische Flüchtlinge, 1,2 % Tscherkessen, Armenier, Kurden. **Staatssprache:** Arabisch. **Religion:** 95 % Moslems (vorwiegend Sunniten), christliche Minderheit. **Verwaltungsgliederung:** 8 Distrikte (Liwas).

Landesnatur: Vorwiegend Steppe und Wüste, fruchtbar vor allem das (israelisch besetzte) Westjordanland. Hat zusammen mit Israel Anteil am Toten Meer. Ein Seehafen am Golf von Akaba.

Geschichte: Im 7. Jh. von islamischen Arabern, im 16. Jh. von den Türken besetzt. 1923 als Emirat Transjordanien unter britischem Protektorat geschaffen. 1946 durfte der Emir den Königstitel annehmen; das Land erhielt als »Haschemitisches Königreich« volle Unabhängigkeit. Der 1952 auf den Thron gekommene Hussein versuchte seine Position in der arabischen Welt 1967 durch aktive Teilnahme am Krieg gegen Israel zu verbessern, doch seither hält das siegreiche Israel

Ostjerusalem und Westjordanien besetzt. Inzwischen bemüht sich Hussein um eine friedliche Regelung der Nahostfrage.

Unabhängig seit 22. 3. 1946. **Nationalfeiertag:** 25. 5. (Annahme des Königstitels durch Emir Abdullah 1946).

Nationalhymne: Text: Abdulmun'im ar-Rifaa'i (* 1917). **Melodie:** Abdulkạdir at-Tannir (1901–1957). Eingeführt am 25. 5. 1946.
»Aša l-malik / 'āša l-malik / samīyun maqāmuhū / ḫāfiqatun fi l-ma 'alī a 'lāmuhū . . .«
Es lebe der König. / Es lebe der König. / Erhaben ist sein Amt. / Es wehen hoch seine Banner . . .«

Staatswappen: Der Adler Saladins ist ein in der arabischen Welt weitverbreitetes Symbol. Auf einem blauen Globus, der über einem Rundschild herauswächst, symbolisiert er die Ausbreitung des Islam in der Welt. Palmwedel und Weizenähren symbolisieren jordanische Landesprodukte. Die arabische Inschrift ist eine Anrufung Gottes.

JUGOSLAWIEN
(SERBIEN UND MONTENEGRO)

Amtlich **Savezna Republika Jugoslavija,** Bundesrepublik in Südeuropa, 102 173 qkm, 11,6 Millionen Einwohner (1992) = 113,5 E/qkm. **Hauptstadt:** Belgrad (Einwohnerzahl durch Kriegssituation unbekannt). **Währung:** 1 Jugoslawischer Dinar = 100 Para. **Mitgliedschaften:** UNO und Unterorganisationen, IMZ, BIZ, CCC, ECE, IDB, IPU, UIA, UNCTAD.

Flagge: Waagerecht Blau, Weiß, Rot. Die Farben symbolisieren das 1918 geschaffene Königreich der Serben, Kroaten und Slowenen. Von 1946–1992 befand sich in der Mitte der gelbgerandete rote Stern, Symbol des Kommunismus. Die heutige Flagge ohne Stern besteht offiziell seit dem 27. 4. 1992.

Bevölkerung: 77% Serben, 16% Albaner, 5,8% Montenegriner u. a. **Staatssprache:** Serbisch. **Religion:** Serbisch-orthodoxe Christen, Muslime und christl. Protestanten. **Verwaltungsgliederung:** 2 Republiken mit 2 Provinzen (Kosovo und Vojvodina, zuvor autonome Gebiete).

Landesnatur: Montenegro (Schwarze Berge) ist sehr gebirgig und somit schwach besiedelt. Höhen bis 2200 m. Ebenen nur um der Stadt Podgiroca bis zur albanischen Grenzen. Bedeutende Flüsse sind Donau, Theiß, Save. Das Klima ist schwach kontinental, die Winter niederschlagsreich und in den Bergen relativ kalt.

Geschichte: 1918 aus den südöstlichen Kronländern Österreich-Ungarns, dem Königreich Serbien, Montenegro und Teilen von Bulgarien und Mazedonien als Königreich gebildet. 1941–1944 von deutschen

Truppen besetzt. Widerstand von Tito und Mihailovic. Am 29. 11. 1945 Ausrufung der Volksrepublik unter Tito. Ab 1948 Annäherung an den Westen. Seit Titos Tod 1980 vom Staatspräsidium mit wechselndem Vorsitz regiert. – 1988 ethnische Konflikte in Kosovo, Vojvodina, Slowenien, Serbien und Montenegro. Eskalation des Konfliktes zwischen Serben und Kroaten. Slowenien erklärt sich für unabhängig, Kroatien folgt 1991. Ende der Bundesrepublik Jugoslawien. Neue Verfassung für (Klein-)Jugoslawien, bestehend aus Serbien und Montenegro am 27. 4. 1992.

Unabhängig seit 1. 12. 1918, neue Verfassung 27. 4. 1992. **Nationalfeiertage:** 27. 4., 28. 6.

Nationalhymne: neue Hymne noch unbekannt.

Staatswappen: Offiziell seit Juli 1993. Das neue Wappen besteht aus einem roten Schild mit silbernem Doppeladler mit goldenem Schnabel, Zunge und Krallen. Das Herzschild zeigt in I und IV das Wappen Serbiens, in II und III des Wappen Montenegros. Das Wappen wurde durch das Parlament angenommen, in die Verfassung jedoch noch nicht aufgenommen.

KAMBODSCHA

Amtlich **Kampuchea,** Republik in Südostasien, 181035 qkm, 7,1 Millionen Einwohner (1991) = 39,4 E/qkm. **Hauptstadt:** Phnom Penh (800000 E). **Währung:** 1 Riel = 100 Sen. **Mitgliedschaften:** UNO und Unterorganisationen, AsDB, ESCAP, UNCTAD, Colombo-Plan.

Flagge: Am 29. 6. 1993 wurde durch ein Dekret des Staatsoberhauptes Prinz Sihanouk die neue Flagge Kambodschas angenommen. Es ist die Flagge, die bis 1970 verwandt wurde: Blau-Rot-Blau. Im roten Streifen weißer Tempel mit drei Türmen. (Die alte Stadt Ankor Vat).

Bevölkerung: 90% Khmer, vietnamesische und chinesische Minderheiten. **Staatssprache:** Khmer, Handelssprache Französisch. **Religion:** Offiziell atheistisch, traditionell 90% südl. Buddhisten, islamische und christliche Minderheiten. **Verwaltungsgliederung:** 17 Provinzen.

Landesnatur: Kerngebiet Tiefland (alluviales Aufschüttungsgebiet um den Tonle Sap, Mekongtal), eingefaßt von stark bewaldeten Gebirgszügen. Tropisches Monsunklima mit gleichmäßiger Wärme.

Geschichte: Im 1. Jh. von indischen Einwanderern gegründetes Königreich Fu-nan, im 6. Jh. von Khmer erobert, bis im 14. Jh. blühende Kultur und Wirtschaft, dann von thailändischen und annamitischen Armeen erobert. 1863 französisches Protektorat. 1940 von Japan besetzt. 1949 Ausrufung der Unabhängigkeit, am 9. 11. 1953 bestätigt. Die Monarchie wurde 1970 durch rechtsgerichtete Militärs gestürzt. Dagegen Aufstände der »Roten Khmer«, die 1975 die Macht erringen konnten. Unter dem kommunistischen Staatspräsidenten Pol Pot »steinzeit-kommunistisches« Terrorregime, dem über eine Million Menschen zum Opfer fielen. Rebellenarmee stürzt mit vietnamesi-

scher Hilfe das Pol-Pot-Regime am 8. 1. 1979. September 1989 Rückzug der vietnamesischen Truppen. 23. 10. 1991 Bürgerkriegsende mit
Vertrag. UNO-Schutz. 1993 freie Wahlen. Weiterhin Einfluß der Roten Khmer. 1993 Erneuerung der Monarchie.

Unabhängig seit 9. 11. 1953 (offizielle Anerkennung), aber alte staatliche Tradition. **Nationalfeiertag:** noch nicht festgelegt.

Nationalhymne: Welches Nationallied die frühere Königshymne abgelöst hat, ist derzeit noch unbekannt.

Staatswappen: Mit der Flagge wurde auch das Wappen geändert. Es
zeigt jetzt auf roter Scheibe den fünftürmigen gelben Angkortempel
und darunter als Symbol der Industrialisierung ein Zahnrad. Reisgar-
ben säumen das Feld. Flagge während der UNO-Aktivitäten. Offiziell
seit dem 24. 6. 1991. Inschrift: »Kambodia«. Landesumrisse weiß auf
blauem Feld.

KAMERUN

Amtlich **République du Cameroun** (franz.) bzw. **Republic of Cameroon** (engl.), Präsidiale Republik in Zentralafrika, 475 442 qkm, 11,3 Millionen Einwohner (1991) = 23,9 E/qkm. **Hauptstadt:** Yaounde (680 000 E). **Währung:** 1 CFA-Franc = 100 Centimes. **Mitgliedschaften:** UNO und Unterorganisationen, AKP, CCC, ECA, IPU, OAU, OIC, UDEAC, UNCTAD.

Flagge: Am 20. 5. 1975 offiziell gehißt. Die panafrikanischen Farben, nach dem Vorbild der französischen Trikolore angeordnet, auf dem roten Mittelstreifen ein gelber fünfstrahliger Stern. Grün: Waldreichtum, Hoffnung auf glückliche Zukunft, Gelb: Savannen, Rot: Unabhängigkeit, Stern: nationale Einheit.

Bevölkerung: Bantu-, Semibantu- und Sudangruppen, Fulbe, Haussa, Pygmäen. **Staatssprache:** Französisch und Englisch. **Religion:** 30% Katholiken, 20% Protestanten, 20% Muslime, Naturreligionen. **Verwaltungsgliederung:** 10 Provinzen.

Landesnatur: An der Küste (Lagunen, Sümpfe) tropischer Regenwald, landeinwärts Plateau- und Hügellandschaft mit Savannen, im Norden Hochland von Adamaua und Benuë-Ebene, im Nordwesten vulkanisches Gebirgsland (bis 4070 m hoch). Äquatoriales Klima.

Geschichte: Im 15. Jh. von Portugiesen entdeckt, holländische und englische Handelsniederlassungen, 1868 erste deutsche Besiedlung, 1884 Schutzverträge mit Deutschland. Im 1. Weltkrieg von Franzosen und Briten besetzt, ab 1920 deren Mandatsgebiete. Französischer Teil am 1. 1. 1960, britischer Teil am 1. 10. 1961 unabhängig, Gründung der »Vereinigten Republik Kamerun«.

Unabhängig seit 1. 1. 1960 (Ostteil) bzw. 1. 10. 1961 (Westteil), am 1. 10. 1961 vereinigt. **Nationalfeiertag:** 20. 5.

Nationalhymne: Text: René Jam Afame und Studenten. **Melodie:** Samuel Minkio Bamba und Moïse Nyatte Nko'o. 1928 verfaßt, am 10. 5. 1957 anläßlich der Erlangung der inneren Autonomie Annahme als Staatslied, seit dem 12. 7. 1978 geänderter Text.

»O Cameroun, berceau de nos ancêtres, / Va, debout, et jaloux de ta liberté. / Comme un soleil ton drapeau fier doit être / Un symbole ardent de foi et d'unité . . .«

»O Cameroon, thou cradle of our fathers, / Proudly rally to defend your liberty, / And like the sun, your flag will be resplendent / As a symbol of your faith and unity . . .«

»O Kamerun, du Wiege unserer Ahnen, / Erheb dich stolz, deine Freiheit zu verteidigen. / Deine stolze Fahne muß wie eine Sonne / Ein Fanal des Glaubens und der Einheit sein . . .«

Staatswappen: Durch ein Gesetz im Jahr 1984 festgestellt. Schild durch rote Spitze gespalten in Grün und Gold mit einem goldenen Stern auf rotem Feld. Auf der Spitze die blaue Landkarte Kameruns mit schwarzem Schwert und Waagschalen der Gerechtigkeit. Hinter dem Schild befinden sich zwei gekreuzte Liktorenbündel in Gold mit grauen Äxten, die braune Stiele haben.

KANADA

Amtlich **Canada,** Konstitutionelle Monarchie im Commonwealth in Nordamerika, 9 976 139 qkm, 26,8 Millionen Einwohner (1991) = 2,6 E/qkm. **Hauptstadt:** Ottawa (730 000 E). **Währung:** 1 Kanadischer Dollar = 100 Cents. **Mitgliedschaften:** UNO und Unterorganisationen, AsDB, BIZ, CCC, ECE, ECLAC, IDB, IEA, IPU, NATO, OECD, UNCTAD, Commonwealth.

Flagge: Am 15. 2. 1965 offiziell gehißt. Die Farben Rot und Weiß wurden durch königliches Patent vom 21. 11. 1921 zu den offiziellen Landesfarben Kanadas erklärt. Das Ahornblatt ist ein seit mindestens einem Jahrhundert gebräuchliches Symbol für Kanada.

Bevölkerung: 44,6 % britischer, 28,7 % französischer, 23 % anderer europäischer Abstammung, Indianer und Eskimos (Inuit). **Staatssprachen:** Englisch und Französisch. **Religion:** 46,2 % Katholiken, Protestanten. **Verwaltungsgliederung:** 11 Provinzen, 1 Territorium unter Bundesverwaltung.

Landesnatur: Im Osten Siedlungszentrum um die Großen Seen und den St.-Lorenz-Strom, westlich weite Steppen (Prärien), an der stark zerklüfteten Pazifikküste Felsengebirge, über 4000 m hoch, im Norden Tiefland um die kalte Hudson Bay, Tundra, südlich davon riesiger Waldgürtel. Seenreich.

Geschichte: Ab 1608 von Franzosen besiedelt, Neuschottland 1717 von England erworben, 1755–1763 Krieg zwischen Frankreich und England, Kanada britisch unter Wahrung der kulturellen Eigenständigkeit der französischen Siedler. 1867 Zusammenschluß verschiedener Kolonien und Provinzen zum Dominion of Canada. 1869 Anschluß der

Gebiete der Hudson Bay Company, 1871 Angliederung von Britisch-Kolumbien, 1873 der Prinz-Eduard-Insel, 1949 von Neufundland. 1982 eigene Verfassung, damit völlige Unabhängigkeit.

Unabhängig seit 1. 7. 1867 (faktisch) bzw. 11. 12. 1931 (Westminster-statut, nominell). **Nationalfeiertag:** 1. 7.

Nationalhymne: Text: Sir Adolphe Basile Routhier (1839–1920) französisch, Robert Stanley Weir (1856–1926) englisch. **Melodie:** Calixa Lavallée (1842–1891). Erstmals am 1. 7. 1932 offiziell aufgeführt, am 1. 7. 1980 offiziell angenommen.
Englisch: »O Canada! Our home and native land! True patriot love in all thy sons command. / With glowing hearts we see thee rise, / The True North strong and free; / From far and wide, / O Canada, we stand on guard for thee.«
»Oh Kanada, mein Heim und Vaterland, / An das die Liebe deiner Söhne bannt, / Das Herz erglüht, steigst du empor. / Du Nordland, stark und frei, / Wir halten Wacht, o Kanada, / Wir halten Wacht dir treu.«
Französisch: »O Canada! Terre de nos aïeux, / Ton front est ceint de fleurons glorieux! / Car ton main sait porter l'épée / Il sait porter la croix...«

Staatswappen: Am 21. 11. 1921 zusammen mit den Landesfarben durch königliches Patent Georgs V. verliehen. Quartiere für England, Schottland, Irland und Frankreich, die ursprünglichen Heimatländer eines Großteils der Bevölkerung. Schildhalter sind das schottische Einhorn und der britische Löwe. Motto: »Von Meer zu Meer«.

KAPVERDEN

Amtlich **República de Cabo Verde,** Republik in Westafrika, 4033
qkm, 386 501 Einwohner (1991) = 95,8 E/qkm. **Hauptstadt:** Praia
(44 000 E). **Währung:** 1 Kap-Verde-Escudo = 100 Centavos. **Mitgliedschaften:** UNO und Unterorganisationen, AKP, CEDEAO, ECA,
IPU, OAU, UNCTAD.

Flagge: Offiziell eingeführt am 25. 9. 1992. Waagerecht Blau-Weiß-
Rot-Weiß-Blau mit einem Ring aus 10 gelben Sternen (nach links
verschoben). Das Blau symbolisiert den Himmel und das Meer.

Bevölkerung: 70 % Mulatten, 28 % Schwarze, 1 % Weiße. **Staatssprache:** Portugiesisch; Umgangssprache Crioulo. **Religion:** 90 % Katholiken. **Verwaltungsgliederung:** 14 Kreise (Concelhos).

Landesnatur: 15 Inseln vulkanischen Ursprungs (10 bewohnt) im Atlantik vor der Westküste Afrikas, bis 2829 m hoch, natürliche Vegetation weitgehend zerstört, Plantagenwirtschaft.

Geschichte: Im 15. Jh. von den Portugiesen entdeckt und ab 1462
besiedelt, Anlegung von Plantagen mit eingeführten Negersklaven.
Seit 1975 unabhängig. 1991 erste Wahlen mit mehreren Parteien.

Unabhängig seit 5. 7. 1975. **Nationalfeiertag:** 5. 7.

Nationalhymne: Text: Amilcar Cabral (1924–1973). **Melodie:** Kapverdisch-chinesisches Kollektiv. Gleichzeitig die Nationalhymne von Gui-
nea-Bissau. 1976 angenommen.
»Sol, su o re o verde mar, séculos de dor e esperança / Esta é a terra dos
nossos avós! / Fruto das nossas mãos, da flor do nosso sangue: / Esta é a

nossa pátria amada. // Viva pátria gloriosa! Floriu nos céus a bandeira
da luta . . .«

»Sonne, dein Gold und das grüne Meer, Jahrhunderte des Schmerzes
und der Hoffnung; / Dies ist das Land unserer Vorfahren, / Frucht
unserer Hände, aus unserem Blut erblüht: / Dies ist unser geliebtes
Vaterland! // Es lebe das ruhmreiche Vaterland! In den Himmeln
flatterte die Kampfesfahne . . .«

Die Nationalhymne soll in Kürze verändert werden.

Staatswappen: Eingeführt am 25. 9. 1992. Blaues Dreieck mit gelber
Fackel und roter Flamme, umgeben vom Landesnamen. Darunter drei
blaue Streifen. Insgesamt mit doppeltem blauen Kreis gefaßt. An
beiden Seiten je 5 goldene Sterne. Oben im Kreis ein goldenes Senk-
blei, unten drei Kettenglieder mit zwei Palmzweigen.

KASACHSTAN

Amtlich **Kazak Respublikasy,** Präsidiale Republik in Zentralasien, 2 717 300 qkm, 16,7 Millionen Einwohner (1991) = 6,1 E/qkm. **Hauptstadt:** Alma-Ata (1,15 Mill. E). **Währung:** 1 Rubel = 100 Kopeken (eigene Währung in Vorbereitung). **Mitgliedschaften:** UNO und Unterorganisationen, GUS, IMF, Weltbank.

Flagge: Offiziell eingeführt am 4. 6. 1992. Hellblau; am Liek gelbes Ornament und in der Mitte eine gelbe Sonne mit Strahlen und gelbem Adler. Hellblau ist eine traditionelle mongolische Farbe und weist auf das Volk der Kasachen, symbolisiert zugleich den Himmel.

Bevölkerung: 42% Kasachen, 38% Russen, 6,1% Deutsche, 5,4% Ukrainer u. a. **Staatssprache:** Kasachisch (Russisch und Dialekte). **Religion:** Islam (sunnitisch), orthodoxe Christen. **Verwaltungsgliederung:** nicht bekannt.

Landesnatur: Im Westen erstreckt sich das kaspische Tief. Tiefster Punkt ist 132 m unter dem Meeresspiegel. Ust-Gebiet und die Tiefebene von Turan. Das Zentralgebiet umfaßt den kasachischen Rücken (höchster Gipfel = 1565 m) und die »Hunger-Steppe«. Der Norden ist Teil der westsibirischen Tiefebene, der Süden von Kizil-Kum. Grenzen zur Mongolei, China und Kirgisien. Sie werden gebildet durch Gebirge u. a. von Altaj, Tarbagataj, Ala-Tau und Tian Shan. Das Klima ist kontinental und sehr trocken.

Geschichte: Im 13. Jh. unter mongolischer Herrschaft. Von 1730–1853 sukzessiv unter russischer Herrschaft. 1917 Bürgerkrieg. 1936 Sowjetrepublik Kasachstan. 16. 12. 1991 Erklärung der Unabhängigkeit, endgültig am 25. 12. 1991.

Nationalhymne: noch nicht bekannt.

Staatswappen: Eingeführt am 4. 6. 1992. Goldenes Emblem auf hell-blauem Grund. Unten der Name des Landes. Im Zentrum die Aufsicht eines Shanirak, die typische Behausung der Nomaden, Symbol für traditionelle Lebensform. Die zur Seite gestellten geflügelten Pferde stehen für Tradition und Glaube.

KATAR (QATAR)

Amtlich **Daulat al Qatar,** Emirat (Scheichtum) in Vorderasien, 11 437 qkm, 518 478 Einwohner (1991) = 45,3 E/qkm. **Hauptstadt:** Doha (215 000 E). **Währung:** 1 Qatar-Rial = 100 Dirhams. **Mitgliedschaften:** UNO und Unterorganisationen, ECWA, GCC, OAPEC, OPEC, OIC, UIA, UNCTAD, Arabische Liga.

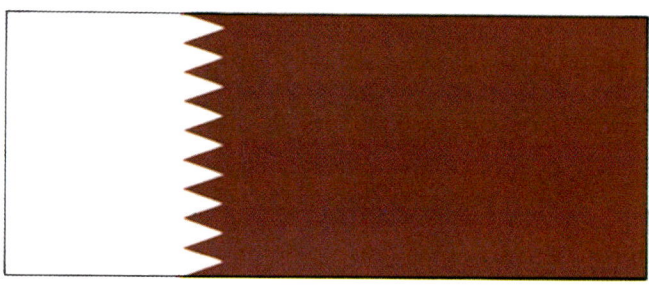

Flagge: Ursprünglich führte Qatar Rot und Weiß, die Farben fast aller Golfstaaten. Das typische Braun entstand durch Sonneneinwirkung auf die natürlichen Farbstoffe und ist seit etwa 1949 in Gebrauch. Sehr ungewöhnlich sind die Seitenverhältnisse (11:28) dieser Flagge.

Bevölkerung: 56% Araber, 23% Perser, 7% Pakistaner, Inder, Schwarze; ca. 75% Ausländer. **Staatssprache:** Arabisch, Verkehrssprachen Englisch, Persisch. **Religion:** 98% sunnitische Muslime.

Landesnatur: Halbinsel im Persischen Golf, nach Osten hin abfallende Kalktafel mit wüstenhaftem Klima und schütterer Vegetation, einziger Reichtum Erdöl.

Geschichte: Unter der Herrschaft Bahrains, 1872–1915 zum Osmanischen Reich, seit 1916 britisches Protektorat mit innerer Autonomie, 1971 in die Unabhängigkeit entlassen.

Unabhängig seit 1. 9. 1971. **Nationalfeiertag:** 3. 9.

Nationalhymne: Komponist unbekannt, wahrscheinlich ein Polizeioffizier. Keine eigentliche Nationalhymne, sondern ein zweimal hintereinander gespielter Salut ohne Text, »Emiri Salam«.

Staatswappen: Über zwei einander zugewandten Krummschwertern eine Dhau (traditionelles arabisches Seefahrzeug) und zwei Palmen. Darüber der Landesname in arabischer Schrift. Umrandung in den Farben der Flagge. Offiziell eingeführt um 1976.

KENIA

Amtlich **Dschamhuri ja Kenia** bzw. **Jamhuri ya Kenya,** Präsidiale Republik in Ostafrika, 582 646 qkm, 25,2 Millionen Einwohner (1991) = 43,3 E/qkm. **Hauptstadt:** Nairobi (1,2 Mill. E). **Währung:** 1 Kenia-Shilling = 100 Cents. **Mitgliedschaften:** UNO und Unterorganisationen, AKP, CCC, ECA, IPU, OAU, UNCTAD, Commonwealth.

Flagge: Am 12. 12. 1963 offiziell gehißt. Im Zentrum traditioneller Massai-Schild mit gekreuzten Speeren als Symbol des wehrhaften Freiheitswillens. Schwarz steht für den Freiheitskampf, Rot für das dabei vergossene Blut, Grün für Felder und Wälder des Landes und Weiß für Frieden und Einheit.

Bevölkerung: 20% Kikuju, 13% Luhya, 13% Luo, 11% Kamba, Massai, Inder, Araber, Weiße. **Staatssprache:** Suaheli. **Religion:** 37% Protestanten, 22% Katholiken, Muslime, Naturreglionen. **Verwaltungsgliederung:** 7 Provinzen und Sonderdistrikt Nairobi.

Landesnatur: Steppenhafte Hochebene mit Vulkanen (Kenia-Berg 5194 m), durchzogen vom Ostafrikanischen Graben. Niederschlagsreich die Randgebiete am Victoriasee und der Küstensaum, ansonsten Trockensavannen und Halbwüsten.

Geschichte: Schon seit dem 8. Jh. Araber als Händler und Siedler im Küstenbereich, 1505 Ankunft von Portugiesen, die sich aber nicht halten konnten. 1895 britisches Protektorat, 1920 Kronkolonie. Ab 1956 Mau-Mau-Aufstand, 1960 Gründung der KANU von Jomo Kenyatta, 1963 Erlangung der Ubabhängigkeit.
Unabhängig seit 12.12. 1963. **Nationalfeiertage:** 1. 6., 20. 10. (Kenyattatag) und 12. 12. (Unabhängigkeitstag).

Nationalhymne: Text und Melodie auf der Grundlage eines kenianischen Volkslieds von G. Hyslop, G. W. Senoga-Zake, P. Kibukosya, T. Kalume und W. Omondo in staatlichem Auftrag verfaßt, am 12. 12. 1963 offiziell angenommen.

»Ee Mungu nguvu yetu / Ilete baraka kwetu, / Haki iwe ngao na mlinzi / Natukae na udugu / Amani na uhuru / Raha tupate na ustawi.«

»Segne, Gott, du Weltenschöpfer, / Unser Volk und Vaterland! / Das Recht sei unser Schirm und Schutz, / In Eintracht laß uns leben, / In Frieden auch und Freiheit; / Der Fülle Gaben schenke uns.«

Staatswappen: Auf dem Massai-Schild in den Landesfarben beilschwingender silberner Hahn. Als Sockel dient der Kenia-Berg, auf dem wichtige Agrarprodukte des Landes gezeigt werden. Schildhalter sind zwei speerhaltende Löwen. Auf dem Schriftband in Suaheli der Staatswahlspruch »Zusammen!«.

KIRGISIEN

Amtlich **Kyrgystan** oder **Kyrgyz Respublikasy,** Präsidiale Republik im Osten Zentralasiens, 198 500 qkm, 4,2 Millionen Einwohner (1991) = 21,2 E/qkm. **Hauptstadt:** Bischkek (Frunse), 626 000 E. **Währung:** 1 Rubel = 100 Kopeken (eigene Währung in Vorbereitung). **Mitgliedschaften:** UNO und Unterorganisationen, GUS, IMF, CSCE.

Flagge: Offiziell eingeführt am 3. 3. 1992. Roter Grund mit gelber Sonne, auf der sich ein roter Tjundjuk, das Dach der typisch kirgisischen Jurte, befindet.

Bevölkerung: 48 % Kirgisen, 26 % Russen, 12,5 % Usbeken, u. a. auch Ukrainer, Tataren, Deutsche, Uigutren, Kasachen, Tadschiken. **Staatssprachen:** Kirgisisch, Russisch, u. a. auch Deutsch und Dialekte. **Religion:** Muslime, orthodoxe Christen. **Verwaltungsgliederung:** nicht bekannt.

Landesnatur: Am Schnittpunkt zweier gewaltiger Gebirgsmassive, dem Pamir und dem Tien-Shan, mit Höhen bis zu 7000 m gelegen. In den Hochbecken bildeten sich Seen. Auch der Norden nicht unter 1200 m Höhe. Kontinentales Klima, jedoch durch die Höhenlage mit sehr starken Temperaturschwankungen.

Geschichte: Die ersten Bewohner waren nomadisierende Stämme aus Zentralasien. Seit dem 13. Jh. von Kirgisen bewohnt. Islamisierung im 17. Jh. Im 19. Jh. war Kirgisien unter Khanaat Kokand bekannt. Seit 1868 russisches Protektorat. 1924 autonomes Kara-Kirgisien. Seit 1936 Sowjetrepublik. Unabhängigkeitserklärung am 31. 8. 1991. Endgültig am 25. 12. 1991.

Unabhängig seit 31. 8. 1991, endgültig am 25. 12. 1991. **Nationalfeier-tag:** 31. 8.

Nationalhymne: noch nicht bekannt.

Staatswappen: Offiziell eingeführt am 23. 3. 1937. Es ist noch das alte Wappen der Sowjetrepublik Kirgisien. Wichtig ist die Landschaft: der Gebirgszug Tian Shan mit der aufgehenden Sonne. Unten Hammer und Sichel. An den Rändern Baumwolle und Getreide, die wichtigsten landwirtschaftlichen Erzeugnisse.

KIRIBATI

Amtlich **Ribaberikin Kiribati,** Präsidialrepublik in Ozeanien, 886 qkm, 71 137 Einwohner (1991) = 80,2 E/qkm. **Hauptstadt:** Bairiki (22 000 E). **Währung:** 1 Australischer Dollar = 100 Cents. **Mitgliedschaften:** GATT (assoz.), ICAO, IDA, UPU, WHO, AsDB, AKP, ESCAP, SPC, SPEC, SPE, Commonwealth.

Flagge: Die vom Staatswappen abgeleitete Flagge zeigt in rotem Feld einen gelben Fregattvogel (Symbol von Stärke und Freiheit) über aufgehender gelber Sonne, darunter sechs gewellte blau-weiße Streifen (Symbol des Pazifik, in dem die Inseln liegen). Die Flagge wurde am 12. 7. 1979 offiziell gehißt.

Bevölkerung: 80 % Mikronesier, Polynesier, Chinesen, Weiße. **Staatssprache:** Kiribati, Englisch. **Religion:** Christen (je zur Hälfte Katholiken und Protestanten).

Landesnatur: Vier Gruppen kleiner Atolle mit 33 Inseln auf einer Wasserfläche von 5,2 Mill. qkm im Pazifischen Ozean, wenig fruchtbar, spärliche Niederschläge.

Geschichte: Inseln im 16. Jh. von spanischen, im 18. Jh. von britischen Seefahrern angelaufen, 1892 als Gilbert-und-Ellice-Inseln britisches Protektorat, 1959 Kolonie, seit 1971 innere Autonomie. Nach der Abtrennung der Ellice-Inseln, die 1978 als Tuvalu selbständig wurden, erhielten die Gilbert-Inseln unter dem Namen Kiribati 1979 die Unabhängigkeit.

Unabhängig seit 12. 7. 1979. **Nationalfeiertag:** 12. 7. (Unabhängigkeitstag).

Nationalhymne: Text und **Melodie:** Ioteba Tamuera Uriam (* 1910). Am 12. 7. 1979 offiziell eingeführt.

»Teirake kaini Kiribati, Anene ma te kakatonga, / Tauraoi nakon te nwioko, Ma ni buokia aomata. / Tauani nne n te raoiroi, Tangiria aomata nako. / Tauani nne n te raoiroi, Tangiria aomata.«

»Erhebt euch, Kiribater, singt voller Freude, / Seid bereit, Verantwortung zu übernehmen, einander zu helfen, / Seid aufrecht und rechtschaffen, liebt euer Volk, / Seid aufrecht und rechtschaffen, liebt euer Volk.«

Staatswappen: Auf rotem Feld gelber Fregattvogel über aufgehender gelber Sonne, darunter sechs weiß-blaue gewellte Streifen. Auf dem Band das Motto »Glück, Frieden und Fortschritt«. Das am 1. 5. 1937 den damals britischen Gilbert-und-Ellice-Inseln verliehene Wappen wurde mit neuem Spruch 1979 offiziell.

KOLUMBIEN

Amtlich **República de Colombia,** Präsidiale Republik in Südamerika,
1 138 914 qkm, 33,7 Millionen Einwohner (1991) = 29,6 E/qkm.
Hauptstadt: Bogotá (4,2 Mill. E). **Währung:** 1 Kolumbianischer Peso
= 100 Centavos. **Mitgliedschaften:** UNO und Unterorganisationen,
ALADI, CECLA, ECLAC, IDB, IPU, OAS, SELA, UNCTAD,
Andenparlament, Amazonsvertrag, Contadoragruppe.

Flagge: Erstmals 1807 als Schiffsflagge für eine Expedition gegen
venezolanische Städte in Gebrauch, bis 1830 für Großkolumbien übernommen. Danach in verschiedenen, leicht abgewandelten Formen
verwendet. In heutiger Gestalt am 21. 11. 1861 durch den Präsidenten
der Republik offiziell eingeführt.

Bevölkerung: 65% Mestizen, 20% Weiße, Indianer, Schwarze, Mulatten. **Staatssprache:** Spanisch. **Religion:** 95% römisch-katholisch
(Staatskirche). **Verwaltungsgliederung:** 23 Departamentos, 4 Inten-
dencias, 5 Comisarias.

Landesnatur: Im Osten Tiefland mit Grasflächen (Llanos), im Norden
und Westen Küstenebenen, Kernland gebirgig (4 Bergketten, bis 5700
m hoch). Innertropisches Klima mit Höhenstufung.

Geschichte: Als »Neugranada« 1538–1819 spanische Kolonie. 1810
Proklamation, 1819 Erringung der Unabhängigkeit im Rahmen von
Großkolumbien, das 1830 in die Staaten Neugranada, Venezuela und
Ecuador zerfiel. Neugranada seit 1866 in Kolumbien umbenannt. 1903
Verlust der Provinz Panama. Im 20. Jh. innenpolitisch unstabil.

Unabhängig seit 20. 7. 1810 (Proklamation) bzw. 7. 8. 1819. **National-feiertag:** 20. 7.

Nationalhymne: Text: Rafael Núñez (1825–1894). **Melodie:** Oreste Sindici (1837–1904). 1887 komponiert und uraufgeführt, am 18. 10. 1920 offiziell angenommen.

»¡Oh gloria inmarcesible! ¡Oh júbilo inmortal! / En surcos de dolores / El bien germina ya...«

»O unverwelklicher Ruhm! / O unsterblicher Jubel! / In den Furchen des Leides / keimt schon das Glück...«

Staatswappen: In den Grundzügen 1832, in der heutigen Gestalt 1955 eingeführt. Auf dem Schild unter Füllhörnern und phrygischer Mütze der Isthmus von Panama, der bis 1903 zu Kolumbien gehörte. Der Granatapfel oben erinnert an dne früheren Landesnamen »Neugra-nada«. Darüber der Kondor als Nationalvogel.

KOMOREN

Amtlich **République fédérale islamique des Comores** bzw. **Jamhouri federal ya kislam ya Comores** bzw. **Jamhouriat al-Kamar al-Itihadiat al-Islamiat,** Islamische Bundesrepublik in Ostafrika, 1862 qkm, 476 678 Einwohner (1991) = 256 E/qkm. **Hauptstadt:** Moroni (18 000 E). **Währung:** 1 Komoren-Franc = 100 Centimes. **Mitgliedschaften:** UNO und Unterorganisationen, AKP, ECA, IPU, OAU, OIC, UNCTAD.

Flagge: Am 1. 10. 1978 eingeführt, 1980 abgeändert. Auf Grün in Weiß Halbmond und vier fünfstrahlige Sterne. Grundfarbe und Halbmond symbolisieren den Islam, die Sterne die vier Hauptinseln des Archipels: Nazidjy (früher Grande Comore), Mwali, Nzwami und das noch zu Frankreich gehörige Mahoré.

Bevölkerung: Araber, Afrikaner, Inder und Madagassen (exakte Daten unbekannt).

Landesnatur: Inselgruppe vulkanischen Ursprungs im Indischen Ozean, gebirgig, fruchtbare Böden.

Geschichte: Von moslemischen Sultanen regiert, im 19. Jh. französischer Einfluß, Eingliederung ins französische Kolonialreich 1909. Seit 1960 Unabhängigkeitsbestrebungen, 1974 Volksabstimmung, bei der sich die vornehmlich christliche Insel Mayotte (heute Mahoré) für den Verbleib bei Frankreich aussprach. 1975 alle Inseln (ohne Mayotte) selbständig, 1978 Ausrufung der Islamischen Bundesrepublik.

Unabhängig seit 6. 7. 1975. **Nationalfeiertag:** 12. 11.

Nationalhymne: Text: Said Hachim Sidi Abderemane (∗ 1942). **Melodie:** Kamildine Abdallah (1943–1982) und Said Hachim Sidi Abderemane. 1978 offiziell eingeführt.

»I beramu isi pepeza i nadi ukombozi piya i daula ivenuha tasiba bu ya i dini viya trangaya hunu Komoriya Narikeni na mahaba ya huveindza ya masivwa yatru wasiwa Komoro damundzima . . .«

»Die Flagge weht und kündet volle Freiheit, das Volk steht auf, weil wir an diese unsere Komoren glauben. Stets wollen wir innig unsere großen Inseln lieben; wir Komorer sind eines Blutes, wir Komorer haben einen Glauben . . .«

Staatswappen: Das erste Staatswappen zeigte auf achtstrahligem Stern einen Halbmond mit den Spitzen nach oben und darauf vier fünfstrahlige Sterne. Das heutige Wappen weist zudem einen Kranz auf und den Staatsnamen in Französisch und (Arabisch geschrieben) in Komorisch, darunter: »Einigkeit, Gerechtigkeit, Fortschritt«.

KONGO

Amtlich **République Populaire du Congo,** Volksrepublik in Äquatorialafrika, 342 000 qkm, 2,2 Millionen Einwohner (1991) = 6,5 E/qkm. **Hauptstadt:** Brazzaville (520 000 E). **Währung:** 1 CFA-Franc = 100 Centimes. **Mitgliedschaften:** UNO und Unterorganisationen, AKP, CCC, ECA, IPU, OAU, UDEAC, UNCTAD.

Flagge: Offiziell wieder eingeführt am 10. 6. 1991. Links oben Grün, rechts unten Rot. Gelber Querbalken. Die in den Farben typisch panafrikanische Flagge war vom 18. 8. 1959 bis 30. 12. 1969 in Gebrauch. Grün = Natur und Frieden, Gelb = der Reichtum des Landes, Rot = Brüderschaft aller Menschen und der Unabhängigkeitskampf.

Bevölkerung: 45% Ba-Kongo, Bavili, Bateke, M'Boshi, Pygmäen, Sudangruppen. **Staatssprache:** Französisch; Umgangssprachen Lingala, Ki-Kongo, Teke u. a. **Religion:** 40% Katholiken, 12% Protestanten, Naturreligionen, Muslime. **Verwaltungsgliederung:** 9 Regionen und Hauptstadt-Distrikt.

Landesnatur: Flache Küstenzone, bis 700 m hohe Niederguineaschwelle, Kongobecken, großenteils bewaldetes Hochland, niedrigere Regionen Savannen. Äquatoriales Klima mit zwei Regenzeiten.

Geschichte: Von den Portugiesen im 15. Jh. entdeckt, bis zum 19. Jh. Zentrum des Sklavenhandels, 1885 französisches Protektorat, 1946 Überseeterritorium, 1958 innere Autonomie, 1960 unabhängig. 1963 Putsch, marxistisch-leninistische Regierung, 1969 Ausrufung der Volksrepublik, Putsche und Militärregierungen, 1979 neue sozialistische Verfassung, Annäherung an den Ostblock. 1990 Abschaffung des Marxismus. Oppositionsparteien werden legal. 1992 freie Wahlen.

Unabhängig seit 15. 8. 1960. **Nationalfeiertag:** 15. 8.

Nationalhymne: Text: Henri Lopes (* 1937). **Melodie:** Philippe Mok-
kouamy (* 1938), nach anderen Quellen Jean Royer, Joseph Spadilière
und Jacques Tondra. Durch Gesetz vom 4. 11. 1959 als Staatssymbol
eingeführt, nach Ausrufung der Volksrepublik am 31. 12. 1969 neuer
Text offiziell.
»Lève-toi, Patrie courageuse, / toi qui en trois journées glorieuses /
Saisis et porte le drapeau / Pour un Congo libre et nouveau, / Qui
jamais plus ne faillira, / Que personne n'effrayera. // Nous avons brisé
nos chaines, / Nous travaillerons sans peine, / Nous sommes une Nation
souveraine.«
»Erhebe dich, mutiges Vaterland, / du, das in drei ruhmreichen Tagen /
für ein freies und neues Kongo / Die Fahne ergriffen und getragen hast,
/ Ein Kongo, das nie mehr scheitern wird, / das niemanden fürchtet. //
Wir haben unsere Ketten zerbrochen, / Wir arbeiten freudig, / Wir sind
eine souveräne Nation.«

Staatswappen: Wiedereingeführt am 17. 5. 1991. Goldener Schild mit
grünem Wellenband (Kongo), darüber ein roter Löwe mit schwarzer
Fackel und roter Flamme. Schildträger sind zwei schwarze Elefanten.
Darunter ein roter Baumstamm (Holzindustrie). Auf dem Schild eine
Forstkrone aus 7 Baumknorren, darin der Staatsname. Der Staatswahlspruch: Unité, Travail, Progress (Demokratie, Arbeit, Fortschritt).

KOREA
(DEMOKRATISCHE VOLKSREPUBLIK)

Amtlich **Dscho-sön Min-dschu-dschu-i Inmin gong-hôa-guk,** Kommunistische Volksrepublik in Ostasien, 120 538 qkm, 21,8 Millionen Einwohner (1991) = 180,9 E/qkm. **Hauptstadt:** Pjöngjang (1,7 Mill. E). **Währung:** 1 Won = 100 Chon. **Mitgliedschaften:** FAO, IAEA, ICAO, IDA, ITU, UNESCO, UNO, UPU, WHO, WIPO, WMO, UNCTAD.

Flagge: Blau-Weiß-Rot-Weiß-Blau/waagerecht, im roten Streifen zum Liek hin verschobene weiße Scheibe mit rotem Stern (Symbol des Kommunismus). Offiziell eingeführt am 8. 9. 1948. Farbensymbolik: Rot = Kommunismus, Weiß = Reinheit, Stärke und Würde, Blau = Hoffnung und Friedensliebe.

Bevölkerung: Koreaner. **Staatssprache:** Koreanisch. **Religion:** Buddhismus, Konfuzianismus, Schamanismus, Christentum, Chondogyo, heute alle praktisch bedeutungslos. **Verwaltungsgliederung:** 9 Provinzen, 4 unmittelbare Städte.

Landesnatur: Nordteil der Halbinsel Korea zwischen Gelbem und Japanischem Meer, von mehreren im Osten steil abfallenden Gebirgen durchzogen, im Westen fruchtbare Küstenebenen. Übergangszone zwischen kontinentalem und maritimem Klima mit harten Wintern und mäßig warmen Sommern.

Geschichte: Uraltes Kulturland, lange unter chinesischem und japanischem Einfluß. 668 n. Chr. Errichtung eines buddhistischen Einheitsstaats, Entwicklung der koreanischen Nation. Nach jahrhundertelangen Einfällen der Japaner 1910 Kolonie. Nach Ende des 2. Weltkriegs im Norden durch Sowjets, im Süden durch Amerikaner besetzt. Im

Norden am 9. 9. 1948 Ausrufung einer unabhängigen Volksrepublik, 1950–1953 Koreakrieg, durch UN-Intervention beendet. Seither Abbruch aller Beziehungen zwischen Nord- und Südkorea. 1990 erste Annäherungsgespräche zwischen Nord- und Südkorea.

Unabhängig seit 9. 9. 1948. **Nationalfeiertag:** 8. 9. (Verkündung der Verfassung 1948).

Nationalhymne: Text: Pak Se Jen (∗ 1902). **Melodie:** Kim Won Gün (∗ 1912). 1946 entstanden, am 9. 9. 1948 zunächst als provisorische, dann als offizielle Nationalhymne erklärt.

»Ach'im-un pin-nara i kangsan / Ungum-e chawon-do kaduk-han / Samch'ol-li arumdaun nae choguk / Panman-nyon oraen ryoksa / Ch'allanhan munhawa-ro charanan sulgiron...«

»Morgensonne, scheine über diese Flüsse und Berge, / Über unser dreitausend Meilen langes schönes Vaterland, / Voll von wertvollen Bodenschätzen, / Über die Herrlichkeit seines Volkes, / Das weise ist und gewachsen in einer glänzenden Kultur...«

Staatswappen: Kraftwerk, Staudamm und Hochspannungsmast, überstrahlt vom roten Stern des Kommunismus, umgeben von Reisähren, diese zusammengehalten von rotem Band mit dem Staatsnamen »Koreanische Volksdemokratische Republik« in Hangulschrift. In der Verfassung vom 8. 9. 1948 verankert.

KOREA
(REPUBLIK)

Amtlich **Dähan-Minkuk,** Präsidiale Republik in Ostasien, 98 484 qkm, 43,1 Millionen Einwohner (1991) = 437,9 E/qkm. **Hauptstadt:** Seoul (10 Mill. E). **Währung:** 1 Won = 100 Chon. **Mitgliedschaften:** FAO, GATT, IAEA, ICAO, IDA, IFC, IMF, IMO, ITU, UNESCO, UPU, WHO, WIPO, WMO, AsDB, CCC, ESCAP, IPU, UNCTAD, Colombo-Plan, Beobachterstatus bei UNO.

Flagge: Auf weißem Feld rot-blaues Um-Yang-Zeichen, in jeder Ecke drei schwarze Balken. Offiziell eingeführt am 25. 1. 1950. Weiß ist die traditionelle Farbe der koreanischen Nation. Das zentrale T'aeguk gleicht dem Yin-Yang-Weltanschauungssymbol Ostasiens, die Kwae in den Ecken symbolisieren u. a. Sonne, Mond, Erde und Himmel.

Bevölkerung: Koreaner. **Staatssprache:** Koreanisch. **Religion:** Buddhisten, Konfuzianer, Christen (vornehmlich Protestanten). **Verwaltungsgliederung:** 9 Provinzen und 4 Stadtgebiete.

Landesnatur: Im Osten vom Taebaekgebirge durchzogen, im Westen und Süden breite Flußtäler und Küstenebenen mit zahlreichen vorgelagerten Inseln. Maritimes Klima mit milden Wintern und feuchtheißen Sommern.

Geschichte: Gesamtkoreanische Geschichte siehe Korea (Demokratische Volksrepublik). Die Potsdamer Konferenz legte im Juli 1945 den 38. Breitengrad als Demarkationslinie zwischen der sowjetischen und amerikanischen Besatzungszone fest. Im Süden wurde unter US-Schutz am 15. 8. 1948 die Republik Korea ausgerufen, worauf im Norden am 9. 9. 1948 eine Volksrepublik gegründet wurde. Der Einmarsch nordkoreanischer Truppen löste den Koreakrieg (1950–1953) aus, der durch UN-Intervention beendet wurde. 1961 Militärputsch. Seit 1972 Militärregierung durch Referendum. Annäherungsgespräche zwischen Nord- und Südkorea seit 1990.

Unabhängig seit 15. 8. 1945. **Nationalfeiertag:** 15. 8. (Unabhängigkeitstag).

Nationalhymne: Textautor unbekannt. **Melodie:** An Ik-Tae (1906–1965). Am 15. 8. 1948 als Nationalhymne eingeführt.
»Tong Hae Mool Gwa Bek Too San – i Maruku Taltorok / Hananim-i Boho Hasa Uoo ri Nara Mansae. / Moo Koong Hwa Sam chul-i / Hwa Ryu Kang San...«
»Bis das östliche Meer ausgetrocknet und der / Berg Paek Tu nicht mehr steht, / Solange wird Gott unser Land behüten / An herrlichen Flüssen und Bergen...«

Staatswappen: Rot-blaues Um-Yang-Zeichen (Yin-Yang-Symbol), von einer Rosette aus Blättern der Sharonblüte eingefaßt, die Kraft und Beständigkeit repräsentiert. Auf dem blauen Feld des Bandes der Staatsname in der Landessprache.

KROATIEN

Amtlich **Republika Hrvatska,** Präsidiale Republik in Südosteuropa, 56 538 qkm, 4,7 Millionen Einwohner (1991) = 84,6 E/qkm. **Hauptstadt:** Zagreb (708 770 E.). **Währung:** 1 Kuna = 100 Banica. **Mitgliedschaften:** UNO und Unterorganisationen, CSCE.

Flagge: Offiziell seit 22. 12. 1990. Waagerecht Rot-Weiß-Blau. Im Mittelstreifen das Staatswappen. Die Farben sind international bekannt als panslawischer Farbdreiklang.

Bevölkerung: 78% Kroaten, 12% Serben, Slowenen, Ungarn, Italiener, Muslime und Slowaken (durch Kriegssituation ungenau und fraglich). **Staatssprache:** Kroatisch. **Religion:** Kroaten = katholisch, Serben = orthodox, Muslime. **Verwaltungsgliederung:** 5 Provinzen (durch Kriegssituation nicht gesichert).

Landesnatur: Mittelkroatien, von Sava, Kupa und Cesma durchflossen ist ein flaches fruchtbares Gebiet. Im Nordwesten reicht das Gebiet bis Piran in Istrien, der Südwesten umfaßt die gesamte dalmatinische Küste, die Dinarischen Alpen sowie das Hochland von Lika und Krbaba, ein großes Karstgebiet. Sehr unterschiedliches Klima, mitteleuropäisch im Landesinneren, Mittelmeerklima an der Küste.

Geschichte: Bereits im 7. Jh. von Kroaten bewohnt. 924 Königreich unter Tomislav. 1102 ungarisch aber autonom. 1867 Kronland Österreich-Ungarns. 1918 Königreich Serbien-Slowenien-Kroatien. 1941–1945 Republik unter deutscher Kontrolle. 1946 jugoslawische Teilrepublik. Unabhängigkeitserklärung am 8. 10. 1991. Von der EG am 15. 1. 1992 anerkannt.

Unabhängig seit 30. 5. 1990, endgültig 15. 1. 1992. **Nationalfeiertag:** 30. 5.

Nationalhymne: noch unbekannt.

Staatswappen: Eingeführt am 22. 12. 1990. Erstmals bekannt 1499, 1941 wieder verwendet, jedoch mit dem Ustaschazeichen. Heute ein rot-silbernes Schachbrettschild. Darüber Wappenkrone mit den Wappen der Landesteile Altkroatien (Illyrien), Dalmatien, Dubrovnik, Istrien, Slawonien.

KUBA

Amtlich **República de Cuba,** Sozialistische Republik in Mittelamerika, 114 524 qkm, 10,7 Millionen Einwohner (1991) = 93,7 E/qkm. **Hauptstadt:** Havanna (2 Mill. E). **Währung:** 1 Kubanischer Peso = 100 Centavos. **Mitgliedschaften:** UNO und Unterorganisationen, ECLAC, IPU, OAS (susp.), RGW, SELA, UNCTAD.

Flagge: 1849 von dem im New Yorker Exil lebenden General Narciso López entworfen, offiziell gehißt am 20. 5. 1902. Die drei blauen Streifen stehen für die damaligen Provinzen des Staats, das rote Dreieck für das im Unabhängigkeitskampf vergossene Blut, während der weiße Stern Symbol von Freiheit und Gleichheit ist.

Bevölkerung: 70 % Weiße, Mestizen, Mulatten, Schwarze, Chinesen. **Staatssprache:** Spanisch. **Religion:** 90 % römisch-katholisch. **Verwaltungsgliederung:** 14 Provinzen.

Landesnatur: Größte Insel der Großen Antillen mit schroffer Nord- und flacher, sumpfiger Südküste. Größtenteils Hügelland (bis 2560 m hoch). Plantagenwirtschaft. Tropisches Klima.

Geschichte: 1492 von Kolumbus entdeckt, seit 1511 spanische Kolonie. Im 19. Jh. Unabhängigkeitskämpfe mit amerikanischer Unterstützung. 1898 nach spanisch-amerikanischem Krieg Abtretung an die USA, seit 1902 unabhängige Republik unter weitgehender Kontrolle der USA (bis 1934 militärisches Interventionsrecht). 1959 Sturz der Batista-Diktatur durch Fidel Castro, seither sozialistische Republik in häufigem Konflikt mit den USA, nach US-Boykott Anlehnung an das sozialistische Lager. 1975–1991 starkes militärisches Engagement in Angola und in lateinamerikanischen Ländern. Nach dem Zusammenbruch das Kommunismus erhebliche diplomatische und ökonomische Probleme.

Unabhängig seit 20. 5. 1902. **Nationalfeiertage:** 1. 1., 26. 7., 10. 10.

Nationalhymne: Text und **Melodie:** Pedro Figueredo (1819–1870). Vermutlich erstmals während der Schlacht von Bayamo (18. 10. 1868) gesungen. In der Verfassung von 1940 bestätigt.
»Al combate corred Bayameses / Que la patria os contempla orgullosa / Romped ya la cadena ominiosa / A los gritos ¡Honor! ¡Libertad!«
»Auf, auf zum Kampf, Bayamesen, / Die das Vaterland stolz betrachtet, / Befreit, was in Ketten schmachtet: / Die Losung heißt ›Freiheit und Ehr‹!«

Staatswappen: Im Schildhaupt unter aufgehender Sonne Bezeichnung der geographischen Lage der Insel durch goldenen Schlüssel, darüber als Freiheitssymbol phrygische Mütze über Liktorenbündel (Symbol der Autorität). Im gespaltenen Schild Schrägbalken Blau über Silber und Palmenlandschaft (Symbol der Agrarstruktur).

KUWAIT

Amtlich **Dawlat al Kuwait,** Scheichtum in Vorderasien, 17 818 qkm,
2,2 Millionen Einwohner (1991) = 123,7 E/qkm. **Hauptstadt:** Kuwait
(1,13 Mill. E). **Währung:** 1 Kuwait-Dinar = 1000 Fils. **Mitgliedschaften:** UNO und Unterorganisationen, ECWA, GCC, IPU, OAPEC,
OPEC, OIC, UIA, UNCTAD, Arabische Liga.

Flagge: Grün-Weiß-Rot/waagerecht (panarabische Farben) mit
schwarzem Trapez am Liek. Durch Dekret des Emirs am 1. 1. 1962
eingeführt. Farbensymbolik: Grün = die Felder des Landes, Weiß =
Tugend, Rot = Tapferkeit, Schwarz = der von kuwaitischen Reitern
aufgewirbelte Sand der Schlachtfelder.

Bevölkerung: 85 % Araber, neben Kuwaitis ca. 1 Mill. Ausländer
(Palästinenser, Ägypter, Iraker, Perser, Inder, Pakistaner). **Staats-
sprache:** Arabisch; Englisch Handelssprache. **Religion:** 93 % Muslime
(Islam Staatsreligion), Christen (vorwiegend römisch-katholisch).
Verwaltungsgliederung: 4 Gouvernements.

Landesnatur: Flache Wüstenzone am Nordwestende des Persischen
Golfs mit vorgelagerten Inseln, feuchtheißes, aber sehr niederschlagsarmes Klima; einzige Wirtschaftsgrundlage die riesigen Erdölfelder.

Geschichte: Im 18. Jh. als Handelsplatz von Bedeutung, seit 1756 von
der Sabbach-Dynastie regiert, 1829 zum Osmanischen Reich, 1899
Schutzvertrag mit Großbritannien, 1914 britisches Protektorat, seit
1961 völkerrechtlich souverän. 1990 von Irak annektiert. 1991 von
USA und UNO befreit.

Unabhängig seit 19. 6. 1961. **Nationalfeiertag:** 25. 2.

Nationalhymne: Text: Ahmed Mschari Aladwani (∗1923). **Melodie:** Ibrahim Nasir Alsoleh (∗1935). Am 25. 2. 1978 erstmals öffentlich aufgeführt. Bis dahin textlose Hymne.
Arabischer Text liegt nicht vor.
»Mein Land Kuwait, bleib zufrieden, und auf deiner Stirn steht die Freundlichkeit . . .«

Staatswappen: Falke mit ausgebreiteten Schwingen und Flaggenschild auf der Brust, darüber blau-silberne Scheibe mit Wellen vor Wolken und traditioneller Dhau (Segelschiff). Am Oberrand weißes Schriftband mit der arabischen Aufschrift »Dawlat al Kuwait« (Staat Kuwait).

LAOS

Amtlich **Sāthālamalid Pasāthu'paait Pasāsim Lao,** Demokratische
Volksrepublik in Südostasien, 236 800 qkm, 4,1 Millionen Einwohner
(1991) = 17,3 E/qkm. **Hauptstadt:** Vientiane (200 000 E). **Währung:**
Kip. **Mitgliedschaften:** UNO und Unterorganisationen, AsDB,
ESCAP, UNCTAD, Colombo-Plan.

Flagge: Rot-Blau (doppelte Breite) mit weißer Scheibe – Rot. Offiziell
eingeführt am 2. 12. 1975. Farbensymbolik. Rot = das im Kampf um
die Unabhängigkeit vergossene Blut, Blau = Gedeihen für das Land,
Weiß = Verheißung einer neuen, glänzenden Zukunft.

Bevölkerung: 56 % Lao-Lum, 34 % Lao-Theung, 9 % Lao-Soung, vietnamesische und chinesische Minderheiten. **Staatssprache:** Lao. **Religion:** Bis 90 % Buddhisten, Konfuzianismus, Taoismus, kleine christliche Minderheit. **Verwaltungsgliederung:** 16 Provinzen.

Landesnatur: Meerfernes Gebirgsland, bis 1800 m hohes flachwelliges
Hochplateau mit tief eingeschnittenen Flußtälern und parallel zum
Hauptfluß Mekong verlaufenden Gebirgsketten (bis 2820 m hoch).
Tropisches Monsunklima.

Geschichte: 1353 Zusammenschluß von drei Thaistaaten zu Lan Xang,
dem »Land der Millionen Elefanten«. 1707 Zerfall des Großreichs.
Seit 1893 Bestandteil von Französisch-Indochina, ab 19. 7. 1949 unabhängiges Königreich innerhalb der frazösischen Union, offizielle Anerkennung der Selbständigkeit am 22. 7. 1954 auf der Indochina-Konferenz. Bürgerkrieg mit den kommunistischen Pathet-Lao, am 2. 12.
1975 Ausrufung der Demokratischen Volksrepublik, die sich stark an
Vietnam anlehnt.

Unabhängig seit 22. 7. 1954 (Indochina-Konferenz). **Nationalfeiertag:** 2. 12. (Ausrufung der Volksrepublik).

Nationalhymne: Text: Sisana Sisane (∗ 1922). **Melodie:** Thongdy Sounthonevichit (∗ 1905). Seit 2. 12. 1975 offizielle Nationalhymne.

»Xatlao tangtae dema lao thookthuana xeutxoo sootchay, / Huamhaeng huamchit huamchay samakkhikan pen kamlang diao. / Detdiao phomkan laona booxa xükiat khong lao . . .«

»Zu allen Zeiten haben Laoten ihr Vaterland verherrlicht, / Einig im Herzen, vereinigt in Geist und Kraft. / Entschlossen voran zur Wahrung und Mehrung der Würde des laotischen / Volkes und zur Durchsetzung seines Rechts, sein eigener Herr zu sein . . .«

Staatswappen: Eingeführt am 14. 8. 1991. Über rotem Band mit Landesnamen in Silber eine Sonnenscheibe und Zahnrad. Darüber Reisfeld, Wald, Straße, Staudamm und ein goldener Tempel (That Luang). Eingefaßt von Reisähren. Inschrift links und rechts. Santiphat, Ekkarat, Pasathipataj (Friede, Unabhängigkeit, Demokratie) und Ekkahap, Wathanathawon (Einheit, Wohlstand).

LESOTHO

Amtlich **'Muso oa Lesotho** (SeSotho) bzw. **Kingdom of Lesotho** (engl.), Königreich in Südafrika, 30 355 qkm, 1,8 Millionen Einwohner (1991) = 59,3 E/qkm. **Hauptstadt:** Maseru (77 000 E). **Währung:** 1 Loti = 100 Lisente. **Mitgliedschaften:** UNO und Unterorganisationen, AKP, CCC, ECA, OAU, SADCC, SAEMU, UNCTAD.

Flagge: Ein diagonaler Streifen teilt das Flaggenfeld in zwei Flächen: Weiß am Liek und Grün auf der Flugseite. Die Farben symbolisieren das Regenwasser (Blau); den Frieden (Weiß) und den Wohlstand. Das braune Staatsemblem (ein Schild mit Waffen) steht für die Verteidigung. Die Flagge wurde am 19. 1. 1987 offiziell gehißt.

Bevölkerung: 99 % Sotho, Bantu, Weiße, Inder. **Staatssprachen:** Se-Sotho und Englisch. **Religion:** 75 % Christen, Muslime, Naturreligionen. **Verwaltungsgliederung:** 10 Distrikte.

Landesnatur: Gebirgsland (bis 3482 m hoch) ohne Zugang zum Meer. Starke Temperaturschwankungen, im Hochland scharfe Fröste und reichliche Niederschläge.

Geschichte: Einigung der vor den Zulus in die Berge geflüchteten Sotho um 1825, Ersuchen um britischen Schutz vor den Burentrecks, 1868 als Basutoland britische Kolonie. 1966 unabhängiges Königreich auf konstitutioneller Grundlage. 1986 Militärputsch. 1990 der König verliert seine konstitutionelle Macht. 1992 freie Wahlen.

Unabhängig seit 4. 10. 1966. **Nationalfeiertag:** 4. 10.

Nationalhymne: Text: François Coillard (1834–1904). **Melodie:** Ferdinand-Samuel Laur (1791–1854). Von Saur (eigentlich Naegeli) um 1823 komponiert, 1869 mit Text unterlegt, seit 1966 offiziell.

»Lesotho fatŝe la bontat'a rona, / har'a mafatsê le letle ke lona. / Ke moo re hlahileng, / Ke moo re holileng, / Rea le rata.«
»Lesotho, Land unserer Väter, / Du bist das schönste aller Länder. / Du hast uns geboren, / In dir sind wir aufgewachsen, / Du bist uns teuer.«

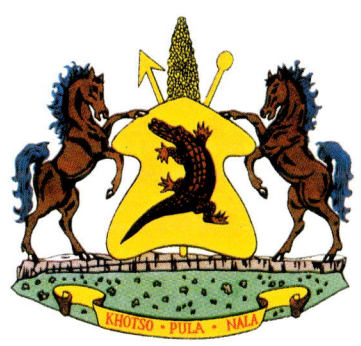

Staatswappen: Am 4. 10. 1966 eingeführt. Auf dem Schild ein Krokodil, Symbol der Dynastie und des Hauptstamms des Landes, dahinter Waffen des 19. Jh.s. Schildhalter Pferde. Basis der »Nationalberg« Thaba Bosiu. Auf dem Band in SeSotho der Wahlspruch der Monarchie: »Frieden, Regen, Wohlstand«.

LETTLAND

Amtlich **Latvijas Republika,** Präsidiale Republik in Nordosteuropa, 64 500 qkm, 2,68 Millionen Einwohner (1991) = 41,5 E/qkm. **Hauptstadt:** Riga (916 500 E). **Währung:** 1 Lats = 100 Santimu. **Mitgliedschaften:** UNO und Unterorganisationen, IMF, Weltbank, Europarat.

Flagge: Bereits offiziell von 1918–1940, wieder eingeführt am 20. 2. 1990. Karminrot-Weiß-Karminrot. Rot = das vergossene Blut, Weiß = Recht, Wahrheit und Ehre der freien Bürger.

Bevölkerung: 52% Letten, 34% Russen, 4,5% Weißrussen, u. a. **Staatssprache:** Lettisch (amtlich seit 1988), Russisch. **Religion:** römisch-katholisch, orthodox, Juden. **Verwaltungsgliederung:** 26 Distrikte.

Landesnatur: Tiefebene, umgeben von kurländischen Moränenhügeln im Westen und dem baltischen Rücken im Südosten sowie dem Widzeme im Nordosten. Höchste Erhebung ist der Gajzinjkaln mit 311 m. Hauptfluß ist die Dvina. Zahlreiche Seen und Sümpfe. Maritimes bzw. kontinentales Klima.

Geschichte: Im 13. Jh. zum Deutschen Orden. Im 16. Jh. schwedisch und später litauisch. Annexion durch Rußland im 18. Jh. Unabhängige Republik von 1918–1939. Ab 1940 Teil der Sowjetunion. Im 2. Weltkrieg von deutschen Truppen besetzt. Nach 1945 wieder sowjetisch. Erster Versuch der Unabhängigkeit 1990. Endgültig seit dem 21. 8. 1991.

Unabhängig seit 21. 8. 1991. **Nationalfeiertage:** 4. 5. und 18. 11.

Nationalhymne: Erstmals 1873 gesungen. Wurde schnell zur Hymne.
Melodie und **Text:** Karlis Baumanis (1834–1904).

»Dievs, svēti Latviju, mūs' dārgo tēviju, / svētijel Latviju, ak. / svētijel to! to! / Kur latvju meitas zied, / kur latvju dē lidzied, / laid mums tur laimē diet, / mūs Latvija Latvija.«

»Segne Lettland, o Gott, / Unsere grüne Heimat / Wo baltische Helden schreiten. / Beschütz sie vor dem Bösen! / Unsere geliebten Töchter sind hier / Unsere singenden Söhne erscheinen. / Möge das Glück uns zulachen. / Unser Lettland, Lettland.«

Staatswappen: Offiziell eingeführt am 15. 2. 1990, endgültig seit 27. 2. 1990. Lettland führt zwei verschieden große Wappen. Das große: Schild oben mit blauem Grund und goldener Sonne, links unten silbernes Fabeltier mit Schwert auf rotem Grund, rechts unten roter Löwe auf silbernem Grund. Über dem Schild drei goldene Sterne. Schildhalter sind links ein silbernes Fabeltier mit goldener Zunge und rechts ein roter Löwe mit goldener Zunge. Unter dem Schild Eichenzweige mit einer Schleife in den Landesfarben.

LIBANON

Amtlich **El Dschumhūrīja el Lubnani** bzw. **El Jumhouriya El Lubnā-nīya,** Republik in Vorderasien, 10 400 qkm, 3,38 Millionen Einwohner (1991) = 325 E/qkm. **Hauptstadt:** Beirut (1,5 Mill. E). **Währung:** 1 Libanesisches Pfund = 100 Piastres. **Mitgliedschaften:** UNO und Unterorganisationen, CCC, ECWA, IPU, OIC, UIA, UNCTAD, Arabische Liga.

Flagge: Rot-Weiß (doppelt breit) mit Libanon-Zeder – Rot/waagerecht. Die Zeder symbolisiert Heiligkeit, Ewigkeit und Frieden, Rot Selbstaufopferung und Weiß wiederum Frieden. Offiziell eingeführt wurde die Flagge am 7. 12. 1943.

Bevölkerung: Arabischstämmige Libanesen, tscherkessische und armenische Minderheiten, palästinensische Flüchtlinge. **Staatssprache:** Arabisch; Handels- und Bildungssprachen Französisch, Englisch. **Religion:** Vorwiegend Muslime und Christen, drusische Minderheit. **Verwaltungsgliederung:** 5 Provinzen (Mohafazat).

Landesnatur: Küstenland am östlichen Mittelmeer, durchzogen vom Libanongebirge (bis 3089 m hoch); Kernraum ist der dichtbesiedelte Küstensaum, sehr fruchtbar im Osten des Gebirges die von Assi und Litani entwässerte Bika-Ebene, die östlich vom Antilibanon begrenzt wird. An der Küste mediterranes, im Innern halbarides Klima.

Geschichte: Seit 1840 zunehmender französischer Einfluß in dem zum Osmanischen Reich gehörenden Gebiet, das am 1. 9. 1920 zusammen mit Syrien zum französischen Mandat »Großlibanon« wurde; nach syrischem Widerstand Abtrennung des Libanon, der am 26. 11. 1941 nominell selbständig wurde und 1943 eine eigene Regierung erhielt, die die Macht nach konfessionellen Gesichtspunkten aufteilte. Muslimische Palästinaflüchtlinge verstärkten ab 1948 die bestehenden religiösen und ethnischen Spannungen, so daß es um 1958 zum Bürgerkrieg kam, der durch ausländische Intervention eskalierte. 1990 Vertrag zwischen Amal (Syrien) und Iran (Hezbollah) zur Beendigung des Bürgerkrieges.

Unabhängig seit 26. 11. 1941 (nominell). **Nationalfeiertag:** 22. 11. (Regierungsbildung 1943).

Nationalhymne: Text: Rachid Nakhlé (1873–1939). **Melodie:** Wadi' Sabra (1876–1952). Offiziell am 12. 7. als Nationalhymne eingeführt; die Jahreszahl (1927 oder 1947) fraglich.
»Kullunā li-l-watan / li-l-'ulā li-l-'alam / mil'u 'aini z-zaman / saifunā wa-l-qalam / sahlunā wa-l-ǧabal / manbitun li-r-riǧal / qaulunā wa-l-'amal / fi sabīli l-kamāl . . .«
»Wir alle gehören dem Vaterland, / Seinem Ruhm und seinem Banner; / Zu aller Zeit gehört / Ihm unser Schwert und unsere Feder. / Unsere Ebenen und Gebirge / Sind eine Bildungsstätte für Männer, / Unsere Reden und Taten / Werden immer vollkommener . . .«

Wappen: In Rot ein silberner Schrägbalken, belegt mit einer naturfarbenen Zeder. Die Zeder ist seit den zwanziger Jahren unseres Jahrhunderts libanesisches Staatsemblem, doch gibt es bislang noch kein offizielles Staatswappen.

LIBERIA

Amtlich **Republic of Liberia,** Präsidiale Republik in Westafrika, 111 369 qkm, 2,7 Millionen Einwohner (1991) = 24,5 E/qkm. **Hauptstadt:** Monrovia (450 000 E). **Währung:** 1 Liberianischer Dollar = 100 Cents. **Mitgliedschaften:** UNO und Unterorganisationen, AKP, CCC, CEDEAO, ECA, OAU, UNCTAD.

Flagge: Am 26. 7. 1847 offiziell eingeführt. Der US-Flagge nachgebildet. Die elf rot-weißen Streifen stehen für die elf Unterzeichner der liberianischen Unabhängigkeitserklärung; der weiße Stern im blauen Obereck verkündet, daß es damals nur eine einzige unabhängige Nation in Schwarzafrika gab.

Bevölkerung: Kpelle, Bassa, Mande, Kru (16 Hauptstämme), 3% Ameriko-Liberianer, Libanesen. **Staatssprache:** Englisch; Umgangssprachen Golla, Kpelle, Mande u. a. **Religion:** 80% Naturreligionen, 15% Muslime, Christen. **Verwaltungsgliederung:** 13 Bezirke (Counties) und 6 Territorien.

Landesnatur: Teilweise versumpfte Küstenebene (Pfefferküste), flachwellige Hügelzone, im Inneren bis 300 m hohes Plateauland und bewaldetes Bergland, bis 1850 m hoch. Feuchttropisches Klima.

Geschichte: Seit 1822 von Amerika aus an der Pfefferküste Gründung von Siedlungen für entlassene Negersklaven, 1847 Zusammenschluß und Gründung der Republik Liberia, seit 1883 unter der unumschränkten Herrschaft der Ameriko-Liberianer, der Nachkommen der ursprünglichen Aussiedler. Grundlegende Änderung durch Militärputsch von 1980; 1985 neue Verfassung nach US-Vorbild. 1989 Bürgerkrieg. Invasion der Ecowas-Truppen im August 1990. 1991 Waffenstillstand.

Unabhängig seit 26. 7. 1847. **Nationalfeiertag:** 26. 7.

Nationalhymne: Text: Daniel Bashiel Warner (1815–1880). **Melodie:** Olmstead Luca. 1847 entstanden, um 1860 erweitert.

»All hail Liberia, hail'! / All hail Liberia, hail! / This glorious land of liberty / Shall long be ours, / Tho' new her name / Green be her fame / and mighty be her powers. / In joy and gladness / With our hearts united / We'll shout the freedom / Of a race benighted. / Long live Liberia, happy land, / A home of glorious liberty / By God's command.«

»Heil dir, Liberia, heil! / Heil dir, Liberia, heil! / Dies Freiheitsland voll Glanz / Stets unser sei. / Dem Namen neu / Der Ruhm bleib treu / Und große Macht dabei! / Wie Glück und Freude / uns im Herzen funkeln, / Erbraust der Freiheitsruf / Dem Volk im Dunkeln. / Lang leb Liberia, glücklich Land, / Du Heimat edler Freiheit / Aus Gottes Hand.«

Staatswappen: 1847 eingeführt. Aufgehende Sonne, Palme, Segelschiff und landwirtschaftliches Gerät schildern gleichsam die Entstehungsgeschichte der Republik. Die Taube mit offenem Blatt symbolisiert Liberias Botschaft des Friedens und guten Willens an die Völker der Welt.

LIBYEN

Amtlich **Al-Jamahiriyah al-Arabiya Al-Libya Al-Shabiya Al-Ishtira-kiya,** Republik (»Volksöffentlichkeit«) in Nordafrika, 1 759 540 qkm, 4,3 Millionen Einwohner (1991) = 2,4 E/qkm. **Hauptstadt:** Tripolis (858 000 E). Hun (seit 1987 administrativ) **Währung:** 1 Libyscher Dinar = 1000 Dirhams. **Mitgliedschaften:** UNO und Unterorganisationen, CCC, ECA, OAPEC, OAU, OIC, OPEC, UNCTAD, Arabische Liga.

Flagge: Am 19. 11. 1977 offiziell eingeführt. Einfarbig grün, die Farbe des Islam, aber auch eine Erinnerung an die »Grüne Revolution«, zu der der 1969 an die Macht gekommene Oberst Muammar Al Gaddafi aufrief, der Libyen in ein Lebensmittel produzierendes Land verwandeln wollte.

Bevölkerung: Araber, zum Teil mit Berbern vermischt, Tuareg, Schwarze. **Staatssprache:** Arabisch. **Religion:** 98 % Muslime (Islam Staatsreligion). **Verwaltungsgliederung:** 46 Bezirke (Baladiya).

Landesnatur: Nur der schmale Küstenstreifen landwirtschaftlich nutzbar, Rest Halb- und Vollwüste, Oasen mit Dattelpalmkulturen, im Gebiet der Sahara große Erdöllagerstätten.

Geschichte: Seit vorgeschichtlicher Zeit besiedelt, um die Zeitenwende Teil des Römerreichs. Im 7. Jh. durch islamische Heere erobert, 1711–1835 türkische Karamanli-Dynastie, dann türkische Provinz. 1939 italienisch, 1951 Proklamation des Vereinigten Königreichs Libyen. 1969 Sturz der Monarchie, Proklamation eines »islamischen Sozialismus«, unter Gaddafi anti-amerikanische und anti-israelische Politik. März 1986 militärische Konfrontation mit den USA. UNO-Sanktionen.

Unabhängig seit 24. 12. 1951. **Nationalfeiertag:** 1. 9. (Revolution 1969).

Nationalhymne: Text: A. Shamseddei auf der Grundlage eines Kriegslieds. **Melodie:** Mahmoud El Sharif. Am 1. 9. 1969 angenommen. Die Transskription des Originaltextes liegt nicht vor.
»Gott ist groß, / Gott ist groß und der List des Aggressors überlegen. / Gott ist der beste Helfer der Entrechteten. / Mit festem Glauben und Waffen werde ich Opfer bringen / Für mein Land. Das Licht der Wahrheit strahlt aus meiner Hand . . .«

Staatswappen: Eingeführt 1977. Falke in Gold mit grünem Brustschild. Schriftband in kufischer Sprache: Sozialistische Libysche Arabische Volksrepublik.

LIECHTENSTEIN

Amtlich **Fürstentum Liechtenstein,** Konstitutionelle Erbmonarchie
auf parlamentarisch-demokratischer Grundlage in Mitteleuropa, 160
qkm, 28 476 Einwohner (1991) = 177,9 E/qkm. **Hauptstadt:** Vaduz
(5000 E). **Währung:** 1 Schweizer Franken = 100 Rappen. **Mitgliedschaften:** IAEA, ITU, UPU, WIPO, ECE (berat.), EPA, UNCTAD,
Europarat.

Flagge: Blau mit goldenem Fürstenhut im Obereck – Rot/waagerecht.
In dieser Form ist die Flagge seit 1937 in Gebrauch. Blau symbolisiert
den Himmel, Rot die abendlichen Feuer (oder das Feuer der Erde),
der Fürstenhut die Einheit von Volk, Fürstenhaus und Staat.

Bevölkerung: Liechtensteiner alemannischer Abstammung, ca. 10 000
Ausländer. **Staatssprache:** Deutsch; Umgangssprache alemannischer
Dialekt. **Religion:** 85 % römisch-katholisch, 8 % protestantisch.

Landesnatur: Im Osten der Alpen-Rheintal-Ebene am Westabhang
der Ostalpen gelegen, im Osten und Süden vom bis über 2000 m hohen
westlichen Seitenkamm der Rätikonkette durchzogen.

Geschichte: 1719 reichsunmittelbares Fürstentum durch Zusammenschluß der Herrschaften Vaduz und Schellenberg, 1806 volle Souveränität. Bis 1814 Mitglied des Rheinbunds, 1815–1866 des Deutschen Bundes. 1852–1919 Zollunion mit Österreich, seit 1921 zunehmender Anschluß an die Schweiz (1921 Anschluß an das Post- und
Telefonnetz, 1923 Zollvertrag, 1924 Übertragung der diplomatischen
Vertretung an die Schweiz).

Unabhängig seit 12. 7. 1806 (Proklamation) bzw. 6. 8. 1806 (nominell).
Nationalfeiertag: 15. 8. (Geburtstag des regierenden Fürsten).

Nationalhymne: Text: Jakob Joseph Jauch, um 1850 verfaßt. **Melodie:** Komponist unbekannt, an die englische Nationalhymne angelehnt, vermutlich über »Heil dir im Siegerkranz« übernommen; wurde spätestens um 1920 offizielles Staatslied.
»Oben am deutschen Rhein / Lehnet sich Liechtenstein / an Alpenhöhn. / Dies liebe Heimatland / Im deutschen Vaterland / Hat Gottes weise Hand / Für uns ersehn.«

Staatswappen: Auf dem Herzschild die Farben des Fürstenhauses. In den Quartieren die Abstammung des Hauses: Schlesien, Kuenring, Troppau und Ostfriesland-Rietberg, in der eingepfropften Spitze das Horn von Jägerndorf. Kleines Staatswappen: Herzschild mit Fürstenhut. Beide Wappen durch Gesetz vom 4. 6. 1957 bestätigt.

LITAUEN

Amtlich **Lietuva** oder **Lietuvos Respublika,** Präsidiale Republik in Nordosteuropa, 62 200 qkm, 3,73 Millionen Einwohner (1991) = 57,2 E/qkm. **Hauptstadt:** Vilnius (Wilna), 592 000 E (1990). **Währung:** 1 Litas = 100 Centu. **Mitgliedschaften:** UNO und Unterorganisationen, IMF, Weltbank, Europarat.

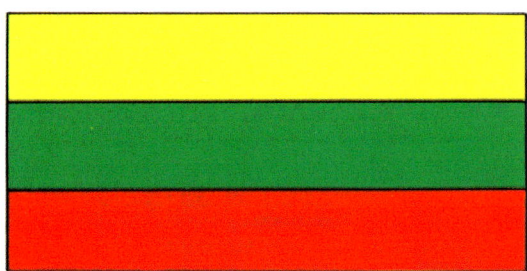

Flagge: Offiziell wieder eingeführt am 18. 11. 1988. Quergestreift Gelb-Grün-Rot. Gelb = die Sonne, das Licht, der Reichtum, die Würde, das Gute. Grün = die Vegetation, Glaube, Freiheit, Glück. Rot = das Blut, das für das Vaterland vergossen wurde.

Bevölkerung: 79,6% Litauer, 9,4% Russen, 7% Polen, 1,7% Weißrussen, u. a. **Staatssprache:** Litauisch (offiziell seit 1989), Russisch. **Religion:** mehrheitlich römisch-katholisch. **Verwaltungsgliederung:** 44 Distrikte.

Landesnatur: Südlichstes Land der drei baltischen Länder. Flachland, nur im Osten und Mittelwesten, Hügelland bis 228 m Höhe. Seenlandschaft und Moore. Wichtigste Flüsse: Memel und Nemunas. Kontinentales, gemäßigtes Klima.

Geschichte: Im 16. Jh. Teil Polens. Durch die Teilung Polens 1795 fällt Litauen an Rußland. 1921 erhält Litauen die Selbständigkeit durch die Alliierten des Weltkrieges (Brest-Litovsk-Vertrag 1918). 1923 Annexion des Memelgebietes. 1926 Putsch. 1939 fällt Litauen erneut an die Sowjetunion durch den russisch-deutschen Vertrag. – Unabhängigkeitserklärung von der UdSSR im März 1990, zurückgenommen im Mai 1990. Nach Putsch von Moskau im August 1991 endgültig unabhängig.

Unabhängig seit 11. 3. 1990. **Nationalfeiertage:** 16. 2. und 11. 3.

Nationalhymne: Das »Tautiska giesme« entstammt der Zeit von 1918. Wieder eingeführt am 18. 11. 1988. **Text** und **Melodie:** Vincas Kudirka (1858–1899).

»Lietuva, Tevyne, musu, / Tu didvyriu zeme, / Is praeities Tavo sunus / Te stiprybe semia.«

»Litauen, unser Vaterland, / Land der angebeteten Helden! / Laßt die Kraft der Söhne zeigen / Von unseren Erfahrungen der Geschichte.«

Staatswappen: Das Wappen ist seit dem 14. Jh. bekannt. Verwandt bis 1795. Offiziell wieder eingeführt am 20. 3. 1990. Rotes Schild mit silbernem Ritter (Vytis) auf weißem Pferd. Der Ritter, in der Rechten ein Schwert, in der Linken ein blaues Schild mit goldenem Doppelkreuz.

LUXEMBURG

Amtlich **Großherzogtum Luxemburg** (deutsch), **Grand-Duché de Lu-xembourg** (französisch), **Grousherzogdem Letzebuerg** (letzebuer-gisch), Parlamentarisch-demokratische Monarchie in Mitteleuropa, 2586,4 qkm, 388017 Einwohner (1991) = 150 E/qkm. **Hauptstadt:** Luxemburg (Luxembourg-Ville) (79000 E). **Währung:** 1 Luxemburgi-scher Franc = 100 Centimes. **Mitgliedschaften:** UNO und Unterorga-nisationen, CCC, ECE, EG, EPA, EWS, IEA, IPU, NATO, OECD, WEU, UNCTAD, Europarat, BENELUX.

Flagge: Rot-Weiß-Blau/waagerecht. Die Farben gehen auf das seit 1288 bekannte Luxemburger Wappen zurück. Flagge in der heute üblichen Gestalt erstmals am 12. 7. 1845 festgestellt, am 16. 8. 1972 offiziell eingeführt. Sie gleicht der niederländischen Flagge, doch ist das Blau etwas heller.

Bevölkerung: Luxemburger; knapp 100000 Ausländer. **Nationalspra-che:** Letzebuergisch; Gesetzessprache Französisch, beide Sprachen und Deutsch »amtliche Arbeitssprachen«. **Religion:** 95% römisch-katholisch, protestantische und jüdische Minderheiten. **Verwaltungs-gliederung:** 3 Distrikte, 12 Kantone.

Landesnatur: Nordteil gehört zu den Ardennen, Südteil zum lothringi-schen Stufenland.

Geschichte: 963 erwarb Graf Siegfried vom Trierer Kloster St. Maxim die »Lützelburg« (kleine Burg) über der Alzette, die zum namenge-benden Zentrum einer Grafschaft wurde. 1354 wurde Luxemburg zum Herzogtum erhoben. Später kam das Herzogtum an Burgund, Öster-reich, Spanien, gehörte 1815–1866 zum Deutschen Bund. Nach dem

Erlöschen der niederländischen Dynastie aus dem Hause Oranien folgte der Herzog von Nassau als Großherzog auf den Thron. In beiden Weltkriegen von Deutschland besetzt, schloß Luxemburg 1948 mit Belgien und den Niederlanden die Wirtschaftsunion BENELUX.
Unabhängig seit 9. 6. 1815 (Wiener Kongreßakte), Ende der Personalunion mit dem niederländischen Königshaus am 23. 11. 1890. **Nationalfeiertag:** 23. 6.

Nationalhymne: Text: Michael Lentz (1820–1893). **Melodie:** Jean-Antoine Zinnen (1827–1898). Seit 1877 als Nationalhymne bezeugt, nicht durch amtlichen Beschluß eingeführt.
»Wo d'Uelzecht durch d' Wisen ze't, / Dûrch d'Fielzen d'Sauer brêcht, / Wod'Ref lânscht d'Musel dofteg ble't, / Den Himmel Wein ons mêcht: / Dat ass onst Land, fir dat mer ge'f / Heinidden alles won, / Ons Hemechtsland dat mir so de'f / An onsen Hierzer dron . . .«
»Wo durch der Wiesen üppge Au / Die Else flüchtig flieht, / Wo zwischen Felsen altersgrau / Die Sauer rauschend zieht, / Dort, wo die Berge voller Wein / Die Moselwelle grüßt, / Wo auf den Höhn im Sonnenschein / Die heiße Traube sprießt . . .«

Staatswappen: Neunmal geteilt in Silber und Blau, auf dem Schild ein gekrönter, doppelschwänziger roter Löwe. Älteste bekannte Darstellung auf dem Banner des Grafen Heinrich VI. von Luxemburg (1288). In der heutigen Form offiziell eingeführt am 18. 5. 1972.

MADAGASKAR

Amtlich **Repoblika Demokratika Malagasy** bzw. **République Démocratique de Madagascar,** Demokratisch-sozialistische Republik in Südostafrika, 587 041 qkm, 12,1 Millionen Einwohner (1991) = 20,7 E/qkm. **Hauptstadt:** Antanarivo (820 000 E). **Währung:** 1 Madagaskar-Franc = 100 Centimes.. **Mitgliedschaften:** UNO und Unterorganisationen, AKP, CCC, ECA, IPU, OAU, UNCTAD.

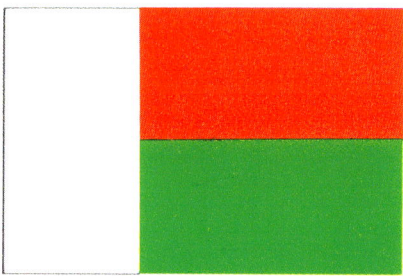

Flagge: Am 21. 10. 1958 offiziell gehißt. Rot und Weiß leiten sich von Flaggen ab, die im 19. Jh. vom Hovareich geführt worden sind; Grün wurde nach Gründung der Republik für die Küstenbewohner hinzugefügt, wird aber heute auch als Ausdruck der Hoffnung auf eine bessere Zukunft gedeutet.

Bevölkerung: Negritische und malaiische Madegassen, Weiße, Inder, Chinesen. **Staatssprachen:** Malagasy und Französisch. **Religion:** 57 % Naturreligionen, 29 % Christen, Muslime, Hindus. **Verwaltungsgliederung:** 6 Provinzen.

Landesnatur: Gebirgige Insel mit feuchter Ost- und trockener Westseite, im Indischen Ozean, von bis zu 2886 m hohem Gebirge durchzogen, im Westen große Küstenebene, Plantagenwirtschaft.

Geschichte: Seit etwa 2000 Jahren aus dem malaiisch-polynesischen Raum besiedelt, seit fast 1000 Jahren mächtiger Merinastaat. Seit dem 9. Jh. an der Westküste Siedlungen arabisch-muselmanischer Kaufleute (Sklavenhandel). Um 1500 von Europäern entdeckt, seit dem 17. Jh. von Frankreich beansprucht, 1896 französische Kolonie, 1960 unabhängig. Seit Putsch von 1972 Militärregierung, 1975 Einführung einer sozialistischen Verfassung. 1990 Ende des Einparteien-Systems.

Unabhängig seit 26. 6. 11960. **Nationalfeiertag:** 26. 6.

Nationalhymne: Text: Rahajason (1897–1971). **Melodie:** Norbert Raharisoa. Am 21. 10. 1958 übernommen, Landesname am 26. 6. 1960 geändert.
»Ry Tanindrazynay malala ô / Ry Malagasikara soa. / Ny fitiavanay anoatsy miala fa ho anao doria tokoa . . .«
»O unser geliebtes Heimatland, / O schönes Madagaskar, / Unsere Liebe wird niemals schwinden, / sondern ewig währen . . .«

Staatswappen: Am 30. 12. 1975 eingeführt. Vor einer aufgehenden Sonne Gewehr, Spaten und Schreibfeder, darüber der Staatsname und der rote Stern des Sozialismus, ganz unten ein Zahnrad als Symbol der Industrialisierung. Das Motto auf dem Schriftband lautet: »Vaterland, Revolution, Freiheit«.

MALAWI

Amtlich **Republic of Malawi** (engl.), **Mfuko La Malawi** (Chichewa), Präsidiale Republik in Südostafrika, 118 484 qkm, 9,4 Millionen Einwohner (1991) = 79,6 E/qkm. **Hauptstadt:** Lilongwe (233 973 E). **Währung:** 1 Malawi-Kwacha = 100 Tambala. **Mitgliedschaften:** UNO und Unterorganisationen, AKP, CCC, ECA, IPU, OAU, SADCC, UNCTAD.

Flagge: Am 6. 7. 1964 offiziell gehißt. Schwarz symbolisiert den afrikanischen Kontinent, Rot das für die Unabhängigkeit vergossene Blut, Grün die Wälder und Felder von Malawi. Die aufgehende rote Sonne im schwarzen Feld gibt der Hoffnung auf eine neue Entwicklung in Afrika Ausdruck.

Bevölkerung: Chewa, Sena u. a. Bantu, Mischlinge, Asiaten, Weiße. **Staatssprachen:** Englisch und Chichewa. **Religion:** Hindu, Muslime, Christen, Naturreligionen. **Verwaltungsgliederung:** 3 Regionen mit 24 Distrikten.

Landesnatur: Auf der Westseite des Malawisees, des drittgrößten Sees Afrikas, durchschnittlich 1300 m hohe Hochebene mit bis zu 3002 m hohen Gebirgen. Im Norden innertropisches, im Süden niederschlagsarmes Klima.

Geschichte: Vom 14.–18. Jh. Bantu-Königreich der Malawi. Europäische Landnahme erst im 19. Jh., Dezimierung der Bevölkerung durch Sklavenhandel. 1891 als Njassaland britisches Protektorat. 1953 mit Rhodesien zur Zentralafrikanischen Föderation zusammengeschlossen, 1963 aufgelöst. Seit 1964 unabhängig. 1992 gewalttätige Streiks. Externe Demokratiebemühungen.

Unabhängig seit 6. 7. 1964. **Nationalfeiertag:** 6. 7.

Nationalhymne: Text und **Melodie:** Michael-Fredrick Paul Sauka (* 1934). Am 6. 7. 1964 erstmals öffentlich gespielt.

»Mlungu dalitsani Malawi, (mumsunge m'mtendere. / Khonjetsani adani onse, / Njala, Nthenda, nsanje, / Lunzitsani mitima yathu, / Kuti Tisaope. / Mdalitse mtsogoleri, nafe, / Ndi Mai Malawi.«

»O God, bless our land of Malawi, / Keep it a land of peace. / Put down each and every enemy, / Hunger, disease, envy. / Join together all our hearts as one, / That we be free from fear. / Bless our leader, each and every one, / And Mother Malawi.«

»Spende Segen, Gott, für Malawi, / Frieden gib unserm Land. / Alle Feinde, Hunger und Krankheit, / Zwietracht auch sei gebannt. / Unsre Herzen seien stets vereint; / Lähme die Furcht uns nie. / Unsern Führer segne wie auch uns / Und Mutter Malawi.«

Staatswappen: Am 30. 6. 1967 von Königin Elisabeth II. verliehen. Auf dem Schild die Sonne aus dem Wappen der einstigen Kolonie Njassaland, Löwe als Vertreter der Tierwelt und Wellenlinien als Symbol des Malawisees. Schildhalter: Löwe und Leopard; auf dem Helm ein Adler als weiterer Vertreter der Fauna des Landes.

MALAYSIA

Amtlich **Persekutan Tanah Malaysia,** »Staatenbund Malaysia«, Wahl-monarchie auf parlamentarisch-demokratischer Grundlage in Südost-asien, 329 749 qkm, 17,9 Millionen Einwohner (1991) = 54,5 E/qkm. **Hauptstadt:** Kuala Lumpur (960 000 E). **Währung:** 1 Malaysischer Ringgit = 100 Sen. **Mitgliedschaften:** UNO und Unterorganisationen, AsDB, ASEAN, CCC, ESCAP, IPU, OIC, UNCTAD, Colombo-Plan.

Flagge: 14 rot-weiße Streifen waagerecht, im blauen Obereck in Gelb Halbmond und 14strahliger Stern. Wurde am 16. 9. 1963 eingeführt, als sich 11 malaiische Staaten mit Sabah, Sarawak und Singapur zum Staatenbund Malaysia zusammenschlossen und blieb nach Singapurs Austritt unverändert.

Bevölkerung: 55% Malaien, 35% Chinesen, 7% Inder. **Staatsspra-che:** Malaiisch (Bahasa Malaysia), Verkehrssprachen auch Chinesisch, Tamil, Englisch. **Religion:** Hindus, Muslime, Buddhisten, Konfuzia-ner, ca. 4% Christen, Naturreligionen. **Verwaltungsgliederung:** 13 Bundesstaaten und 2 Bundesterritorien.

Landesnatur: Westmalaysia auf der Halbinsel Malakka gebirgig (bis 2190 m hoch), dichtbesiedelte Küstenebenen. In Ostmalaysia im Nor-den der Insel Borneo sumpfige Küstenebenen, die bis zu 2500 m hohen Gebirgszügen aufsteigen, dichter Regenwald, zahlreiche Flüsse. In beiden Teilen Monsunklima, das Malaysia zu einem der regenreich-sten Gebiete der Erde macht.

Geschichte: Malaienreich im 10. Jh. einer der mächtigsten Staaten Südostasiens, ab dem 14. Jh. schwindende Bedeutung. Ab 1867 unter britischem Einfluß. Nach japanischer Besetzung im 2. Weltkrieg Gründung eines malaiischen Staatenbunds als britisches Protektorat, 1957 als Malaiischer Bund unabhängig. Am 16. 9. 1963 Gründung der Föderation von Malaysia, aus der sich der Stadtstaat Singapur schon 1965 wieder löste. Wird in 5jährigem Wechel von den 9 Sultanen der Halbinsel Malakka regiert.

Unabhängig seit 31. 8. 1957 (Malaiischer Bund). **Nationalfeiertag:** 31. 8.

Nationalhymne: Text: Gemeinschaftsarbeit unter Ministerpräsident Tunku Abdul Rahman. **Melodie:** wahrscheinlich Pierre-Jean de Béranger (1780–1857). Die Melodie der Hymne von Perak wurde mit neuem Text 1957 als Hymne des Malaiischen Bundes und 1963 von Malaysia übernommen.
»Negara ku / Tanah tumpah-nya darah ku / Ra'yat hidup bersatu dan maju / Rahmat bahgia Tuhan kurnia kan / Raja kita selamat bertakhta . . .«
Heimatland du! / Dein Volk jauchzt wach und vereinigt dir zu. / Daß Gott uns leih Segen und reiches Glück! / Dein Herrscher sei von allem Unglück frei! . . .«

Staatswappen: Von zwei Tigern auf Spruchband (»Einigkeit macht stark«) gehaltener Wappenschild mit den Symbolen der Bundesstaaten. Unten zwischen den Symbolen von Sabah und Sarawak eine Hibiskusblüte, die seit 1967 das Symbol des aus dem Bund ausgetretenen Singapur ersetzt.

MALEDIVEN

Amtlich **Divehi raajje,** Präsidial-Demokratie (Republik) in Südasien, 298 qkm, 226 200 Einwohner (1991) = 759 E/qkm. **Hauptstadt:** Malé (56 000 E). **Währung:** 1 Rufiyaa = 100 Laari. **Mitgliedschaften:** UNO und Unterorganisationen, AsDB, ESCAP, OIC, SAARC, UNCTAD, Colombo-Plan, Commonwealth.

Flagge: Rot umrandetes grünes Feld mit weißem Halbmond, offiziell gehißt am 25. 7. 1965. Die Farbe Rot wird seit alters her von manchen Staaten im Indischen Ozean geführt; Grün und der Halbmond symbolisieren den Islam, der auf den Malediven Staatsreligion ist.

Bevölkerung: Malediver arabisch-malaiisch-singhalesischer Abstammung. **Staatssprache:** Divehi (singhalesischer Dialekt). **Religion:** Sunniten (Islam Staatsreligion). **Verwaltungsgliederung:** 19 Bezirke.

Landesnatur: Inselkette (12 Atolle mit 1200 Inseln, 200 bewohnt) im Indischen Ozean, sehr flach (bis 5 m ü. M.). Feuchtwarmes Monsunklima.

Geschichte: 1518 durch Portugiesen entdeckt, ab 1645 niederländische Kolonie, 1796 unter britischem Einfluß, 1887 britisches Protektorat. 1949 eigener Gouverneur, 1953 innere Selbstverwaltung, am 26. 7. 1965 unabhängiges Sultanat, das 1968 in eine Präsidiale Republik umgewandelt wurde. 1988 indischer Putschversuch.
Unabhängig seit 26. 7. 1965. **Nationalfeiertag:** 26. 7.

Nationalhymne: Text: Mohamed Jameel Didi (* 1915). **Melodie:** Wannakuwattawaduge Don Amaradeva (* 1927). Am 13. 3. 1972 offiziell eingeführt.

»Gavmii mi ekuverikan matii tibegen kuriime salaam, / Gavmii bahun gina heyo du'aa kuramun kuriime salaam. / Gavmii nishaanang hurmataa eku boo lambai tibegen / Audaanakan libigen e vaa dida-ak kuriime salaam . . .«

»Wir grüßen euch in dieser nationalen Einheit. / Wir grüßen euch mit allen guten Wünschen in der Sprache unseres Volkes / Und beugen ehrfurchtsvoll das Haupt vor dem nationalen Symbol . . .«

Staatswappen: Halbmond mit Stern vor Palme, flankiert von zwei Nationalflaggen, darunter Schriftband mit der arabischen Aufschrift »Al-Daulat al Mahldîbîah« (Staat der Tausend Inseln). Die Palme symbolisiert die Landesnatur, der besternte Halbmond die islamische Staatsreligion.

MALI

Amtlich **République du Mali,** Präsidiale Republik in Westafrika, 1 240 142 qkm, 8,3 Millionen Einwohner (1991) = 6,7 E/qkm. **Hauptstadt:** Bamako (650 000 E). **Währung:** 1 CFA-Franc = 100 Centimes. **Mitgliedschaften:** UNO und Unterorganisationen, AGC, AKP, CEAO, CEDEAO, ECA, IPU, OAU, OIC, OMVS, UMOA, UNCTAD.

Flagge: Am 1. 3. 1961 eingeführt. Nach der französischen Trikolore in den panafrikanischen Farben gestaltet. Ähnlich sind die Flaggen vieler französischer Kolonien in Afrika, die um die gleiche Zeit die Unabhängigkeit erlangt haben.

Bevölkerung: Bambara, Fulbe, Senufo, Sarakollé, Songhai u. a., Dogon, Tuareg. **Staatssprache:** Französisch. **Religion:** 75% Muslime, Christen, Naturreligionen. **Verwaltungsgliederung:** 7 Regionen, Hauptstadtdistrikt.

Landesnatur: Binnenstaat vom Oberlauf von Niger und Senegal bis zum Erg Chech in der zentralen Sahara. Wirtschaftlich wichtige Regionen im Süden und Südwesten, ansonsten Dornstrauchsteppe, Wüstensteppe und Sandwüste.

Geschichte: Im Mittelalter Gebiet der afrikanischen Großreiche Ghana, Mali und Songhai. Im 17. Jh. Zerfall. Seit 1658 Vordringen der Franzosen von der Senegalmündung ins Innere des Kontinents, im 19. Jh. Koloniengründung, 1904 Mali als Kolonie »Soudan« eingegliedert. 1960 Soudan und Senegal als »Föderation Mali« unabhängig, noch im gleichen Jahr Auflösung der Föderation, »Soudan« wird Republik Mali. 1968 Militärputsch. 1991 erneuter Militärputsch.

Unabhängig seit 20. 6. 1960. **Nationalfeiertag:** 22. 9.

Nationalhymne: Text: M'pe Bengaly (∗ 1928). **Melodie:** Banzoumana Sissoko, nach anderen Quellen M. Gambetta. Für die Mali-Föderation 1959 geschaffen, am 9. 8. 1962 von der Republik Mali übernommen.

»A ton appel, Mali, / Pour ta prospérité, / Fidèles à ton destin / Nous serons tous unis. / Un peuple, un but, une foi / Pour une Afrique Unie. / Si l'ennemie découvre son front, / Au dedans ou au dehors, / Debout sur les remparts / Nous sommes résolus de mourir.«

»Auf deinen Ruf, Mali, / Zu deinem Wohl, / Treu deinem Los / Sind wir geeint; / Ein Volk, ein Ziel, ein Glaube / An ein geeintes Afrika! / Und wenn der Feind sein Haupt erhebt / Im Innern oder draußen: / Wir sind – aufrecht auf deinen Wällen – / Entschlossen zu sterben für dich.«

Staatswappen: Im runden Feld einheimische Stadtansicht unter fliegendem Vogel, darunter beidseits je ein gespannter Bogen mit aufgelegtem Pfeil, im Unterteil aufgehende Sonne, umgeben von Band mit der Umschrift »Republik Mali – Ein Volk, ein Ziel, ein Glaube«.

MALTA

Amtlich **Repubblika ta'Malta** (maltesisch), **Republic of Malta** (englisch), Republik in Südeuropa, 315,6 qkm, 356 427 Einwohner (1991) = 1129 E/qkm. **Hauptstadt:** Valletta (15 000 E). **Währung:** 1 Maltesische Lira = 100 Cents = 1000 Mils. **Mitgliedschaften:** UNO und Unterorganisationen, CCC, ECE, EG (assoz.), UNCTAD, Commonwealth, Europarat.

Flagge: Weiß mit rotgerändertem Georgskreuz im Obereck – Rot/senkrecht, offiziell gehißt am 21. 9. 1964. Die ursprüngliche Flagge Maltas soll auf den Normannengrafen Roger zurückgehen, der die Insel 1090 den Moslems entriß. Das Georgskreuz wurde der Insel im 2. Weltkrieg für tapferen Widerstand 1943 verliehen.

Bevölkerung: Malteser (Nachkommen von Italienern und Arabern), britische Minderheit. **Amtssprachen:** Maltesisch und Englisch. **Religion:** 98 % römisch-katholisch.

Landesnatur: Drei Inseln (Malta, Gozo, Comino) im Zentrum des Mittelmeers, bis 250 m hohe Kalktafeln ohne Wald und Gewässer, an der buchtenreichen Nordostküste Maltas hervorragende Naturhäfen, deshalb seit alters her Verkehrsknotenpunkt.

Geschichte: Schon in der Jungsteinzeit besiedelt; unter der Herrschaft der Phönizier, Karthager, Römer, Vandalen, Goten, Byzantiner und Araber. Nach Vertreibung der Sarazenen (1090) unter Normannen, Staufern, Anjous und Spaniern, ab 1530 als Besitz des aus Rhodos vertriebenen Johanniterordens souveräne Inselrepublik. 1798 von Napoleon erobert, ab 1814 britische Kolonie. Seit 21. 9. 1964 unabhängig, seit 1974 Republik. 1979 Abzug der letzten britischen Truppen.

Unabhängig seit 21. 9. 1964. **Nationalfeiertag:** 31. 3.

Nationalhymne: Text: Dun Karm Psaila (1871–1961). **Melodie:** Robert Samut (1870–1934). Am 3. 2. 1923 erstmals gespielt, am 7. 4. 1941 und wieder am 21. 9. 1964 zur offiziellen Hymne erklärt.

»Lil din l-Art helwa, l-Omm li tatna isimha, / Hares, Mulej kif dejjem Int harist: / Ftakar li lilha bol-ohla dawl libbist!«

»Guard her, o Lord, as ever Thou hast guarded, / This Motherland so dear whose name we bear! / Keep her in mind whom Thou hast made so fair!«

»Behüte, Herr, wie immer Du behütet, / Dies Vaterland, das uns den Namen gab! / Vergiß es nie, das Du so schön gemacht!«

Staatswappen: Der Schild ist links rot und rechts silbern mit einem silbernen rot umrandeten Georgskreuz. Er ist umrahmt von einem grünen Olivenzweig (links) und einem grünen Palmenzweig (rechts). Zusammengebunden mit einem weißen Band mit der Inschrift: Repubblikka Ta' Malta. Wappen eingeführt: 28. 10. 1988.

MAROKKO

Amtlich **Al Mamlakah al Meghrebia,** Konstitutionelle demokratische und soziale Monarchie in Nordwestafrika, 458 730 qkm, 26 Millionen Einwohner (1991) = 57 E/qkm. **Hauptstadt:** Rabat (mit Salé) 1,4 Mill. E. **Währung:** 1 Dirham = 100 Centimes. **Mitgliedschaften:** UNO und Unterorganisationen, CCC, ECA, IPU, OAU, OIC, UIA, UNCTAD, Arabische Liga.

Flagge: Am 17. 11. 1915 offiziell eingeführt. Die rote Flagge der gegenwärtigen Dynastie ist schon seit über 300 Jahren in Gebrauch. Das grüne Salomonsiegel ist im Jahr 1915 offiziell festgestellt worden. Als Marokko 1956 unabhängig wurde, hat man diese Flagge übernommen.

Bevölkerung: 40% Berber, arabisierte Berber, 20% Araber, Weiße. **Staatssprache:** Arabisch. **Religion:** 95% sunnitische Muslime (Islam Staatsreligion), christliche Minderheit. **Verwaltungsgliederung:** 37 Provinzen, 8 Stadtpräfekturen.

Landesnatur: Bergland des Atlassystems, von Gebirgsketten (bis 4165 m hoch) durchzogen, fruchtbare Küstenebenen im Nordwesten. Im Norden gemäßigtes Mittelmeerklima, im Süden trockenheißes Saharaklima.

Geschichte: 40 n. Chr. römische Provinz Mauretanien, um 7. Jh. Eindringen von Arabern, an deren Eroberung Spaniens sich die Berberstämme beteiligten. Unter der Berberdynastie der Almoraviden (11./12 Jh.) Islamisierung Schwarzafrikas. Seit um 1660 Machtergreifung der noch heute herrschenden Dynastie der Alouiten. Ab dem 15. Jh. Einfälle von Portugiesen, Spaniern und Engländern. Im 19. Jh.

spanische und französische Truppen in Marokko, dieses 1904 Frankreich zugesprochen, 1912 Teilung in französisches und spanisches Protektorat. 1956 Errichtung einer unabhängigen Monarchie. 1975 Besetzung der früher spanischen Westsahara.

Unabhängig seit 2. 3. 1956. **Nationalfeiertage:** 3. 3. und 14. 8.

Nationalhymne: Text: Ali Sqalli Houssaini (* 1932). **Melodie:** Léo Morgan. 1956 zunächst ohne Text verwendet, später Regierungswettbewerb für Königshymne, um 1970 Text übernommen.
»Manbit Al-ahvar / Masriq Al-anwar / Mantada Al-su'dad Wa-hamah / Dumt Muntadah Wa-hamah / Isht Fil-awtan / Lil-ala Unwan / Mil' Kull Janaan / Thikr Kull Lisan / Bil-rooh / Bil-jasad / Habba Fataak / Labbaa Nidaak . . .«
»Born der Freiheit, / Quelle des Lichts, / Wo sich Herrschaft und Sicherheit verbinden, / Sicherheit und Herrschaft, / Seid allzeit verbunden. / Du hast bei den Völkern gelebt, / Mit erhabenem Namen, / jedes Herz erfüllt, / von jeder Zunge gepriesen, / Dein Vorkämpfer hat sich erhoben / und ist deinem Ruf gefolgt . . .«

Königswappen: Seit 1958 in Gebrauch. Grünes Salomonsiegel auf Rot vor Atlasgebirge und aufgehender Sonne. Zwei Löwen als Schildhalter. Auf dem Band unten die Inschrift: »Wenn ihr Gott beisteht, wird auch er euch beistehen.«

MARSHALLINSELN

Amtlich **Republic of the Marshall Islands**, Westpazifik, 180 qkm (Landfläche), 48 091 Einwohner (1991) = 267 E/qkm. **Hauptstadt:** Majuro (17 649 E) (1988). **Währung:** 1 US-Dollar = 100 Cents. **Mitgliedschaften:** UNO und Unterorganisationen.

Flagge: Offiziell eingeführt am 1. 5. 1979. Blau, am Liek weißer Stern mit 24 Zacken. Zwei diagonal laufende Streifen. Blau steht für den Ozean, der Stern symbolisiert die Verwaltungsgebiete; die 4 großen Strahlen verweisen auf die Inseln Majuro, Eniwetok, Jaluit und Kwajalain. Die Farbe Orange gilt für Mut und Wohlstand, Weiß für die Helligkeit.

Bevölkerung: 97% Mikronesier, US-Amerikaner. **Staatssprache:** Englisch, mikronesische Dialekte. **Religion:** katholische und evangelische Christen. **Verwaltungsgliederung:** 24 Distrikte.

Landesnatur: Zwei flache Inselketten mit Erhebungen nicht über 5 m. Typisch sind Palmenwälder und weiße Strände. Durch den Ozean beeinflußtes tropisches Klima.

Geschichte: Bis zum 1. Weltkrieg deutsche Kolonie. Zwischen den Weltkriegen unter japanischer Herrschaft (Völkerbundsmandat). Von 1945–1991 unter US-Herrschaft (UN-Mandat). 1946 wurde die Bevölkerung von Bikini und Enewetak auf die Marshallinseln umgesiedelt, da dort Atombombenversuche unternommen wurden. Seit 1980 ist Enewetak wieder bewohnt. Am 21. 10. 1986 endet das UN-Mandat. Völlige Unabhängigkeit seit dem 17. 9. 1991.

Unabhängig seit 17. 9. 1991. **Nationalfeiertage:** 1. 5. und 17. 9.

Nationalhymne: Noch nicht bekannt.

Wappen: Die Marshallinseln führen noch kein Staatswappen, jedoch ein Staatssiegel. Die Figur im blauen Feld symbolisiert den Geist des Friedens. Weiter typische Werkzeuge: ein Kanu und ein Fischernetz. Weiterhin Kokospalmen. Oben der Stern der Flagge. Wahlspruch: »Jepilpilin ke Ejukaan« (Lang lebe die Nation).

MAURETANIEN

Amtlich **El Dschumhurija el Muslimija el Mauretanija** bzw. **République Islamique de Mauretanie,** Präsidiale Republik in Nordwestafrika, 1 030 700 qkm, 2 Millionen Einwohner (1992) = 1,9 E/qkm. **Hauptstadt:** Nouakchott (450 000 E). **Währung:** 1 Ouguiya = 5 Khoums. **Mitgliedschaften:** UNO und Unterorganisationen, AKP, CCC, CEDEAO, CFA, ECA, OAU, OIC, OMVS, UNCTAD, Arabische Liga.

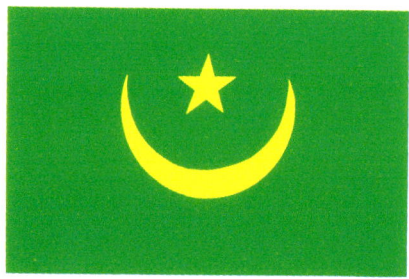

Flagge: Am 1. 4. 1959 offiziell eingeführt. Grünes Grundtuch mit liegendem gelben Halbmond, einen gelben fünfstrahligen Stern umschließend. Grün, Halbmond und Stern sind Symbole des Islam, des Glaubensbekenntnisses praktisch der gesamten Bevölkerung dieser »Islamischen Republik«.

Bevölkerung: 80% Mauren, davon 25% mit schwarzafrikanischem Einschlag, Schwarze, Fulbe. **Staatssprachen:** Arabisch und Französisch. **Religion:** Muslime, malakitischer Richtung (Islam Staatsreligion). **Verwaltungsgliederung:** 12 Regionen und Hauptstadtdistrikt.

Landesnatur: Westküste mit Hauptstadt, dahinter Sahelzone mit Dünengebiet, im Süden die fruchtbare Senegalniederung (zentrale Siedlungszone), gegen Norden Saharazone mit Halb- und Vollwüsten.

Geschichte: Seit dem 12. Jh. zwischen Marokko und dem Malireich geteilt, seit dem 15. Jh. von der arabischen Kriegerkaste, der Beni Hassan, beherrscht. Ab dem 16. Jh. Sklavenhandel durch Portugiesen, Spanier, Holländer, Engländer und Franzosen. Im 19. Jh. französisches Interessengebiet, 1903 Protektorat, 1946 Überseeterritorium, 1960 unabhängig, seit 1978 Militärregierungen.

Unabhängig seit 28. 11. 1960. **Nationalfeiertag:** 28. 11.

Nationalhymne: Textlose Hymne nach einem vertonten Gedicht von Baba Ould Cheikh Sidiya, danach Grundmelodie von Tolia Nikiprowetzky. Melodie 1960 als Staatssymbol angenommen.

Wappen: Am 3. 8. 1960 offiziell eingeführt. Kein Staatswappen, sondern ein Staatssiegel, auf dem die Symbole des Islam von einem Palmbaum und zwei Hirsestecklingen begleitet sind. Die Beschriftung gibt den Staatsnamen in den beiden Amtssprachen Arabisch und Französisch an.

MAURITIUS

Amtlich **Mauritius,** Präsidiale Republik vor Südostafrika im Indischen Ozean, Republik im Commonwealth, 2045 qkm, 1 Million Einwohner (1986) = 489 E/qkm. **Hauptstadt:** Port Louis (170 000 E). **Währung:** 1 Mauritius-Rupie = 100 Cents. **Mitgliedschaften:** UNO und Unterorganisationen, AKP, CCC, ECA, OAU, UNCTAD, Commonwealth.

Flagge: Am 12. 3. 1968 offiziell gehißt. Rot-Blau-Gelb-Grün/waagerecht. Rot steht für das im Kampf um die Unabhängigkeit vergossene Blut, Blau für das den Inselstaat umgebende Meer, Gelb für die Sonne und das goldene Licht der Unabhängigkeit und Grün für den fruchtbaren Boden und seine Vegetation

Bevölkerung: 66% Indo-Mauritier, 29% Kreolen, Chinesen, Weiße. **Staatssprache:** Englisch; Umgangssprachen kreolisches Französisch, Indisch. **Religion:** 50% Hindus, 30% Christen, 16% Muslime. **Verwaltungsgliederung:** 9 Distrikte.

Landesnatur: Inselgruppe (Mauritius, Rodrigues, Agalega, Tschagosatoll) im Indischen Ozean, vulkanischen Ursprungs. Hauptinsel Hochflächen mit bis zu 800 m hohen Bergstöcken, ringsum von Korallenriff eingesäumt. Tropisch-maritimes Klima.

Geschichte: Im 16. Jh. von Portugiesen besetzt, 1598–1710 holländisch (nach dem Statthalter Moritz von Oranien benannt), 1715–1810 französisch, Einfuhr von Negersklaven für Zuckerplantagen, 1810 britisch, 1968 unabhängig.

Unabhängig seit 12. 3. 1968. **Nationalfeiertag:** 12. 3.

Nationalhymne: Text: Jean-Georges Prosper (* 1933). **Melodie:** Philippe Gentil (* 1928). Am 12. 3. 1968 erstmals öffentlich aufgeführt.
»Glory to thee, motherland, o motherland of mine. / Sweet is thy beauty, sweet is thy fragrance, / Around thee we gather as one people, as one nation, for peace, justice and liberty. / Beloved country, may God bless thee for ever and ever.«
»Ruhm dir, Heimatland, o mein Heimatland. / Lieblich ist deine Schönheit, lieblich dein Duft, / Um dich scharen wir uns als ein Volk, eine Nation, für Frieden, Gerechtigkeit und Freiheit, / Geliebtes Land, möge Gott dich immerdar segnen.

Staatswappen: Am 25. 8. 1906 von König Eduard VII. verliehen. Im Schild Schiff (= Besiedlung von außerhalb), Palmen (= tropische Vegetation), Schlüssel und Spitze mit Stern (= strategische Lage, entsprechend dem Motto »Stern und Schlüssel des Indischen Ozeans«). Schildhalter Dodo und Samburhirsch mit Zuckerrohr.

MAZEDONIEN (MAKEDONIEN)

Amtlich **Republika Makedonija,** Präsidiale Republik in Südosteuropa, 25 713 qkm, 2 Millionen Einwohner (1991) = 77,8 E/qkm. **Hauptstadt:** Skopje (507 000 E), 1983. **Währung:** 1 Dinar = 100 Para (neue Währung in Vorbereitung). **Mitgliedschaften:** UNO und Unterorganisationen.

Flagge: Genaue Einführung unbekannt. Rot, in der Mitte gelbe Sonne oder Stern; auch bekannt als der Stern von Vergina, gefunden auf dem Grab des Mazedonierkönigs Phillip II. (382–336 v. Chr.). Erhebliche Probleme mit Griechenland über die Verwendung der Flaggensymbole.

Bevölkerung: 71 % Mazedonier, 21 % Albaner, 5 % Türken. **Staatssprache:** Mazedonisch (offiziell), Serbisch. **Religion:** Mazedonisch-orthodox, Islam. **Verwaltungsgliederung:** noch unbekannt.

Landesnatur: Die ursprünglich sehr fruchtbaren Gebiete sind heute versumpft. Neuere Entwässerungstechniken ermöglichen wieder intensive Landwirtschaft. Im Norden das Sjargebirge, an der albanischen Grenze die Kettengebirge Jablanitsa und Dasjat. Mazedonien besteht aus ehemaligen Gebieten von Jugoslawien, Bulgarien und Griechenland.

Geschichte: Mazedonien ist ein Teil des alten Königreiches Mazedonien. Von Rom 146 v. Chr. als römische Provinz übernommen. Von 395–1389 unter byzantinischer Herrschaft. 1389–1913 osmanische Herrschaft. Nach dem Russisch-Türkischen Krieg 1878 fallen große Gebiete an Bulgarien, nach dem 2. Balkankrieg 1913 weitere Gebiete an Serbien, Bulgarien und Griechenland. 1914 Union mit Serbien und

Kroatien, Slowenien und Montenegro: Königreich Jugoslawien (1929). 1945 autonome Republik Jugoslawien. 1992 Unabhängigkeitserklärung. Von USA und Europa noch nicht anerkannt. 1993 Anerkennung durch die UN unter dem Namen »Fyrom« (Former Yugoslavian Republic of Macedonia).

Unabhängig seit 1. 1. 1992. **Nationalfeiertag:** noch unbekannt.

Nationalhymne: noch unbekannt.

Staatswappen: Noch nicht offiziell. Offenbar ein roter Schild mit einem gekrönten goldenen Löwen. Der Schild trägt eine goldene Zackenkrone. Insgesamt jedoch ist die Gestaltung nicht endgültig und bislang nicht bestätigt.

MEXICO

Amtlich **Estados Unidos Mexicanos,** Präsidiale bundesstaatliche Republik in Mittelamerika, 1 958 128 qkm, 90 Millionen Einwohner (1991) = 45,9 E/qkm. **Hauptstadt:** Ciudad de México (19 Mill. E). **Währung:** 1 Mexikanischer Peso = 100 Centavos. **Mitgliedschaften:** UNO und Unterorganisationen, ALADI, BLADEX, ECLAC, IDB, IPU, OAS, SELA, UNCTAD, Contadoragruppe.

Flagge: Offiziell gehißt am 17. 9. 1968, geht auf eine 1821 der französischen Trikolore nachgebildete Fahne (damals Weiß-Grün-Rot) zurück. Jetzt Grün-Weiß-Rot mit Staatswappen im weißen Feld. Grün symbolisiert die Unabhängigkeit, Weiß die Reinheit der Religion und Rot (spanische Nationalfarbe) die Einigkeit.

Bevölkerung: 75% Mestizen, ca. 15% Weiße, 10% Indianer. **Staatssprache:** Spanisch. **Religion:** 97% römisch-katholisch. **Verwaltungsgliederung:** 31 Staaten, 1 Bundesdistrikt.

Landesnatur: Hochland (1100–1500 m) mit zahlreichen bis 5653 m hohen Vulkanen, im Norden wüstenhafte Kakteensteppe, Küstenebenen mit Lagunen. Drei Klimazonen: heiße Küstenzone, niederschlagsreiche milde Stufenländer, trockenes, mäßig warmes Hochland.

Geschichte: Zum Teil altes indianisches Kulturland (Maya, Tolteken, Olmeken, Azteken u. a.), 1519–1521 von Spanien unter Cortés erobert, in der Kolonialzeit Vizekönigreich. 1810 Beginn des Unabhängigkeitskampfes unter M. Hidalgo, am 24. 8. 1821 Anerkennung der Unabhängigkeit durch Spanien, am 28. 9. 1821 Proklamation. Erst Kaiserreich, 1823 Republik. Bürgerkriege, 1836 Loslösung von Texas, nach Krieg mit USA 1848 Abtretung von Kalifornien, Arizona und

Neumexiko. 1864–1867 Kaiserreich unter dem österreichischen Erzherzog Maximilian, 1910 Revolution und neuer Bürgerkrieg. 1917 neue Verfassung (Sozialreformen), aber keine dauernde Befriedung. Innenpolitische Lage auch heute noch instabil.

Unabhängig seit 16. 9. 1810 (Beginn der Revolution) bzw. 28. 9. 1821 (Ausrufung der Unabhängigkeit). **Nationalfeiertag:** 16. 9.

Nationalhymne: Text: Francisco González Bocanegra (1824–1861). **Melodie:** Jaime Nunó (1824–1908). 1853 entstanden, durch Dekret vom 12. 8. 1854 offiziell anerkannt.
»Mexicanos al grito de guerra / El acero aprestad y el bridón / Y retiembe en sus centros la tierra / Al sonoro rugir del canón . . .«
»Mexikaner, auf, sattelt die Pferde, / Wägt die Waffen, Kriegsschreie drohn; / Nun durchbebe das Innre der Erde / Der Kanone aufgrollender Ton . . .«

Staatswappen: 1821 eingeführt, mehrfach modifiziert, zuletzt am 17. 9. 1968. Es bezieht sich auf die legendäre Gründung der Aztekenhauptstadt (heute Ciudad de México) im Jahr 1325, deren Lage von den Göttern durch einen Adler mit einer Schlange im Schnabel angezeigt worden sein soll.

MIKRONESIEN

Amtlich **Federated States of Micronesia,** Republik im Westpazifik, 702 qkm (Landfläche), 107 662 Einwohner (1991) = 153,3 E/qkm. **Hauptstadt:** Kolonia (Einwohnerzahl unbekannt). **Währung:** 1 US-Dollar = 100 Cents. **Mitgliedschaften:** UNO und Unterorganisationen.

Flagge: Eingeführt am 30. 11. 1978. Blau mit vier weißen, fünfzackigen Sternen. Sie symbolisieren die vier Hauptinseln. Blau steht für Freiheit, Treue und den Pazifik. Weiß gilt für den Frieden unter den neun Bevölkerungsgruppen.

Bevölkerung: Neun mikronesische und polynesische Volksgruppen. **Staatssprache:** Englisch (offiziell), Trukisch, Pohnpeianisch, Yapisch, Kosreanisch. **Religion:** überwiegend Christen. **Verwaltungsgliederung:** 4 Staaten: Truk, Pohnpei, Yap, Kosrea.

Landesnatur: Die größten Inseln Truk, Pohnpei, Yap und Kosrea sind vulkanischen Ursprungs. Bergig mit Koralleninseln. Das Klima ist niederschlagsreich und tropisch.

Geschichte: Erste Ansiedlungen etwa 1500 Jahre v. Chr. In der Neuzeit entdeckt von Magellan im Jahre 1521. Von 1565–1899 zu Spanien. Als Caroline-Islands an Deutschland verkauft. Nach dem 1. Weltkrieg japanisch unter Völkerbundsmandat, nach dem 2. Weltkrieg zu USA unter UN-Mandat. 1986 freie Assoziierung mit den USA. 1990 Ende des UN-Mandates. Die Unabhängigkeit wurde am 17. 9. 1991 offiziell anerkannt.

Unabhängig seit 17. 9. 1991. **Nationalfeiertage:** 10. 5. und 17.9.

Nationalhymne: »Our native land«.

»This here we are pledging with heart and with hand: / Full measure of devotion to thee our native land. / Full measure of devotion to thee our native land.«

»Dies ist der Eid, den wir mit Herz und Hand schwören: / Volle Ergebenheit dem Land unserer Geburt, / Volle Ergebenheit dem Land unserer Geburt.«

Staatswappen: Eingeführt 1979. Auf hellblauem Grund 4 weiße, fünf-zackige Sterne. Eine braune Kokosnuß mit 4 grünen Doppelblättern. Der Hintergrund zeigt 6 Wellenspitzen als Symbol für die 6 früheren Bundesstaaten. Unten ein weißes Band mit grüner Inschrift: »Peace, Unity, Liberty« (Frieden, Einheit, Freiheit). Im weißen Zwischenring die Jahreszahl 1979 und der Staatsname: Government of the United Federated States of Micronesia.

MOLDOWA

Amtlich **Republica Moldoveneasca,** Präsidiale Republik in Südosteuropa, 33 700 qkm, 4,36 Millionen Einwohner (1991) = 129,5 E/qkm.
Hauptstadt: Kischijew (Chisinäu), 720 000 E. **Währung:** 1 Rubel = 100
Kopeken (neue Währung in Vorbereitung). **Mitgliedschaften:** UNO
und Unterorganisationen, GUS, Weltbank, IMF, CSCE.

Flagge: Offiziell seit dem 3. 11. 1990. Die Flagge ist mit der rumäni-
schen identisch. Senkrecht drei Streifen Blau-Gelb-Rot. Auf der gelben Fläche das Staatswappen.

Bevölkerung: 65% Moldauer, 14,2% Ukrainer, 13% Russen, 3,5%
Gagauser, u. a. **Staatssprache:** Moldawisch (offiziell), Russisch und
Gagausisch. **Religion:** Christlich-orthodox und Islam. **Verwaltungs-
gliederung:** noch nicht bekannt.

Landesnatur: Moldowa liegt zwischen den Flüssen Proet im Westen
und der Dnestr im Osten. Die Landschaft wird durch tiefe Flußtäler
geprägt sowie durch die moldawischen Hügel (429 m). Der Norden
und Zentralmoldowa bestehen aus Waldsteppen, der Süden aus reinen
Steppen, die jedoch vollständig kultiviert sind. Das Klima ist gemäßigt
mit milden Wintern und langen heißen Sommern.

Geschichte: Moldowa stand zu Beginn unter römischer Herrschaft,
vom 10.–12. Jh. unter Kiew. Im 13. Jh. mongolische Invasionen. Im
16. Jh. unter türkischer Gewalt als Ostmoldawien bzw. Bessarabien.
Südmoldawien, heute zur Ukraine, wurde abwechselnd von Rußland
und Rumänien beherrscht. Der Ostteil fiel 1812 an Rußland, 1878 auch
der Südteil. 1917 wurde Moldawa autonome sowjetische Republik.
1940 fällt Bessarabien und Bukowina an die SU. 1942–1944 wieder

rumänisch. 1944 erneut Sowjetrepublik. Seit 1989 Bürgerkrieg in Trans-Dnesstr und Gagausien. Unabhängigkeitserklärung am 27. 8. 1991.

Unabhängig seit 27. 8. 1991. **Nationalfeiertag:** 27. 8.

Nationalhymne: noch nicht bekannt.

Staatswappen: Eingeführt am 3. 11. 1990. Ein Adler mit goldenem Kreuz im Schnabel. In den Krallen links ein goldenes Zepter, in den rechten ein Ölzweig. Auf der Brust ein Schild, oben blau mit einem achteckigen, goldenen Stern, unten rot mit einem goldenen Halbmond und einer Rose, in der Mitte ein goldener Auerochsenkopf. Blau und Rot sind die moldauischen Nationalfarben.

MONACO

Amtlich **Principauté de Monaco** bzw. **Principato di Monaco,** Konstitutionelles erbliches Fürstentum im Zollverband mit Frankreich in Südeuropa, 1,95 qkm, 29 712 Einwohner (1991) = 15 236 E/qkm. **Hauptstadt:** Monaco (1700 E). **Währung:** 1 Französischer Franc = 100 Centimes. **Mitgliedschaften:** UNO und Unterorganisationen, IAEA, ICAO, ITU, UNESCO, UPU, WHO, WIPO, IPU, UNCTAD.

Flagge: Rot-Weiß/waagerecht. Offiziell eingeführt am 4. 4. 1881. Die Flaggenfarben von Monaco sind bis 1339 bezeugt; sie gehen auf das Wappen der Familie Grimaldi zurück, die das Fürstentum seit 1297 regiert. Dieselben Farben in gleicher Anordnung zeigt die Flagge Indonesiens.

Bevölkerung: Ca. 50% Franzosen, 17% Monegassen, 17% Italiener. **Staatssprache:** Französisch; Umgangssprache Monegasco. **Religion:** 90% römisch-katholisch.

Landesnatur: Drei Kilometer breiter Küstenstreifen am Mittelmeer an terrassenförmigem Berghang. Hauptstadt auf breitem, etwa 800 Meter ins Meer hineinragendem Felsvorsprung.

Geschichte: Ursprünglich phönizische Kolonie, seit 1297 unter der Herrschaft der Familie Grimaldi, Unabhängigkeit durch Patentbriefe des französischen Königs (1489 und 1512) und des Herzogs von Savoyen (1512) anerkannt. 1793–1814 von Frankreich annektiert, 1815–1869 unter sardinischer Oberhoheit, 1861 Schutzvertrag mit Frankreich, seit 1865 Wirtschafts-, seit 1925 Währungsunion mit Frankreich.

Unabhängig seit 25. 2. 1489 (formelle Anerkennung durch Patentbrief der französischen Krone). **Nationalfeiertag:** 19. 11.

Nationalhymne: Text: Théophile Bellando (1820–1903) französisch; Louis Notari monegassisch. **Melodie:** nach alter monegassischer Volksweise komponiert von Albrecht. Erstmals 1867 in der Öffentlichkeit gespielt.

»Fiers compagnons de la garde civique, / Respectons tous la voix du Commandant, / Suivons toujours notre bannière antique, / Le tambor bat, marchons tous en avant.«

»Als kühne Getreue der Bürgerwehr, / Zum Obristen gehorsam Mann für Mann, / Zieh'n wir hinter dem alten Banner her, / Der Trommler schlägt Parade – nun voran!«

Monegassisch: »Oilà cü ne toca! Oilà cü ne garda! / Fo che cadün sace ben aiço d'aiçi / Despei tugiu sciü d'u nostru paise / Si ride au ventu u meme pavayun / Despei tugiu a curu russa e gianca / E stà r'emblema d'a nostra libertà.«

»Achtung, wer uns berührt! / Achtung, wer uns berührt! / Jeder muß dies wohl wissen: / Seit jeher weht über unserm Lande / Im Winde die gleiche Fahne. / Seit jeher sind die roten und weißen Farben / Das Emblem unserer Freiheit gewesen.«

Fürstliches Wappen: Silbern-rot-gerauteter Schild, umschlungen von der Kette des St.-Karl-Ordens. Die Mönche als Schildhalter beziehen sich auf ein Ereignis in der Geschichte des Fürstenhauses. Auf dem Band »Deo Iuvante« (mit Gottes Hilfe). Das Wappen ist in den Grundelementen schon alt und erhielt seine heutige Form um 1800.

MONGOLEI
(VOLKSREPUBLIK)

Amtlich **Bügd Nairamdach Mongol Ard Uls,** Präsidiale Republik in Zentralasien, 1565 000 qkm, 2,24 Millionen Einwohner (1991) = 1,4 E/qkm. **Hauptstadt:** Ulan Bator (575 000 E). **Währung:** 1 Tugrik = 100 Mongo. **Mitgliedschaften:** UNO und Unterorganisationen, ESCAP, IPU, RGW, UNCTAD.

Flagge: Rot-(mit gelbem Emblem)-Hellblau-Rot/senkrecht. Rot symbolisiert den Sozialismus, aber auch die Liebe und den Sieg. Hellblau den Himmel. Emblem ist das alte mongolische Soyombo-Symbol, früher vom Stern des Kommunismus gekrönt. Die Flagge wurde am 12. 2. 1992 offiziell bestätigt.

Bevölkerung: 87% Mongolen (davon ⅔ Chalcha), 4% Kasachen, russische und chinesische Minderheiten. **Staatssprache:** Chalcha-Mongolisch. **Religion:** Lamaistischer Buddhismus. **Verwaltungsgliederung:** 18 Provinzen und 3 Stadtgebiete.

Landesnatur: Im Südwesten Wüsten (Gobi), Wüstensteppen und Halbwüsten, im Norden und Westen Hochgebirgszüge (bis 4653 m). Niederschlagsarmes Kontinentalklima.

Geschichte: Nach Einigung der Mongolenstämme im 13. Jh. Großreich unter Dschingis-Kahn, Eroberung Chinas, Koreas, Zentral- und Westasiens, Einfälle in Europa. Ab dem ausgehenden 14. Jh. Bestandteil Chinas. Äußere Mongolei 1915 unter russischem Druck autonom, 1921 Ausrufung der kommunistisch-nationalistischen Machtergreifung, am 26. 11. 1924 formelle Umwandlung der Äußeren Mongolei in eine Volksrepublik, deren Souveränität von China erst 1946 völkerrechtlich anerkannt wurde. 1984 Sturz Tsedenbal. 1990 Ende der kommunistischen Macht. 1992 freie Wahlen. Exkommunisten wieder an der Macht.

Unabhängig seit 11. 7. 1921 (Proklamation) bzw. 26. 11. 1924 (Gründung der Volksrepublik). **Nationalfeiertag:** 11. . 7.

Nationalhymne: Text: Zewegmiddiin Gaitaw (1929–1979) und Tschuilyn Tschimid (∗ 1927). **Melodie:** L. Murdorsh. Die Melodie wurde am 26. 4. 1950 durch Erlaß des Präsidiums der Staatsversammlung bestätigt, ein neuer Text am 10. 6. 1961 in Kraft gesetzt.
»Ur'dyn berkh darlalyg usgazh, / Ar dyn erkh zhargalyg togtoozh. / Bukh niitiin zorigiig iltgesen. / Bugd nairamdakh ulsaa baiguulsan. / Saikhan Mongolyn tselger oron. / Saruul khegzhiliin delger guren. / Uriin urd enkhzhin badartugai. / Uriin urd bekhzhin mandtugai.«
»Durch die Abschaffung früheren Unrechts und Leidens. / Durch die Wahrung der Rechte und des Glücks des Volks, / Durch die Errichtung der Volksrepublik, / die dem Willen aller entspringt, / Wird die schöne und prächtige Land der Mongolei, / die große und reiche Nation, / Von Generation zu Generation erstarken, / Möge sie von Generation zu Generation wachsen.«

Staatswappen: Offiziell eingeführt am 13. 1. 1992. Blauer Schild auf weißem Lotus-Blüten-Postament. In der Mitte stilisiertes Pferd mit Soyombo-Emblem in Gold. Im Schildfuß ein weißes Steuerrad mit 8 goldenen Speichen mit blauen Schärpen umwickelt. Die Bogen im Hintergrund symbolisieren Berge. Umrandet mit dem »Tumen Nasan«. Im oberen Rand drei Edelsteine.

MOSAMBIK

Amtlich **República Popular de Moçambique,** Republik in Südost-
afrika, 799 380 qkm, 15,1 Millionen Einwohner (1991) = 18,9 E/qkm.
Hauptstadt: Maputo (1 Mill. E). **Währung:** 1 Metical = 100 Centavos.
Mitgliedschaften: UNO und Unterorganisationen, AKP, ECA, IPU,
OAU, SADCC, UNCTAD.

Flagge: Im April 1983 offiziell eingeführt. Grün-Schwarz-Gelb/waage-
recht, schmale weiße Trennstreifen, am Mast rotes Dreieck mit
Emblem . Grün: fruchtbarer Boden, Rot: Freiheitskampf,
Schwarz: afrikanischer Kontinent, Gelb: Bodenschätze.
1992 war das Emblem kurzzeitig geändert worden.

Bevölkerung: Bantu (33% Makua, 23% Tonga, Schona u. a.). **Staatssprache:** Portugiesisch. **Religion:** Naturreligionen, 15% Christen,
13% Muslime. **Verwaltungsgliederung:** 10 Provinzen.

Landesnatur: 2500 km langer Küstenstreifen am Indischen Ozean,
Tiefland mit Savannen und Wald, zum Hochland (Trockensavannen)
aufsteigend. Zahlreiche Flüsse mit fruchtbarem Schwemmland. Tropisches und randtropisches Klima.

Geschichte: Im Mittelalter von Arabern besucht. Nach Entdeckung
des Seewegs nach Indien (1497) ab 1505 von den Portugiesen als
Zwischenstation für die Indienschiffahrt ausgebaut. Grenzfestlegung
der portugiesischen Kolonie im späten 19. Jh. Nach dem 2. Weltkrieg
Überseeprovinz, ab 1964 Freiheitskampf der FRELIMO, 1975 Gewährung der Unabhängigkeit, aber weiterhin Guerillakrieg mit auslän-
dischen Einflüssen. 1992 Waffenstillstand zwischen Regierung und
Renamo-Guerillas.

Unabhängig seit 25. 6. 1975. **Nationalfeiertag:** 25. 6.

Nationalhymne: Text und **Melodie:** Justino Sigaulna Chemane
(∗ 1923). 1975 eingeführt.

»Viva, viva a FRELIMO, guia do povo Moçambicano! / Povo heróico
qu'arma em pinho o colonialismo derrubou. / Todo o Povo unido desde
o Rovuma atéo Maputo, / Luta contra imperialismo continua e sempre
vencera. / Viva Moçambique! Viva a bandeira símbolo nacional! / Viva
Moçambique! Que por ti o Povo lutará.«

»Lang lebe FRELIMO, Führer des Volks von Mosambik! / Heldenhaftes Volk, das mit der Waffe in der Faust den Kolonialismus gestürzt
hat. Vereint kämpft das ganze Volk, von Rovuma bis Maputo! / Gegen
den Imperialismus weiter und wird siegen. / Es lebe Mosambik! Es lebe
die Fahne, Symbol der Nation! / Es lebe Mosambik, für dich wird dein
Volk kämpfen!«

Staatswappen: Hacke, Kalaschnikow, aufgeschlagenes Buch und
Zahnrad symbolisieren den Bauernstand, wachsame Verteidigungsbereitschaft, Bildung und Industrie, der gelbgeränderte rote Stern steht
für die Unabhängigkeit und die politische Ausrichtung des Staates;
dessen Name in Portugiesisch auf dem Band.

MYANMAR

Amtlich **Pyeidaungrū Myanma Naingngandaw,** Föderative Republik in Südostasien, 675 476 qkm, 42,1 Millionen Einwohner (1991) = 62,3 E/qkm. **Hauptstadt:** Yangon, früher Rangun (2,7 Mill. E). **Währung:** 1 Kyat = 100 Pyas. **Mitgliedschaften:** UNO und Unterorganisationen, AsDB, ESCAP, UNCTAD, Colombo-Plan.

Flagge: Rot mit blauem Obereck, darin in Weiß Zahnrad mit Reisähren, umgeben von 14 Sternchen (seit 3. 1. 1974). Zahnrad und Reis symbolisieren Industrie und Landwirtschaft, die Sternchen die 14 Staaten und Divisions der Republik. Die erste Fahne Birmas zeigte im Obereck einen von 5 Sternchen eingefaßten großen Stern.

Bevölkerung: 72% Birmanen, 9% Shan, 7% Karen, 2% Chin, 1% Kachin, Inder, Chinesen, Restvölker. **Staatssprache:** Birmanisch; Englisch wichtige Handelssprache. **Religion:** 85% Theravada-Buddhisten, 3% Muslime, je ca. 2% Hindus und Christen. **Verwaltungsgliederung:** 7 Staaten und 7 Divisions.

Landesnatur: In Nord-Süd-Richtung streichende Bergketten und Stromtäler (Irawadi, Tschindwin, Saluën u. a.); wichtigste Wirtschaftsgebiete das über 2000 km lange Irawadibecken und das Küstentiefland. Tropisches Monsunklima; nur im Landesinneren teilweise sehr trocken.

Geschichte: Im 18. Jh. aus den Teilreichen Arakan und Awa gebildet, 1824–1884 von den Briten in drei Feldzügen unterworfen, 1886 an Britisch-Indien angegliedert, ab 1937 selbständige britische Kolonie, 1942–1945 von Japan besetzt. Am 1. 1. 1948 Ausrufung der Union von Birma, unabhängig seit 4. 1. 1948. Seit 1962 von wechselnden Militärregierungen beherrscht. 1989 Änderung des Staatsnamens Birma in Myanmar. 1990 freie Wahlen. Von der Militärregierung jedoch nicht anerkannt.

Unabhängig seit 4. 1. 1948. **Nationalfeiertage:** 4. 1. (Unabhängigkeitstag) und 12. 2. (Unionstag).

Nationalhymne: Erstmals offiziell am 22. 9. 1947 gesungen; als Nationalhymne eingeführt am 4. 1. 1948. **Melodie** und **Text** von Saya Tin (1914–1947); der Text geht auf ein Gedicht von Thakin Ba Thoung zurück.
»Ga ba ma kyae, Bama Pye, / Do bo bwa a mway a sit mo chit myat no be. / Pye daung su go a thet pay lo / Do ka kware malay; / Da do pye, da do mye, / Do pine de pye. / Do pye, do mye . . .«
»Laßt euch die Welt nicht Birma ersetzen, / Wahres Ahnenerbe, das wir lieben und schätzen, / Geweiht unser Leben der Einigkeit, / Stehn wir zum Schutz bereit / Für die Heimat, für unser Land; / Wir gehören ihm an, / Unserem Vaterland . . .«

Staatswappen: Das heutige Wappen wurde nach der Verfassungsänderung von 1974 eingeführt. Das Zahnrad in der Mitte trägt die Landkarte Birmas. Die Löwen symbolisieren durch Weisheit gebändigte Kraft und Tapferkeit, das Band zu ihren Füßen trägt den Namen des Landes.

NAMIBIA

Amtlich **Namibia,** Republik in Südwestafrika, 824 296 qkm (ohne Walfischbai, 823 150 qkm), 1,7 Millionen Einwohner (1988) = 2,06 E/qkm. **Hauptstadt:** Windhuk (mit Katutura und Khomasdal), 114 500 E (1987). **Währung:** 1 Südafrikanischer Rand = 100 Cents. **Mitgliedschaften:** UNO und Unterorganisationen.

Flagge: Am 21. 3. 1990 offiziell gehißt. Oben blaues Dreieck mit gelber Sonne (12 Strahlen) mit blauem Ring. Schrägstreifen rot mit weißen Randstreifen. Unten grünes Dreieck. Blaues Dreieck Symbol für Himmel, Regen, Wasser. Sonne = Kraft und Leben. Roter Schrägstreifen = das Volk. Weißer Rand = Einheit/Friede. Grünes Dreieck = Vegetation.

Bevölkerung: Etwa 85 % Bantugruppen, 7 % Weiße, 6 % Mischlinge (Coloredos). **Staatssprachen:** Amtssprachen = Englisch und Afrikaans, weitere Landessprachen Deutsch und zahlreiche Bantudialekte. **Religion:** 80 % Christen (Protestanten). **Verwaltungsgliederung:** 21 Distrikte (5 Provinzen).

Landesnatur: Inneres Namibia ist ein Hochland (1400–1800 m über dem Meer). Im Osten abfallend in das Kalahari-Becken. Nach Westen steil ins Meer abfallend. Höchster Berg: Brandberg (2610 m). Hauptregionen von Westen nach Osten: Küstenstreifen mit der Namid-Wüste, meist unbesiedelt, bis auf die Diamantenfelder; Zentralplateau mit der Hauptstadt Windhuk; östlich die Kalahari-Wüste mit wenig Vegetation. Im Norden bewohnte Steppe mit relativ hohen Niederschlägen.

Geschichte: Erste Kontakte der Ureinwohner mit weißen Händlern Mitte des 19 Jh.s. 1879 annektierte die Kapregierung die Walfischbai.

Das Deutsche Reich übernimmt den Schutz des Kaufmanns Lüderitz als Deutsch-Südwestafrika. 1908 Entdeckung von Diamanten. Südafrikanische Truppen besetzen das Land im 1. Weltkrieg im Juli 1915. Südafrika erhält das Gebiet als C-Mandat im Jahr 1920. 1946 Eingliederung Südwestafrikas als 5. Provinz von Südafrika, Unterstellung unter die UNO. 1985 Bildung einer Übergangsregierung und ab 1989 Beginn des Unabhängigkeitsprozesses.

Unabhängig seit 21. 3. 1990. **Nationalfeiertag:** 21. 3.

Nationalhymne: Eingeführt am 21. 3. 1990. **Melodie:** Axali Doeseb (arrangiert Konrad Schwieger). **Text:** Axali Doeseb.
»Namibia land of the brave / Freedom fight we have won / Glory to their bravery / Whose blood waters our freedom / Namibia our country / Namibia Motherland / We love thee.«
»Namibia, Land der Tapferen / den Freiheitskampf haben wir gewonnen / Ehre den Tapferen / Deren Blut unsere Freiheit trägt / Namibia unser Land / Namibia Mutterland / Wir lieben dich.«

Staatswappen: Eingeführt am 21. 3. 1990. Schild blau mit goldener Sonne und 12 Strahlen. Schildhalter zwei Oryx. Auf dem Schild 6 stilisierte Diamanten. Darüber Fischadler. Unter dem Schild grüne Welwitschia Mirabilis mit roten Blüten. Weißes Band: »Unity, Liberty, Justice«.

NAURU

Amtlich **Naoero,** Parlamentarische Republik in Ozeanien, 21,3 qkm, 9333 Einwohner (1991) = 438 E/qkm. **Hauptstadt:** Yaren. **Währung:** 1 Australischer Dollar = 100 Cents. **Mitgliedschaften:** IOCAO, ITU, UPU, ESCAP, SPC, SPEC, SPF, Commonwealth.

Flagge: Die am 31. 1. 1968 eingeführte Flagge veranschaulicht die geographische Lage des Inselstaats: Er liegt dicht unter dem Äquator westlich der internationalen Datumsgrenze. Der 12strahlige weiße Stern steht für die 12 Stämme von Nauru, von denen freilich zwei inzwischen ausgestorben sind.

Bevölkerung: 57% Nauruaner (polynesisch-mikronesisch-melanesische Mischrasse), 26% Gastarbeiter, 9% Chinesen und Vietnamesen. **Staatssprachen:** Englisch und polynesisches Nauruisch. **Religion:** Vorwiegend Protestanten, Katholiken. **Verwaltungsgliederung:** 13 Gemeindebezirke.

Landesnatur: Von Korallenriff umkränzte Koralleninsel im Pazifik, ungemein reich an Guano und Phosphaten, deren Abbau dem Zwergstaat Wohlstand sichert.

Geschichte: 1798 vom britischen Seefahrer Fearn entdeckt, 1886 dem Deutschen Reich einverleibt, das 1906 mit dem Phosphatabbau begann. Nach dem 1. Weltkrieg australisches Völkerbundmandat, im 2. Weltkrieg von Japan besetzt. 1947 UNO-Treuhandgebiet, seit 1968 selbständige Republik.

Unabhängig seit 31. 1. 1968. **Nationalfeiertag:** 1. 2.

Nationalhymne: Text: Margaret Hendrie. **Melodie:** Laurence Henry Hicks (* 1912). Am 31. 1. 1968 offiziell angenommen.

»Nauru bwiema, ngabena ma auwe, / Ma dedaro bwe dogum, mo otata bet edgom. / Atsin ngago bwien okor, ama bagadugu / Epoa ngabuna ri nan orre bet imur. / Ama memag ma nan epodan eredu won engiden, / Mi yan aema ngeiyin ouge, / Nauru eko dogin!«

»Nauru, unsere Heimat, inniggeliebtes Land, / Wir beten für dich und loben auch deinen Namen. / Lang schon bist du die Heimat unserer großen Ahnen / und wirst das noch für viele Generationen bleiben. / Gemeinsam ehren wir alle deine Flagge, / Und gemeinsam freuen wir uns und sagen: / Allzeit Nauru!«

Staatswappen: Auf dem von Palmwedeln eingefaßten Schild oben das alte Symbol für Phosphor (Phosphate sind der wirtschaftliche Reichtum des Landes), darunter ein Fregattvogel und ein Zweig von Tomanoblüten. Über dem Schild der die Stämme von Nauru symbolisierende 12strahlige Stern.

NEPAL

Amtlich **Nepal Adiraiya,** Konstitutionelle Hindumonarchie in Südasien, 140 797 qkm, 19,6 Millionen Einwohner (1991) = 139,2 E/qkm.
Hauptstadt: Katmandu (420 000 E). **Währung:** 1 Nepalesische Rupie
= 100 Paisa, 50 Paisa = 1 Mohur. **Mitgliedschaften:** UNO und Unterorganisationen, AsDB, ESCAP, IPU, SAARC, UNCTAD, Colombo-Plan.

Flagge: Am 16. 12. 1961 eingeführt; die einzige nicht rechtwinklige
Flagge der Welt. Sonne und Mond verkörpern die Hoffnung, die
Nation möge so lange Bestand haben wie diese Himmelskörper. Kar-
minrot ist die Nationalfarbe von Nepal.

Bevölkerung: Nepali: tibeto-nepalesische, tibetische, indo-nepalesi-
sche Gruppen, tibetische Flüchtlinge. **Staatssprachen:** Nepali, Bihari,
Newari, Maithili, tibetische Dialekte. **Religion:** 75 % Hindus (Staatsreligion), Mahayana-Buddhisten, Muslime. **Verwaltungsgliederung:**
14 Regionen.

Landesnatur: Überwiegend Hochgebirgsland (Himalaja, bis 8848 m
hoch), beckenreiches Hochtal von Nepal, das im Süden in das dichtbewaldete Tiefland von Tarai übergeht. Dort niederschlagsreiches Monsunklima, 15 % der Staatsfläche vom ewigen Schnee bedeckt.

Geschichte: Seit dem 5. Jh. bedeutendes kulturelles Zentrum des
Buddhismus, unter tibetischer bzw. chinesischer Oberherrschaft. Ab
1768 von den Gurkhas erobert, Gründung eines vereinigten Königreiches unter der Rana-Dynastie als erbliche »Ministerpräsidenten«.
1951 Stärkung der Königsmacht durch Sturz der Rana-Dynastie mit
indischer Hilfe, aber bislang noch keine Demokratisierung; Kinder-
heirat, Kastensystem und Polygamie 1963 abgeschafft.

Gründung des vereinigten Königreichs 1768. **Nationalfeiertag:** 12. 12.

Nationalhymne: Text: Sri Chakrapani Chalise (1884–1959). **Melodie:** Bakhatbir Budhapirithi (1857–1920). Musik um 1900 komponiert, Text um 1923 unterlegt.

»Sriman gambhira nepali pracanda pratapa bhupati, / Sri panc sarkar maharajadhiraj ko sada rahe unnati; / Rakhun cirayu isale, praje pha-liyos, pukaraum jaya premale / Hami nepali bhai sarale . . .«

»Ruhm kröne, machtvoller Fürst, Dich, den wackeren, den Nepale-sen, / Shri Pansh Maharajadhiraja, unseren glanzvollen Herrscher. / Möge lang noch sein Leben sein, und möge anschwellen seiner Unter-tanen Zahl. / Dieses singe jeder Nepalese froh . . .«

Staatswappen: Hauptbestandteil ist die nepalesische Landschaft mit den Himalajabergen im Hintergrund, einer weißen Kuh, einem Fasan und Rhododendronblüten. Auf dem Band mit der Aufschrift »Das Heimatland ist teurer als das Himmelreich« zwei Gurkhasoldaten; oben Khukuri-Dolche, Flaggen und Königskrone.

NEUSEELAND

Amtlich **New Zealand,** Konstitutionelle Monarchie im Commonwealth in Ozeanien, 269 063 qkm, 3,3 Millionen Einwohner (1991) =
12,2 E/qkm. **Hauptstadt:** Wellington (350 000 E). **Währung:** 1 Neusee-
land-Dollar = 100 Cents. **Mitgliedschaften:** UNO und Unterorganisationen, AsDB, ANZUS, CCC, CER, ESCAP, IEA, IPU, OECD,
SPC, SPEC, SPF, UNCTAD, Colombo-Plan, Commonwealth.

Flagge: Am 12. 6. 1902 offiziell eingeführt. Blau mit »Union Jack« im
Obereck, daneben Kreuz des Südens aus vier weißgeränderten roten
Sternen. Flagge in heutiger Form seit 23. 10. 1869 zum Gebrauch auf
regierungseigenen Seefahrzeugen eingeführt.

Bevölkerung: Neuseeländer fast ausschließlich britischer Abstam-
mung (85 % im Land geboren), 10 % Maori, chinesische und indische
Minderheiten. **Staatssprache:** Englisch. **Religion:** 70 % Protestanten
(Anglikaner, Presbyterianer), 18 % Katholiken, Maori-Religionen.
Verwaltungsgliederung: 91 Counties, 129 Boroughs, 3 Town Councils,
9 District Councils.

Landesnatur: Inselstaat im Pazifik, zwei Hauptinseln, von den bis 3764
m hohen neuseeländischen Alpen durchzogen. Siedlungszentren in
den fruchtbaren Küstenebenen. Maritimes Klima mit übers ganze Jahr
verteilten Niederschlägen. Außengebiete mit innerer Autonomie sind
die Cookinseln und Niue; zu Neuseeland gehören ferner die Tokelau-
Inseln (10,2 qkm, 1580 E) und in der Antarktis die Ross Dependency
(414 400 qkm).

Geschichte: Etwa im 14. Jh. von Maoris besiedelt, 1642 von dem
Holländer Tasman entdeckt, Küsten 1769–1770 von Kapitän Cook

erkundet, ab 1840 britisch, Beginn planmäßiger Besiedlung, 1907 als Dominion faktisch unabhängig, 1931 durch Westminster-Statut volle nominelle Autonomie (siehe auch unter Autonome Gebiete/Außenbesitzungen im Anhang).

Unabhängig seit 26. 9. 1907 (faktisch) bzw. 11. 12. 1931 (nominell).
Nationalfeiertage: 6. 2. und 25. 4.

Nationalhymne: Text: Thomas Bracken (1843–1898). **Melodie:** John Joseph Woods (1849–1934). Am 21. 11. 1977 neben der englischen Königshymne als Nationalhymne Neuseelands angenommen.
Maori: »E Ihoa Atua, / O nga Iwi! Matoura. / Ata whaka rongona; / Me aroha noa. / Kia hua kotepai; / Kia tau to atawhai; / Manaakitia mai / Aotearoa.«
»Zu des Völkergottes Fuß / Tauschen wir den Bruderkuß. / Dies Gebet er hören muß: / Schütze, Gott, dies Freiland. / Weltmeers Dreistern hüt vor Leid, / Vor dem Pfeil von Krieg und Streit, / Und sein Preis erklinge weit. / Schütze, Gott, dieses Eiland.«

Staatswappen: Schild zweimal gespalten, mit Kreuz des Südens und Symbolverweisen auf Ackerbau, Schiffahrt, Viehzucht und Industrie (Garbe, 3 Galeeren, Vlies, Berghämmer). Als Schildhalter weiße Frau mit Flagge und Maorikrieger mit Speer, auf dem Schriftband der Staatsname.

NICARAGUA

Amtlich **República de Nicaragua,** Präsidiale Republik in Mittelamerika, 130 000 qkm, 3,75 Millionen Einwohner (1991) = 28,8 E/qkm. **Hauptstadt:** Managua (1 Mill. E). **Währung:** 1 Córdoba = 100 Centavos. **Mitgliedschaften:** UNO und Unterorganisationen, BCIE, CACM, CECLA, CONDECA, ECLAC, IDB, IPU, MCCA, OAS, ODECA, SELA, UNCTAD.

Flagge: Am 27. 8. 1971 offiziell gehißt. Die Flagge entspricht fast genau der 1823 eingeführten Flagge der Zentralamerikanischen Föderation. Heute sind zwei Versionen offiziell: Blau-Weiß-Blau/waagerecht mit und ohne Staatswappen im weißen Mittelstreifen.

Bevölkerung: 65 % Mestizen, 17 % Weiße, 16 % Schwarze, Mulatten, Indianer. **Staatssprache:** Spanisch; Verkehrssprachen auch Englisch, Chibcha. **Religion:** 95 % römisch-katholisch. **Verwaltungsgliederung:** 16 Departamentos.

Landesnatur: An der Karibik sumpf- und lagunenreiche Moskitoküste, im Zentrum Gebirgsketten, waldreich, im Westen Grabenbruchzone mit Managua- und Nicaraguasee. Junge Vulkane, erdbebenreich.

Geschichte: 1502 von Kolumbus entdeckt, ab 1522 spanische Kolonie. 1821 Proklamation der Unabhängigkeit, bis 1838 Mitglied der Zentralamerikanischen Föderation, im 19. und 20. Jh. mehrere militärische Interventionen der USA, starker wirtschaftlicher Einfluß. Gegen Somoza-Diktatur (seit 1936) Aufstand der Sandinisten, seit 1979 linksgerichtetes Regime, Bürgerkrieg mit ausländischer Einmischung. 1984 nach freien Wahlen Regierung der Sandinisten. 1990 Wahlen: Chamorra-Regierung.

Unabhängig seit 15. 9. 1821 (Proklamation) bzw. 30. 4. 1838 (Austritt aus der Zentralamerikanischen Föderation). **Nationalfeiertage:** 19. 7. und 15. 9.

Nationalhymne: Text: Salomón Ibarra Mayorga. **Melodie:** vor 1821 entstanden, Komponist unbekannt. Melodie seit 1835 als National-symbol in Gebrauch, seit 23. 4. 1918 offiziell. Text 1918 verfaßt, am 20. 10. 1939 amtlich bestätigt. Auch nach dem Machtwechsel 1979 beibe-halten.

»Salve a tí Nicaragua en tu suelo / Ya no ruge la voz del cañón, / Ni se tiñe con sangre de hermanos / Tu glorioso pendón bicolor.«

»Heil sei dir, Nicaragua, deine Erde / Dröhnt nicht mehr vom Donnern der Schlacht, / Und dein ruhmreiches, zwiefarbnes Banner / Befleckt das Blut von Brüdern nicht mehr.«

Staatswappen: Entspricht weitgehend dem am 21. 8. 1823 eingeführten Vulkanwappen der Zentralamerikanischen Föderation. Die fünf Vul-kane stehen für die fünf Mitgliedstaaten der Föderation, das Dreieck symbolisiert Gleichheit, die phrygische Mütze Freiheit und der Regen-bogen Hoffnung.

NIEDERLÄNDISCHE ANTILLEN

Amtlich **Nederlandse Antillen,** Autonomes Gebiet des Königreiches der Niederlande in der Karibik, 993 qkm (Landfläche 800 qkm), 183 872 Einwohner (1991) = 185 E/qkm. **Hauptstadt:** Willemstad. **Währung:** 1 Antilliaanse Gulden = 100 Cent. **Mitgliedschaften:** EG assoziert.

Flagge: Offiziell eingeführt am 31. 12. 1984. Weiß mit rotem Streifen, darüber ein blauer. Die Farben verdeutlichen die Verbindung zu den Niederlanden. Die 5 weißen Sterne stehen für die 5 Hauptinseln. Außer St. Eustatius hat jede Insel zusätzlich eine eigene Flagge.

Bevölkerung: 85% afrikanischer Abstammung, Europäer und Kariben. **Staatssprache:** Niederländisch (offiziell) und Papiamento (Dialekt). **Religion:** überwiegend römisch-katholisch, Protestanten u. a. **Verwaltungsgliederung:** 5 Inseln: Curaçao, Bonaire, Saba, St. Eustatius und St. Maarten (niederländischer Teil).

Landesnatur: Wie Aruba sind die Inseln Curaçao und Bonaire unter dem Namen »Inseln unter dem Winde« bekannt; die Inseln St. Maarten, Saba und St. Eustatius als »Inseln über dem Winde«. Die Inseln sind flach, z. T. leicht hügelig, Saba und St. Eustatius sind vulkanischen Ursprungs. Das Klima ist tropisch mit ständigem Nordostpassat.

Geschichte: Im 15. Jh. von Kolumbus entdeckt. 1515 wird die gesamte Bevölkerung durch Spanien als Skalven verschleppt. 1527 werden Curaçao, Bonaire und Aruba spanisch. Im 17. Jh. werden Saba, St. Eustatius und St. Maarten kolonisiert. 1675 wird Curaçao internationaler Freihafen. 1863 Abschaffung der Sklaverei, 1918 erste Niederlassung von Ölindustrie. 1954 werden die Niederländischen Antillen offizieller Teil des Königreiches der Niederlande. 1977 Referendum von Aruba für Unabhängigkeit. 1985 getrennte Wahlen auf Aruba und den Niederländischen Antillen. Am 1. 1. 1986 tritt Aruba aus der Union aus.

Unabhängig seit 29. 12. 1954 autonom (Selbstverwaltung). **National-feiertage:** 29. 12. und 30. 4.

Nationalhymne: Offiziell die holländische Hymne. Curaçao und Saba haben jeweils eine eigene Hymne.

Staatswappen: Offiziell seit dem 30. 10. 1959. Geändert im Jahr 1986. Ein goldener, rotumrandeter Schild mit 5 fünfzackigen Sternen. Das Motto: »Libertate Unanimus« (Wir vereinigen uns in Freiheit).

NIEDERLANDE

Amtlich **Koninkrijk der Nederlanden,** Konstitutionelle parlamentarisch-demokratische Monarchie in Westeuropa, 41 548 qkm, 14,5 Millionen Einwohner (1986) = 349 E/qkm. **Hauptstadt:** Amsterdam (680 000 E); **Regierungssssitz** und **Residenz:** Den Haag (450 000 E). **Währung:** 1 Holländischer Gulden = 100 Cent. **Mitgliedschaften:** UNO und Unterorganisationen, AsDB, BENELUX, BIZ, CCC, ECE, ECLAC, EG, EPA, ESA, ESCAP, EWA, IDB, IPU, NATO, OECD, UNCTAD, WEU, Europarat.

Flagge: Die älteste republikanische Trikolore der Welt, im Freiheitskampf gegen Spanien unter Führung des Prinzen von Oranien-Nassau 1579 in Orange-Weiß-Blau eingeführt; rot-weiß-blaue Version erstmals am 14. 2. 1796 offiziell festgestellt, erneut 1806 und 1816 bestätigt, letztmals durch königliche Verordnung vom 19. 2. 1937.

Bevölkerung: Niederländer, 500 000 Friesen, Farbige aus ehem. Überseegebieten, Türken, Marokkaner u. a. **Staatssprache:** Niederländisch. **Religion:** 40 % römisch-katholisch, 36 % Protestanten. **Verwaltungsgliederung:** 12 Provinzen.

Landesnatur: Tiefland, zum Teil unter Meereshöhe, durch über 2000 km langes System von Deichen geschützt, nur im äußersten Südosten bis 321 m hohe Ardennenausläufer. In der einstigen Zuidersee durch Trockenlegung umfangreiche Landgewinne.

Geschichte: 1477 habsburgisch, 1555 spanisch, 1566–1648 Freiheitskriege, u. a. unter Wilhelm von Oranien, 1579 Utrechter Union, 1581 Republik der Vereinigten Niederlande, 1648 im Westfälischen Frieden anerkannt. Im 17. Jh. führende See- und Kolonialmacht, 1795–1806 als Batavische Republik zu Frankreich, 1806 Königreich unter Louis Bonaparte, 1815 unter Wilhelm I. von Oranien Vereinigung mit Belgien, das 1830 selbständig wurde. Im 2. Weltkrieg von deutschen Truppen besetzt. 1947 Zollunion, 1958 Wirtschaftsunion mit Belgien und Luxemburg (siehe auch unter Autonome Gebiete/Außenbesitzungen im Anhang).

Unabhängig seit 26. 7. 1581 (Proklamation) bzw. 24. 10. 1648 (Anerkennung im Westfälischen Frieden). **Nationalfeiertage:** 30. 4. (Tag der Königin), 5. 5. (Tag der Befreiung 1945).

Nationalhymne: Text: Philips van Marnix, Herr von Sint Aldegonde (1540–1598). **Melodie:** Komponist unbekannt.
»Wilhelmus van Nassouwe / Ben ick van Duytschen Bloet, / Den Vaterlant ghetrouwe / Blijf ick tot inden doet; / Een Prince van Orangien / Ben ick vry onverveert, / Den Coninck van Hispangien / Heb ick altiijt gheert . . .«
Zeitgenössische deutsche Übersetzung:
»Wilhelmus von Nassawe / Bin ich von teutschem blut, / Dem Vaterland getrawe / Bleib ich bis in den todt. / Ein Printze von uranien / Bin ich frey unerfehrt / Den König von Hispanien / Hab ich allzeit geehrt . . .«

Staatswappen: Im blauen Feld ein goldener gekrönter Löwe, in der Rechten ein Schwert, in der Linken ein Bündel von sieben Pfeilen; durch Erlaß des Königs Wilhelm I. vom 24. 8. 1815 eingeführt. Unter dem Schild Wilhelms Motto »Je Maintiendrai« (Ich werde beharren). Kombination der Wappen von Oranien-Nassau und Holland.

NIGER

Amtlich **République du Niger,** Präsidiale Republik in Westafrika 1 267 000 qkm, 8,1 Millionen Einwohner (1991) = 6,4 E/qkm. **Hauptstadt:** Niamey (380 000 E). **Währung:** 1 CFA-Franc = 100 Centimes. **Mitgliedschaften:** UNO und Unterorganisationen, AGC, AKP, CCC, CEAO, CEDEAO, ECA, OAU, OCAM, OIC, UMOA, UNCTAD.

Flagge: Am 23. 11. 1959 offiziell eingeführt. Orange-Weiß-(mit oranger Scheibe)Grün/waagerecht. Orange steht für die Sahara, Weiß für Reinheit und Unschuld, Grün für das grasreiche Tal des Niger. Die Scheibe symbolisiert die Sonne, aber auch die Verteidigungsbereitschaft des nigerianischen Volkes.

Bevölkerung: 53 % Haussa, 26 % Sudangruppen (Dscherma, Songhai), 11 % Fulbe, 3 % Tuareg. **Staatssprache:** Französisch; Verkehrssprachen Songhai-Dscherma u. a. **Religion:** 85 % Muslime, Naturreligionen, christliche Minderheit. **Verwaltungsgliederung:** 7 Départements.

Landesnatur: Zwei Drittel Halb- und Vollwüsten, nur im Süden und Südwesten Savannenzone mit Weiden und Feldbau. Gebirgszüge des Air bis 1400 m hoch.

Geschichte: Von Europäern erst im 19. Jh. erkundet, ab 1904 in die Kolonie Französisch-Westafrika eingegliedert, bis 1923 blutige Unterwerfung der Tuareg. Erst 1947 endgültige Grenzfestlegung. 1958 als »Republik Niger« Mitglied der Französischen Gemeinschaft, seit 1960 unabhängig. Seit 1974 Militärregierung. 1989 freie Wahlen. 1991 Interimsregierung.
Unabhängig seit 3. 8. 1960. **Nationalfeiertag:** 18. 12.

Nationalhymne: Text: Maurice Albert Thiriet (1906–1969). **Melodie:** Robert Jacquet (1896–1976) und Nicolas Abel François Frisonnet. Durch Gesetz vom 12. 7. 1961 angenommen.

»Auprès du grand Niger puissant / Qui rend la nature plus belle, / Soyons fiers et reconnaissants / De notre liberté nouvelle. / Evitons les vaines querelles / Afin d'épargner notre sang, / Et que les glorieux accents / S'élèvent dans un même élan – Jusqu'à ce ciel éblouissant / Où veille son âme éternelle / Qui fera le pays plus grand.«

»Am großen, mächtigen Niger, / Der die Natur noch schöner macht, / Wollen wir ob unserer neuen Freiheit / Stolz und dankbar sein. / Vermeiden wir eitlen Hader, / Um unser Blut zu schonen; / Damit des Ruhmes Lieder / Sich in gemeinsamem Schwung / Zum blendenden Himmel erheben, / Wo seine ewige Seele wacht, / die das Land größer machen wird.«

Staatswappen: Am 1. 12. 1962 eingeführt. Auf grünem Schild goldene Sonne, begleitet von Tuaregschwertern über Speer, Hirseähren und Büffelkopf, Emblemen von Viehwirtschaft und Landbau, während Schwerter und Speer an die Tapferkeit des Volkes in der Vergangenheit erinnern.

NIGERIA

Amtlich **Federal Republic of Nigeria,** Präsidiale Republik in West-
afrika, 923 768 qkm, 96,5 Millionen Einwohner (1986) = 104,4 E/qkm.
Hauptstadt: Lagos (1,1 Mill. E). **Währung:** 1 Naira = 100 Kobo.
Mitgliedschaften: UNO und Unterorganisationen, AGC, AKP, CCC,
CEDEAO, ECA, OAU, OPEC, UNCTAD, Commonwealth.

Flagge: Am 1. 10. 1960 offiziell gehißt. Grün-Weiß-Grün/senkrecht.
Grün steht für die Landwirtschaft, die trotz des Erdölreichtums und
beginnender Industrialisierung das Rückgrat der Volkswirtschaft ge-
blieben ist, während Weiß die Einheit und Friedensliebe des Volks von
Nigeria symbolisieren soll.

Bevölkerung: 20% Joruba, 20% Haussa, 17% Ibo, Fulbe, Tuareg.
Staatssprache: Englisch; Umgangssprachen Sudan- und Bantusprachen. **Religion:** 47% Muslime, 34% Christen, Naturreligionen. **Verwaltungsgliederung:** 19 Bundesstaaten.

Landesnatur: Im Süden teils versumpfte Küstenebene, dahinter Hügelland mit tropischem Regenwald, Bergland und Hochebenen mit
Monsunwald, im Norden Ebenen mit Savannen und Dornbuschstep-
pen. Hauptflüsse Niger und Benue.

Geschichte: Vor Ankunft der Europäer (1483) Haussa-Staaten und
Reiche Ife und Benin, ab 15. Jh. Bestandteil der »Sklavenküste«, bis
zum 19. Jh. ca. 15 Mill. Sklaven ausgeführt. Nach Verbot des Sklavenhandels 1861 durch Briten besetzt, 1914 Protektorat und Kolonie. 1960
unabhängig, 1963 Ausrufung der Republik. 1967 Bürgerkrieg (Biafra),
nach ca. 3 Mill. Toten 1970 beendet. Seit 1983 Militärregierungen.
1992 Ende der Militärregierung. Freie Wahlen.

Unabhängig seit 1. 10. 1960. **Nationalfeiertag:** 1. 10.

Nationalhymne: Melodie: Benedict Elide Odiase (∗ 1934). Texturheber nicht genannt. Melodie 1960 eingeführt, neuer Text 1978 gebilligt, aber offenbar noch umstritten.
»Arise, o compatriots, Nigeria's call obey / to serve our fatherland with love and strength and faith. / The labour of our heroes past shall never be in vain, / To serve with heart and might one nation bound in freedom, peace and unity.«
»Erhebt euch, o Landsleute, und gehorcht dem Ruf Nigerias, / eurem Vaterland mit Liebe, Kraft und Glauben zu dienen. / Die Mühen der Helden unserer Vergangenheit werden nicht vergeblich gewesen sein, / Mit Herz und Kraft einer in Freiheit, Frieden und Einheit zusammengeschlossenen Nation zu dienen.«

Staatswappen: Am 28. 4. 1960 von Königin Elisabeth II. verliehen. In Schwarz (Symbol der fruchtbaren Erde des Landes) eine silberne Wellendeichsel, die die Vereinigung der Flüsse Niger und Benue versinnbildlicht. Der rote Adler auf weiß-grünem Wulst ist Sinnbild der Stärke, die Pferde sind Zeichen der Würde.

NÖRDLICHE MARIANEN

Amtlich **Commonwealth of the Northern Mariana Islands,** Konstitutionelle Republik im westlichen Pazifik, 475 qkm (Landfläche), 43 345 Einwohner (1991) = 91,2 E/qkm. **Hauptstadt:** Saipan (38 896 E). **Währung:** 1 US-Dollar = 100 Cents.

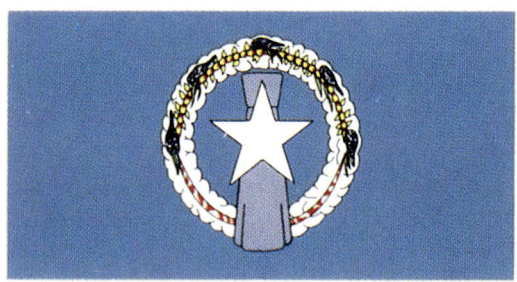

Flagge: Offiziell eingeführt am 4. 7. 1976. Meerblaues Feld mit einem fünfzackigen weißen Stern über einem Tagastein. Seit 1990 umschlossen von einem Blumenkranz. Blau steht für den Ozean, der weiße Stern für die Verbindung zur USA, der Stein für die alte Kultur des Volkes. Der Blumenkranz symbolisiert das Volk.

Bevölkerung: Polynesier (Chamorro, Caroliener u. a.). **Staatssprache:** Englisch und Chamorro. **Religion:** römisch-katholisch und protestantisch. **Verwaltungsgliederung:** 6 bewohnte Inseln.

Landesnatur: Die Inselgruppe umfaßt 16 Inseln, ausgedehnt auf einer Länge von 770 km. Nahezu sämtliche Inseln sind vulkanischen Ursprungs. Das Klima ist tropisch mit einer ganzjährigen Durchschnittstemperatur von etwa 26 Grad.

Geschichte: Bereits 1500 Jahre v. Chr. bewohnt. 1521 Landung von Ferdinand Magellan auf der Insel Saipan. Von 1565–1898 spanisch, bis zum 1. Weltkrieg deutsch. Zwischen den Weltkriegen Völkerbundmandat unter japanischer Herrschaft. 1944 Eroberung durch die Alliierten. 1947 UNO-Trust-Territory unter USA-Schutz. 1976 eigene Verfassung, offiziell seit 1978. Zusammenschluß mit den USA 1986.

Unabhängig seit 3. 11. 1986. **Nationalfeiertag:** 8. 1. **Nationalhymne:** noch unbekannt.

Staatswappen: Eingeführt 1978. Die Marianen führen noch kein eigenes Wappen, jedoch ein Staatssiegel. Es ist das Emblem mit dem umgelegten Namen des Landes, unten United States mit der Jahreszahl 1978.

NORWEGEN

Amtlich **Kongeriket Norge,** Konstitutionelle Monarchie auf parlamen-
tarisch-demokratischer Grundlage in Nordeuropa, 323895 qkm, 4,146
Millionen Einwohner (1986) = 13 E/qkm. **Hauptstadt:** Oslo (450000
E). **Währung:** 1 Norwegische Krone = 100 Øre. **Mitgliedschaften:**
UNO und Unterorganisationen, AsDB, BIZ, CCC, ECE, EFTA,
IEA, IPU, NATO, OECD, UNCTAD, Europarat, Nordischer Rat.

Flagge: Offiziell eingeführt am 17. 7. 1821; Einschränkung der Führung auf See am 10. 12. 1898 aufgehoben. Entstanden durch Auflegen
eines blauen Kreuzes auf das weiße Kreuz des dänischen Danebrog.

Bevölkerung: Überwiegend Norweger; Lappen, Finnen. **Staatssprache:** Norwegisch (mit Schriftsprachen Bokmål und Riksmål), Nynorsk
(Neunorwegisch). **Religion:** 87,8 % evangelisch-lutherische Staatskirche. **Verwaltungsgliederung:** 19 Provinzen (Fylker).

Landesnatur: Gebirgsland mit stark gegliederter Fjordküste am Euro-
päischen Nordmeer, bis 2472 m hoch, von dichten Inselketten gesäumt. Seenreiche Gebirgstäler. Atlantisches Klima.

Geschichte: Um 1000 Einführung des Christentums. Vereinigung mit
Dänemark (1380) und Schweden (1397, Kalmarer Union). 1523 Loslö-
sung Schwedens, 1814 Dänemarks, danach mit eigener Verfassung
Personalunion mit Schweden. 1905 Auflösung der Union, Wahl des
Dänenprinzen Karl zum norwegischen König (Haakon VII.). Im 2.
Weltkrieg von deutschen Truppen besetzt. Nach Kriegsende Mitglied
von EFTA und NATO (siehe auch unter Autonome Gebiete/Außen-
besitzungen im Anhang).

Unabhängig seit 27. 10. 1905 (Lösung der Union mit Schweden).

Nationalfeiertag: 17. 5. (Verfassungstag seit 1814).

Nationalhymne: Text: Bjørnstjerne Bjørnson (1832–1910). **Melodie:** Rikard Nordraak (1842–1866).

»Ja, vi elsker dette landet, / som det stiger frem / furet, værbitt over vannet, / med de tusen hjem. / Elsker, elsker det og tenker / paa vaar far og mor / og den saganatt som senker / drømme pa vaar jord.«

»Ja, wir lieben unsere Heimat, / Die, vom Meer zernagt / Und durchfurcht, mit tausend Heimen / Aus den Fluten ragt. / Lieben sie, wie jeder liebend / Seiner Eltern denkt / Und der Saganacht, die träumend / Sich herniedersenkt.«

Staatswappen: Auf rotem Schild goldener gekrönter Löwe mit Axt, seit um 1280 bekannt. Dem Löwen, seit 1217 Norwegens Sinnbild, wurde um 1280 die Axt als Emblem des Königs St. Olaf beigegeben, dessen Ordenskette auf dem Königswappen den Schild umrahmt.

OMAN

Amtlich **Saltanat 'Oman,** unabhängiges Sultanat in Vorderasien, 212 457 qkm, 1,5 Millionen Einwohner (1991) = 7,2 E/qkm. **Hauptstadt:** Maskat (30 000 E). **Währung:** 1 Rial Omani = 1000 Baizas. **Mitgliedschaften:** UNO und Unterorganisationen, ECWA, GCC, OIC, UNCTAD, Arabische Liga.

Flagge: Offiziell eingeführt am 17. 12. 1970, 1985 leicht abgeändert. Bis 1970 war die Flagge einfarbig rot (Farbe der charidschitischen Mohammedaner). Im Obereck das Staatsemblem, seit 1970 weißes und grünes Feld als Symbolfarben von Frieden und Fruchtbarkeit.

Bevölkerung: 88% Araber, 4% Belutschen, 3% Perser, 3% Inder und Paksitaner, 2% Schwarze. **Staatssprache:** Arabisch; Umgangssprachen Persisch, Urdu. **Religion:** 100% Muslime (Islam Staatsreligion; 70% Ibadhiten, 25% Sunniten, Schiiten). **Verwaltungsgliederung:** 41 Provinzen (Wilayas).

Landesnatur: Wüstenreiches Land im Südosten der Arabischen Halbinsel, im Norden durchzogen vom bis zu 3000 m hohen Omangebirge. Feuchtheiße Küstenzone mit durchgehendem Oasenstreifen, in den Tälern des Dschabal Al Akhdar Regenfeldbau möglich. Zu Oman gehört auch die Nordspitze der Halbinsel Ras Al Dschibal, die die Einfahrt zum Persischen Golf beherrscht.

Geschichte: Im 8. Jh. durch die Ibadhitensekte gegründet, ab 1891 faktisch (nie nominell) britisches Protektorat; kriegerische Auseinandersetzungen mit dem Sultanat Maskat, mit dem Oman als »Maskat und Oman« zusammengeschlossen war. Nach der Thronbesteigung des Sultans Qaboos bin Saiyid am 23. 7. 1970 Umbenennung des Sultanats in Oman.

Nominell nie abhängig. **Nationalfeiertag:** 18. 11.

Nationalhymne: Text: Rashid bin Aziz, 1922 gedichtet, heute leicht verändert. **Melodie:** Komponist unbekannt. 1972 arrangiert von Rodney Bashford. 1978 als halboffiziell anerkannt.

»Ya Rabbana Ehfidh Lana Jalalat Al Sultan / Waashabi Fee Alawtan / Bialazy Walaman. // Walyadum Muoayadda Aahilan Momajjada. / Bilnufoosi Yuftda.«

»O Gott, erhalte uns Seine Majestät, den Sultan, / Und die Menschen in unserem Land / In Ehren und Frieden. / Möge er lang, stark und mit deiner Hilfe leben, / Ruhm sei seiner Führung, / Für ihn opfern wir unser Leben.«

Staatswappen: Gambia (arabischer Dolch mit gebogener Scheide) vor gekreuzten Krummschwertern, belegt mit Wehrgehänge. Dieses Emblem findet sich seit 1940 auf Münzen, seit 1966 auch auf Briefmarken des Sultanats.

ÖSTERREICH

Amtlich **Republik Österreich,** Bundesrepublik auf parlamentarisch-demokratischer Grundlage in Mitteleuropa, 83 854 qkm, 7,57 Millionen Einwohner (1986) = 90,1 E/qkm. **Hauptstadt:** Wien (1,54 Mill. E). **Währung:** 1 Schilling = 100 Groschen. **Mitgliedschaften:** UNO und Unterorganisationen, AsDB, BIZ, CCC, ECE, EFTA, EPA, IDB, IEA, IPU, OECD, UNCTAD, Europarat.

Flagge: Rot-Weiß-Rot/waagerecht. Farben aus dem frühen 13. Jh., als Kriegsflagge erstmals 1786 eingeführt. Nach 1918 Flagge der Ersten Republik, durch Gesetz vom 1. 5. 1945 wieder eingeführt. Soll auf den österreichischen Bindenschild (Herzog Leopold V., 1191) zurückgehen, doch ist der Schild erstmals 1230 nachweisbar.

Bevölkerung: 98% deutschsprachige Österreicher, Kroaten, Slowenen, Magyaren. **Staatssprache:** Deutsch. **Religion:** 84,3% Katholiken 5,6% Protestanten, 1% Muslime. **Verwaltungsgliederung:** 9 Bundesländer.

Landesnatur: Waldreicher Alpenstaat, zu ⅔ von Gebirgen bedeckt (bis 3797 m hoch), in der Osthälfte geräumige Becken und Talzüge, im Burgenland ins Pannonische Tiefland hineinreichend.

Geschichte: Aus der von Karl d. Gr. gestifteten Ostmark hervorgegangen, bis 1866 eng mit dem Römischen Reich Deutscher Nation verbunden. Seit 1282 unter den Habsburgern, seit 1683 österreich-ungarische Doppelmonarchie, die aber erst 1868 formell begründet wird. Nach Ermordung des Thronfolgers 1914 Ausbruch des 1. Weltkriegs, 1918 Abdankung des Kaisers und Ausrufung der Republik. Durch Friedensverträge von 1919 Beschränkung auf die heutigen Grenzen.

Wachsender Austrofaschismus; 1938 durch deutschen Einmarsch erzwungener Anschluß ans Deutsche Reich. 1945 wieder unabhängig, durch Staatsvertrag von 1955 volle Souveränität.
Alte staatliche Tradition. Nationalfeiertag: 26. 10.

Nationalhymne: Text: Paula von Preradović (1887–1951). **Melodie:** Wolfgang Amadeus Mozart (1756–1791) zugeschrieben, aber vermutlich von Johann Holzer (1753–1818). Musik am 22. 10. 1946, Text am 25. 2. 1947 als offiziell gültig erklärt.
»Land der Berge, Land am Strome, / Land der Äcker, Land der Dome, / Land der Hämmer, zukunftsreich! / Heimat bist du großer Söhne, / Volk, begnadet für das Schöne, / Vielgerühmtes Österreich, / Vielgerühmtes Österreich!«

Staatswappen: Schwarzer Adler mit Mauerkrone, Sichel und Hammer (Symbole von Bürgerstand, Bauer und Arbeiter), auf der Brust roter Schild mit silbernem Balken. In dieser Form 1919–1934 Hoheitszeichen; durch Gesetz vom 1. 5. 1945 kamen als Symbol der Befreiung vom Nationalsozialismus die gesprengten Ketten hinzu.

PAKISTAN

Amtlich **Islami Jamhuriya-e-Pakistan,** Föderative Republik in Süd-
asien, 803 943 qkm, 117,4 Millionen Einwohner (1991) = 146 E/qkm.
Hauptstadt: Islamabad (250 000 E). **Währung:** 1 Pakistanische Rupie
= 100 Paisa. **Mitgliedschaften:** UNO und Unterorganisationen,
AsDB, CCC, ESCAP, OIC, RCD, SAARC, UNCTAD, Colombo-
Plan.

Flagge: In Grün geneigter weißer Halbmond, einen fünfstrahligen
weißen Stern umschließend, am Mast senkrechter weißer Streifen.
Offiziell gehißt am 14. 8. 1947. Grün, Stern und Halbmond symbolisieren den Islam, während der weiße Streifen am Liek die im Land
lebenden religiösen Minderheiten repräsentiert.

Bevölkerung: 65 % Pandschabi, 13 % Sindhi, 7 % Urdu (= indoari-
sche) und iranische Volksgruppen. **Staatssprache:** Urdu, daneben re-
gionale Amtssprachen; Englisch als Staatssprache noch zugelassen.
Religion: 97,1 % Muslime (vorwiegend Sunniten), 1,5 % Hindus,
1,4 % Christen, ferner Parsen und Buddhisten; Islam ist Staatsreligion.
Verwaltungsgliederung: 4 Provinzen, 1 Bundesdistrikt, 1 Verwal-
tungssystem für Stammesgebiete.

Landesnatur: Im Norden und Westen von Gebirgen gesäumtes Land
am Arabischen Meer. Hauptfluß der 3190 km lange Indus, dessen
breites, fruchtbares Tal dichtbesiedelt und landwirtschaftlich intensiv
genutzt ist, ebenso im Osten das Fünfstromland (Pandschab).

Geschichte: Seit 1906 Forderung der Allindischen Moslemliga nach
eigenem islamischen Staat, seit 1940 Teilungsplan für Britisch-Indien,
der am 14. 8. 1947 mit der Unabhängigkeit für Indien und Pakistan

(geteilt in West- und Ostpakistan) verwirklicht wurde. 1956 Ausrufung der Islamischen Republik Pakistan, seit 1958 wechselnde Militärregierungen. 1971 Aufstand in Ostpakistan unter Führung der Awamiliga, Ablösung Ostpakistans als selbständige Republik Bangladesch nach blutigem Bürgerkrieg. Ab 1971 Zivilregierung unter Ali Bhutto, 1973 neue Verfassung. 1977 erneuter Militärputsch unter Zia Ul-Haq, der seither mit einem Militärrat regiert.

Unabhängig seit 14. 8. 1947. **Nationalfeiertage:** 23. 3. und 14. 8.

Nationalhymne: Text: Abul Asar Hafis Jullundhri (1900–1982). **Melodie:** Ahmed Ghulamali Chagla (1902–1953). Die Melodie wurde 1953, der Text im August 1954 vom Kabinett offiziell anerkannt.
»Pak sarzamin shad bad / Kishwar-i-haseen shad bad / Tu nishan i azm-i-aali shan / Arz-i-Pakistan / Markaz-i-yaqeen shad bad.«
»Gesegnet seist du geheiligtes Land, / Glücklich deine schönen Gebiete. / Du Symbol der Geschlossenheit, / Du Land Pakistan. / Glückselig seist du, Hochburg des Glaubens.«

Staatswappen: 1955 eingeführt. Über Band mit dem Motto »Glauben, Einheit, Disziplin« in Narzissenkranz quadriertes Wappen mit Landwirtschaftsprodukten: Baumwolle, Tee, Weizen und Jute. Darüber geneigter Halbmond, der einen fünfstrahligen Stern umschließt.

PALAU (BELAU)

Amtlich **Republic of Palau,** Konstitutionelle Republik im westlichen
Pazifik, 458 qkm, 14 411 Einwohner (1991) = 26,2 E/qkm. **Hauptstadt:**
Koror (10 500 E). **Währung:** 1 US-Dollar = 100 Cents.

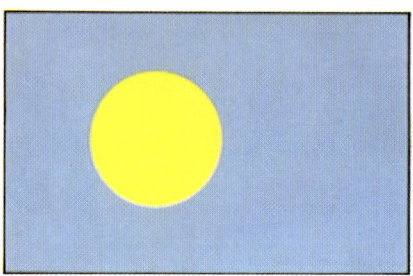

Flagge: Offiziell eingeführt am 1. 1. 1981. Blaues Feld mit gelber
Scheibe, die zum Liek versetzt ist. Blau steht für den Ozean und den
Übergang von Fremdherrschaft zur Selbstverwaltung. Die Scheibe ist
Symbol für den Mond, Ausdruck für Ruhe und Frieden.

Bevölkerung: Mikronesier. **Staatssprache:** Englisch und mikronesische Dialekte. **Religion:** überwiegend römisch-katholisch. **Verwaltungsgliederung:** 8 bewohnte Inseln.

Landesnatur: Etwa 200 Inseln auf einer Länge von 650 km. Die Inseln
sind vulkanischen Ursprungs. Steile Felsküsten, teilweise mit Koral-
lenatollen. Das Klima ist tropisch und feucht.

Geschichte: Sehr frühe Besiedelung, Geschichte ähnlich wie die der
Marianen. 1976 Trennung von den Nördlichen Marianen unter dem
Namen Trust Territory of the Pacific Islands (Marshallinseln, Mikro-
nesien und Palau). 1981 wurde Palau Republik, endgültig jedoch erst
am 11. 1. 1991. Die Bevölkerung lehnt die Anbindung an die USA ab,
da die USA die Inseln für Atommüllentsorgung verwenden will.

Unabhängig seit 11. 1. 1981 (Republik). **Nationalfeiertag:** 9. 7.

Nationalhymne: noch unbekannt.

Staatswappen: Siegel, 1955 eingeführt, geändert am 1. 1. 1981. In der Mitte ein »Bai«, das auf jeder Insel befindliche Versammlungshaus. Darunter befinden sich Steine. Sie bedeuten die Verwaltungseinheit und die einzelnen Distrikte.

PANAMA

Amtlich **República de Panamá,** Präsidiale Republik in Mittelamerika, 75 650 qkm, 2,47 Millionen Einwohner (1991) = 32,7 E/qkm. **Hauptstadt:** Panamá (400 000 E). **Währung:** 1 Balboa = 100 Centesimos. **Mitgliedschaften:** UNO und Unterorganisationen, BLADEX, CECLA, ECLAC, IDB, IPU, OAS, SELA, UNCTAD, Contadora-Gruppe.

Flagge: Am 3. 11. 1903 gehißt, am 4. 6. 1904 offiziell bestätigt. Geviert mit symbolischen Farben: Rot steht für die Liberale, Blau für die Konservative Partei des Landes, Weiß für den Frieden zwischen beiden. Der blaue Stern steht für bürgerliche Ehrlichkeit und Rechtschaffenheit, der rote Stern für Gesetz und Ordnung im Staat.

Bevölkerung: 60% Mestizen, 20% Schwarze und Mulatten, je 10% Weiße und Indianer. **Staatssprache:** Spanisch; Verkehrssprachen Englisch, indianische Dialekte. **Religion:** 93% römisch-katholisch. **Verwaltungsgliederung:** 9 Provinzen, 1 Territorium.

Landesnatur: Republik auf mittelamerikanischer Landenge (55 km breit), Gebirge vulkanischen Ursprungs, bis 3477 m hoch, stark bewaldet. Auf der karibischen Seite tropischer Regenwald, auf der pazifischen Seite Feuchtwälder und Savannen.

Geschichte: Seit dem 16. Jh. spanische Kolonie, 1821 Provinz von Kolumbien, 1903 Aufstand mit US-Unterstützung, am 3. 11. 1903 Ausrufung der Unabhängigkeit, gleichzeitig Abtretung einer für den Kanalbau bestimmten Zone an die USA. Kanal 1914 fertiggestellt, unter US-Kontrolle. Nach Unruhen und Putschen 1977 Vertrag mit den USA, der die Rückgabe der Kanalzone bis 1999 und deren fortwährend Neutralität sichern soll. Mai 1989 Annullierung der Wahlen durch Noriega. Dezember 1989 USA-Invasion und Festnahme Noriegas. In den USA wegen Drogenhandel verurteilt.

Unabhängig seit 3. 11. 1903. **Nationalfeiertag:** 3. 11.

Nationalhymne: Text: Jerónimo de la Ossa (1847–1907). **Melodie:** Jorge Santos (1870–1941). 1897 komponiert, erstmals am 25. 12. 1903 gespielt. 1906 vorläufig, am 28. 3. 1941 endgültig angenommen.
»Alcanzamos por fin la victoria / En el campo feliz de la unión, / Con ardientes fulgors de gloria / Se ilumina la nueva nación...«
»Auf dem glücklichen Felde der Einheit / Wurde endlich der Sieg uns als Lohn, / Und der glühende Schimmer des Ruhmes / Erleuchtet die neue Nation...«

Staatswappen: 1904 eingeführt. Die Waffen erinnern an die Trennung von Kolumbien, die Werkzeuge an den Bau des Panamakanals, im Mittelfeld der durchbrochene Isthmus, darunter Füllhorn (Reichtum) und Flügelrad (Verkehr). Die neun Sterne repräsentieren die neun Provinzen des Landes.

PAPUA-NEUGUINEA

Amtlich **Papua-New Guinea** bzw. **Papua-Niugini,** Konstitutionelle
Monarchie im Commonwealth in Ozeanien, 461 691 qkm, 3,91 Millionen Einwohner (1991) = 8,4 E/qkm. **Hauptstadt:** Port Moresby
(145 000 E). **Währung:** 1 Kina = 100 Toea. **Mitgliedschaften:** UNO
und Unterorganisationen, AKP, AsDB, CIPEC (assoz.), ESCAP,
SPC, SPEC, SPF, UNCTAD, Commonwealth, Colombo-Plan.

Flagge: Offiziell eingeführt am 1. 7. 1971. Der Paradiesvogel im roten
Feld symbolisiert die Einheit des Landes. Das vielleicht von der australischen Flagge übernommene Kreuz des Südens ist ein altes Emblem
dieser Gegend. Die Farben Rot und Schwarz spielen in der Volkskunst
eine bedeutsame Rolle.

Bevölkerung: Vorwiegend Papua (750 Stämme), Melanesier, Polynesier, chinesische und weiße Minderheiten. **Staatssprache:** Englisch;
Umgangssprachen in Neu-Melanesiana (melanesisches Pidgin) und
700 Papua-Sprachen. **Religion:** 32% Protestanten, 25% Katholiken,
Naturreligionen. **Verwaltungsgliederung:** 19 Provinzen.

Landesnatur: Ostteil der Pazifikinsel Neuguinea mit vorgelagerten
Inseln, nördlich von Australien. Teils versumpfte Flachküste mit üppiger Tropenvegetation, im Inneren gebirgig (bis 4358 m hoch) und
schwer zugänglich. Zum Staat gehören das Bismarck-Archipel und
Bougainville sowie einige weitere Inseln.

Geschichte: 1512 von dem Portugiesen d'Abreu entdeckt. Im 19. Jh.
Aufbau deutscher Handelsbeziehungen und Plantagen. 1884 Nordteil
von den Deutschen, Südteil von den Briten beansprucht. 1905 der
Südosten australisch, 1906 von Deutschland abgekauft, als Kaiser-

Wilhelm-Land deutsche Kolonie, seit 1921 australisches Mandatsgebiet (mit Bismarck-Archipel und einem Teil der Salomonen). Seit 1945 als Territory of Papua and New Guinea administrativ zusammengefaßt. Am 1. 12. 1973 Übertragung der Selbstverwaltung, seit 16. 9. 1975 unabhängig.

Unabhängig seit 16. 9. 1975. **Nationalfeiertag:** 16. 9.

Nationalhymne: Text und **Melodie:** Thomas Shacklady (∗ 1917), 1973 entstanden, erstmals am 16. 9. 1975 offiziell gespielt.
»O arise all you sons of this land, / Let us sing of our joy to be free, / Praising God and rejoicing to be / Papua New Guinea . . .«
»Erhebt euch, Söhne dieses Landes / Laßt uns von unserer Freude, frei zu sein, singen, / Gott loben und uns freuen / Papua-Neuguinea zu sein . . .«

Staatswappen: Offiziell eingeführt am 1. 7. 1971. Wichtigstes Element ist der Paradiesvogel auf einer »Koendoedrum« und einem Speer. Kundutrommel und Speer werden seit alters bei den Zeremonialfeiern der Papua gebraucht.

PARAGUAY

Amtlich **República del Paraguay,** Demokratische Republik mit Präsidialsystem in Südamerika, 406 752 qkm, 4,8 Millionen Einwohner (1991) = 11,7 E/qkm. **Hauptstadt:** Asunción (750 000 E). **Währung:** 1 Guarani = 100 Céntimos. **Mitgliedschaften:** UNO und Unterorganisationen, ALADI, BLADEX, CCC, CECLA, ECLAC, IDB, IPU, OAS, UNCTAD.

Flagge: Am 27. 11. 1842 offiziell eingeführt, Trikolore erstmals am 15. 8. 1812 erwähnt. Auf dem weißen Streifen auf einer Seite das Staatswappen, auf der anderen das Siegel der Finanzverwaltung; es zeigt einen Löwen und die phrygische Mütze, beide versinnbildlichen die Bewahrung der Freiheit.

Bevölkerung: 95% Mestizen, Weiße, Indianer, Ostasiaten. **Staatssprachen:** Spanisch und Guaraní. **Religion:** 90% römisch-katholisch (Staatsreligion). **Verwaltungsgliederung:** 20 Departamentos, Hauptstadtbezirk.

Landesnatur: Im Westen Aufschüttungsebene des Gran Chaco, begrenzt durch den Paraguayfluß, im Osten bewaldetes Hügelland. Im Flußgebiet und Chaco Boreal von Dschungelwäldern über Feuchtsavannen und Galeriewälder, Grasländern und Trockenwäldern bis zu wüstenartigen Regionen im äußersten Westen übergehend. Randtropisches Klima.

Geschichte: Ab 1535 spanische Kolonie, der Osten 1617–1767 zum Jesuitenstaat der Guaraní-Indianerreduktionen. Am 14. 5. 1811 Ausrufung der Unabhängigkeit, in der Folgezeit Revolutionen und Kriege, Gebietsverluste und Dezimierung der Bevölkerung. 1932 Chacokrieg gegen Bolivien, Rückgewinnung von Gebieten durch US-Schieds-spruch. Seit 1954 diktatorisches Stroessner-Regime. 1989 Ende der Regierung Stroessner durch Staatsstreich von General Rodríguez.

Unabhängig seit 14. 5. 1811. **Nationalfeiertag:** 14. 5.

Nationalhymne: Text: Francisco Esteban Acuña de Figueroa (1791–1862), 1846 verfaßt, 1853 erstmals veröffentlicht. **Melodie:** Wahrscheinlich Francisco José Debali (1791–1859), vermutlich 1856 uraufgeführt. Text und Melodie am 12. 5. 1934 zur offiziellen National-hymne erklärt.

»¡Paraguayos, República, o Muerte! / Nuestro brio nos dió libertad; / Ni opresores, ni siervos alientan / Donde reinan unión, e igual-dad . . .«

»Paraguayer: Tod oder Freistaat! / Unsre Stärke uns Freiheit verleiht. / Weder Zwingherrn noch Knechte sol'n atmen, / Wo die Einheit und Gleichheit gedeiht . . .«

Staatswappen: Das 1842 angenommene Staatswappen erscheint auf der einen Seite der Flagge. Der Stern und die »Mai-Sonne« erinnern an den 14. 5. 1811, den Tag der Unabhängigkeit. Das Wappen ist von Palm- und Lorbeerzweigen umkränzt, Symbol für Frieden und Ehre.

PERU

Amtlich **República del Perú,** Präsidiale Republik in Südamerika,
1 285 216 qkm, 22,3 Millionen Einwohner (1991) = 17,3 E/qkm.
Hauptstadt: Lima (5,6 Mill. E). **Währung:** 1 Inti = 100 Centimos.
Mitgliedschaften: UNO und Unterorganisationen, ALADI,
BLADEX, CCC, CECLA, CIPEC, ECLAC, IDB, IPU, OAS,
SELA, UNCTAD, Amazonasvertrag.

Flagge: Offiziell eingeführt am 25. 2. 1825. Farbenwahl angeblich
durch den argentinischen Generalkapitän José de San Martín, der 1820
die Befreiung von der spanischen Herrschaft einleitete und in einer
Schar Flamingos ein günstiges Vorzeichen für das Unternehmen sah,
weshalb er die Farben dieser Vögel wählte.

Bevölkerung: 48% Indianer, 33% Mestizen, 10% Weiße, Schwarze,
Mulatten, Ostasiaten. **Staatssprachen:** Spanisch und Quechua. **Religion:** 95% römisch-katholisch. **Verwaltungsgliederung:** 25 Departamentos.

Landesnatur: Pazifikküste (Schwemmland), begrenzt von Weißer und
West-Kordillere (bis 6768 m hoch), zwischen diesen und der Zentral-
Kordillere Hochgebirgsland. Östlich der Andenkette die Montaña, ein
Mittelgebirgsland, das im Nordosten zum Amazonasbecken hin ab-
fällt. Küstenstrich teils wüstenhaft, Hochland steppenhaft trocken, im
Osten immergrüner Regenwald.

Geschichte: Seit Jahrtausenden Gebiet indianischer Hochkulturen,
zuletzt Inkareich. 1529–1535 von Pizarro erobert, spanisches Vizekönigreich. Am 14. 5. 1811 Ausrufung der Unabhängigkeit, 1821 Eroberung von Lima, 1824 Anerkennung der Selbständigkeit. 1827 Tren-

nung von Bolívars Großkolumbien, 1839 von Bolivien. Im Salpeter-krieg (1879–1883) Gebietsverluste. Unstabile Regierungen und Mili-tärdiktatur bis 1980, aber auch unter den gewählten Zivilregierungen halten die Spannungen an.

Unabhängig seit 14. 5. 1811 bzw. 28. 7. 1821 (Proklamation). **National-feiertag:** 28. 7.

Nationalhymne: Text: José de la Torre Ugarete (1786–1831). **Melodie:** José Bernardo Alcedo (1788–1878). Am 24. 9. 1821 erstmals offiziell aufgeführt. Am 12. 2. 1913 offiziell angenommen.
»Somos libres, seámoslo siempre, / Y antes niegue sus luces el sol, / Que faltemos al voto solemne, / Que la Patria al Eterno elevó . . .«
»Frei sind wir, mögen frei wir immer bleiben! / Die Sonne eher soll ihr Licht uns weigern, / Als daß wir, ungetreu, vom feierlichen Schwure ließen, / Den unser Vaterland zum Ewigen erhob . . .«

Staatswappen: Am 25. 2. 1825 eingeführt. Auf dem durch goldene Linien geteilten Schild Symbole für das Tier- und Pflanzenreich und für die Bodenschätze des Landes, die durch ein Füllhorn veranschaulicht werden. Das Wappen ist auch ohne die Flaggen auf beiden Seiten in Gebrauch.

PHILIPPINEN

Amtlich **Republica Ñg Pilipinas,** Präsidiale Republik in Südostasien, 300 000 qkm, 65,7 Millionen Einwohner (1991) = 219 E/qkm. **Hauptstadt:** Manila (1,9 Mill. E). **Währung:** 1 Philippinischer Peso (Piso) = 100 Centavos (Sentimos). **Mitgliedschaften:** UNO und Unterorganisationen, ASEAN, AsDB, CCC,ESCAP, IPI, UNCTAD, Colombo-Plan.

Flagge: Offiziell eingeführt am 12. 6. 1898. Farbensymbolik: Rot = Mut und Tapferkeit, Blau = Idealismus, Weiß = Friedensliebe. Die achtstrahlige Sonne repräsentiert Freiheit und die acht Provinzen, in denen der Aufstand ausbrach, während die drei Sterne für die geographischen Hauptgebiete des Landes stehen.

Bevölkerung: Vorwiegend jungmalaiische Stämme (Biscayas, Tagalen, Bicol usw.), alt- und primitivmalaiische Stämme, Chinesen, Mischlinge, Negritos, Nordamerikaner u. a. Weiße. **Staatssprache:** Pilipino (vom Tagalog abgeleitet), Englisch, daneben viele Umgangssprachen. **Religion:** 80 % römische Katholiken, 5 % Protestanten, 7 % Muslime. **Verwaltungsgliederung:** 13 Regionen und 72 Provinzen, 12 autonome Regionen.

Landesnatur: Inselstaat zwischen Pazifik und Südchinesischem Meer, 7100 erdbebenreiche Inseln, die größeren von bis zu 2955 m hohen Bergketten durchzogen; Siedlungsschwerpunkte die fruchtbaren, gut bewässerten Ebenen und die Küstenzonen. Klima im Westen vom Monsun, im Osten von Nordostpassat bestimmt, regenreich.

Geschichte: Seit dem 5. Jh. zum indischen, seit dem 15. Jh. zum chinesischen Machtbereich gehörend. 1521 von Magellan entdeckt, spanischer Kolonialbesitz, nach dem spanisch-amerikanischen Krieg 1898 an die USA abgetreten. 1907 eigenes Parlament, 1916 beschränkte Selbstverwaltung, 1934 Dominionstatus, 1941–1944 durch Japan besetzt, seit 1946 unabhängig, 1965–1986 Marcos-Regime, weiterhin starke soziale Spannungen unter der neuen Regierung von Corazon Aquino.

Unabhängig seit 4. 7. 1946. **Nationalfeiertag:** 12. 6.

Nationalhymne: Text: José Palma (1876–1903) spanisch, Felipe P. de Leon (Tagalog). **Melodie:** Julian Felipe (1861–1944). Erstmals aufgeführt am 12. 7. 1898 anläßlich der Unabhängigkeitserklärung, spanischer Text am 3. 9. 1899 veröffentlicht.
»Tierra adorata / hija del sol de Oriente / su fuego ardiente / en ti latiendo está . . .«
»Bayang magiliw / Perlas ñg Silanganan / Alb ñg puso / Sa dibdib mo'y buhay . . .«
»Geliebte Erde / Tochter der Sonne des Ostens, / Mit brennender Glut / verherrlichen dich unsere Seelen . . .«

Staatswappen: Durch Gesetz vom 4. 7. 1946 festgestellt. Die Grundfarben, Sonne und Sterne entstammen der Flagge. Der Löwe erinnert an die spanische (1596–1898), der Adler mit drei Pfeilen in den Fängen an die amerikanische (1898–1946) Herrschaft. Die Sonne im Hochoval symbolisiert die Unabhängigkeit des Landes.

POLEN

Amtlich **Polska Rzeczpospolita,** Parlamentarische Präsidiale Republik in Mitteleuropa, 312 693 qkm, 37,1 Millionen Einwohner (1986) = 118,7 E/qkm. **Hauptstadt:** Warschau (1,65 Mill. E.). **Währung:** 1 Zloty = 100 Groszy. **Mitgliedschaften:** UNO und Unterorganisationen, BIZ, CCC, ECE, IPU, RGW, UNCTAD.

Flagge: Die Farben Rot und Weiß gehen auf das polnische Staatswappen des frühen 13. Jh. zurück (weißer Adler auf rotem Feld). In der heutigen Form wurde die polnische Flagge am 1. 8. 1919 offiziell eingeführt und am 20. 3. 1956 wiederhergestellt.

Bevölkerung: 98% Polen, nationale Minderheiten (Deutsche, Ukrainer, Bjelorussen u. a.). **Staatssprache:** Polnisch. **Religion:** 92% Katholiken, 2% Orthodoxe. **Verwaltungsgliederung:** 49 Woiwodschaften (Województwo).

Landesnatur: Überwiegend Flachland (90% der Staatsfläche unter 300 m ü. M.), nur im Süden Bergland (Sudeten, Karpaten, Beskiden) bis 2000 m hoch. Hauptflüsse Weichsel und Oder. Gemäßigtes Klima mit gleichmäßigen Niederschlägen.

Geschichte: 966 christianisiert. Bis 1025 großpolnisches Reich. Starke deutsche Einwanderung. Im 15./16. Jh. Ausdehnung bis Westpreußen, Kurland und Ukraine. Im 17. Jh. Gebietsverluste, Teilnahme an den Türkenkriegen. Anarchie unter sächsischen Königen. 1772, 1793 und 1795 Teilung Polens zwischen Rußland, Preußen und Österreich, 1807–1815 Herzogtum Warschau. Am 7. 10. 1918 Ausrufung der Republik, Festlegung der Grenzen durch Friedensvertrag von Wilna 1920. Am 1. 9. 1939 Einmarsch deutscher Truppen, Aufteilung zwischen Deutschland (»Generalgouvernement«) und UdSSR. 1945 Wiedererrichtung Polens unter Neufestsetzung der Grenzen, Ausrufung der Volksrepublik.«

Unabhängig seit 7. 10. 1918 (Ausrufung der Republik), aber alte staatliche Tradition. **Nationalfeiertag:** 22. 7. (1944 Verkündigung des Programms des Komitees für nationale Befreiung).

Nationalhymne: Text: Józef Wybicki (1747–1822). **Melodie:** Vermutlich ebenfalls von Wybicki, vielleicht von Michal Kleofas Ogiński (1765–1833).
»Jeszcze Polska nie zgineta / Kiedy my zyjemy / Co nam obca przemoc wzieta / sza bla od bierzemy. / Juz Skrzynecki nam dowodzi / Juz wre wal ka sroga / Polska wol na sie odrodzi / Bo pobije, wroga.«
»Noch ist Polen nicht verloren, / In uns lebt sein Glück, / Was an Obmacht ging verloren, / bringt das Schwert zurück. / Skrzynecki führet uns: / Schon entbrennt des Kampfes Hitze, / Polen macht sich frei, / Bricht die Tyrannei.«

Staatswappen: Der golden bewehrte silberne Adler auf rotem Feld ist seit 1241 bekannt, ohne Farben sogar schon seit 1228. Auch nach Gründung der Republik wurde der Adler beibehalten, im Jahr 1944 verlor der Adler die bis dahin geführte Krone. Aber im Jahr 1990 ist die goldene Krone wieder zurückgekehrt.

PORTUGAL

Amtlich **República Portugesa,** Republik auf parlamentarisch-demo-
kratischer Grundlage in Südwesteuropa, 92 082 qkm, 10,3 Millionen
Einwohner (1986) = 111 E/qkm. **Hauptstadt:** Lissabon (850 000 E).
Währung: 1 Escudo = 100 Centavos. **Mitgliedschaften:** UNO und
Unterorganisationen, BIZ, CCC, ECE, EG, IDB, IEA, IPU, NATO,
OECD, UNCTAD, Europarat.

Flagge: Die senkrechten grün-roten Bahnen (Breite 2:3) der am 30. 6.
1911 gebilligten Flagge symbolisieren Hoffnung und Revolution. Die
Armillarsphäre, persönliches Emblem König Emanuels I. und Symbol
des Entdeckungszeitalters, findet sich seit 1815 auf der portugiesischen
Flagge; darauf aufgelegt das Staatswappen.

Bevölkerung: Portugiesen, kleine afrikanische Minderheiten. **Staatssprache:** Portugiesisch. **Religion:** 97 % römisch-katholisch. **Verwaltungsgliederung:** 18 festländische, 4 Inseldistrikte (diese bilden 2 autonome Regionen).

Landesnatur: Im Westen der Pyrenäenhalbinsel, vorwiegend Hochland, im Norden regenreich, im Süden trocken, von den Flüssen Douro
und Tejo gegliedert. Maritimes, im Süden subtropisches Klima.

Geschichte: Seit dem 12. Jh. unabhängiges Königreich, ab dem 15. Jh.
Aufbau eines großen Kolonialreichs, 1580–1640 Personalunion mit
Spanien, 1910 Sturz der Monarchie, Ausrufung der Republik,
1932–1974 Salazar-Diktatur, Auflösung des Kolonialreichs; einziger
Überrest Macao in China. Als autonome Regionen gehören zu Portugal die Inseldistrikte Azoren und Madeira im Atlantik. Siehe auch
unter Autonome Gebiete/Außenbesitzungen im Anhang.

Unabhängig seit 1143 (Königreich) bzw. 5. 10. 1910 (Ausrufung der Republik). **Nationalfeiertag:** 10. 6.

Nationalhymne: Text: Henrique Lopes de Mendonça (1856–1931). **Melodie:** Alfredo Keil (1850–1907). Im Januar 1880 erstmals aufgeführt, 1910 als Nationalhymne anerkannt.

»Herois do mar, nobre povo / Nação valente, imortal / Levantai hoje de novo / O esplendor de Portugal. / Entre as brumas da memória / O patria, sente-se a voz / Dos teus egrégios avós / Que há-de guiar-te á vitoria . . .«

»Helden der See, du hochgeborne / Tapfre Nation, zum andern Mal / Hebt sich unsterblich der unverlorne / Strahlende Ruhm von Portugal. / Durch den Dunst versunkener Zeiten, / Vaterland, hör'n wir die Stimmen mahnen / Deiner altehrwürdigen Ahnen, / Die dich sicher zum Sieg geleiten . . .«

Staatswappen: Die sieben Kastelle im roten Bord symbolisieren die Schaffung des unabhängigen Königreichs durch Alfons Heinrich. Die fünf kreuzförmig angeordneten blauen Schilde erinnern an seinen Sieg über fünf maurische Könige bei Ourique (1139). Die fünf Scheiben auf den Schilden entsprechen den Wunden Christi.

RUANDA (RWANDA)

Amtlich **République Rwandaise** bzw. **Republica y'u Rwanda,** Präsidiale Republik in Ostafrika, 26 338 qkm, 7,9 Millionen Einwohner (1991) = 300 E/qkm. **Hauptstadt:** Kigali (180 000 E). **Währung:** 1 Rwanda-Franc = 100 Centimes. **Mitgliedschaften:** UNO und Unterorganisationen, AKP, CCC, CEPGL, ECA, IPU, OAU, OCAM, UNCTAD.

Flagge: Am 21. 1. 1961 eingeführt, seit 1. 7. 1962 offiziell. Der belgischen bzw. französischen Trikolore nachgestaltet. Das R im gelben Streifen wurde im September 1961 eingefügt, um die Flagge von der identischen Flagge Guineas zu unterscheiden. Rot, Gelb und Grün sind die panafrikanischen Farben.

Bevölkerung: 89% Bahutu, 9% Watussi, Pygmäen. **Staatssprachen:** Französich und Kinyarwanda. **Religion:** 40% Katholiken, 7% Protestanten, Muslime, Naturreligionen. **Verwaltungsgliederung:** 10 Präfekturen.

Landesnatur: Binnenland im ostafrikanischen Zwischenseengebiet. Im Westen Zentralafrikanischer Graben (Kiwu-See), Virungavulkangruppe (bis 4530 m hoch), Hochfläche (ca. 1500 m ü. M.), im Osten dünn besiedelte Grabensenke mit Sümpfen und abflußlosen Seen.

Geschichte: 1889–1899 Eingliederung von Rwanda und Burundi als »Ruanda-Urundi« in die Kolonie Deutsch-Ostafrika, seit 1920 belgisches Treuhandgebiet. 1959 Aufstand der Bahutu gegen die das Land beherrschenden Tutsi. Nach Flucht des Tutsi-Königs 1961 Ausrufung der Republik, 1962 unter Hutu-Führung selbständig. Seit 1973 Militärregierungen.

Unabhängig seit 1. 7. 1962. **Nationalfeiertag:** 1. 7.

Nationalhymne: Text und **Melodie** nach einem alten Volkslied von der Gruppe Abanyuramatwi unter Michael Habarurema geschaffen, am 11. 12. 1962 vom Präsidenten der Republik angenommen.

»Rwanda rwacu, Rwanda gihugu cyambyaya, / ndakuratan'ishyaka n'ubutwali. / Iyo nibuts'ibigwi wagize kugez'ubu / nshimira Abarwanashyaka bazanya Republika idahinyuka. / Bavandimwe b'uru Rwanda rwacu twese nimuhaguruke.«

»Rwanda, dir, mein Vaterland, sei Ehr und Sieg! / Gedenk der großen Taten ich, aus grauer Vorzeit und von heut, / Voll Jubel muß ich sie besingen, dir zum Ruhm! / Helden sind sie, die in unserm Land die Republik errichtet. / Unsere Brüder sind sie, die das Land so stolz hervorgebracht.«

Staatswappen: Am 1. 7. 1962 eingeführt. Nach offiziellem Text beschwören Taube und Ölzweig den Frieden, während Hacke und Sichel die Arbeit symbolisieren und Pfeil und Bogen der Bereitschaft des Landes Ausdruck verleihen, seine Freiheit und Unabhängigkeit zu verteidigen.

RUMÄNIEN

Amtlich **Republica România,** Präsidiale Republik in Südosteuropa, 237 500 qkm, 23,4 Millionen Einwohner (1991) = 98,5 E/qkm. **Haupt-stadt:** Bukarest (2,3 Mill. E). **Währung:** 1 Leu = 100 Bani. **Mitglied-schaften:** UNO und Unterorganisationen, BIZ, CCC, ECE, IPU, RGW, UNCTAD.

Flagge: Die erste blau-gelb-rote Trikolore wurde mit waagerechten Streifen 1848 geschaffen und 1859 offiziell anerkannt. Heute ist sie senkrecht gestreift, Blau-Gelb-Rot. Von 1965 bis Dezember 1989 be-fand sich auf dem gelben Feld das Staatswappen, es wurde nach der Revolution gegen Ceaucescu entfernt. Im gelben Feld befindet sich das neue Staatswappen.

Bevölkerung: 89,1% Rumänen, 7,7% Magyaren, 1,5% Deutsche. **Staatssprache:** Rumänisch. **Religion:** 88% rumänisch-orthodoxe Chri-sten, 6% Katholiken, 5% Protestanten. **Verwaltungsgliederung:** Stadtbezirk Bukarest und 40 Kreise.

Landesnatur: Übewiegend gebirgig, vom großen Karpatenbogen durchzogen. Innerhalb des Bogens das fruchtbare Hügelland Sieben-bürgen, im Westen Anteil an der ungarischen Tiefebene (Banat). Im Süden und Osten Donauebene (Walachei und Dobrudscha), im Nord-osten die Moldauebene.

Geschichte: Im 2./3. Jh. römische Provinz Dacia, um 1300 Fürstentü-mer Moldau und Walachei, ab dem 15. Jh. Türkenherrschaft. 1859 Zusammenschluß der Fürstentümer Moldau und Walachei unter türki-scher Oberherrschaft, seit dem 24. 1. 1862 als Königreich Rumänien bezeichnet. 1877 Unterstützung der Russen in deren Krieg gegen die

Türken, dafür auf der Berliner Konferenz am 13. 7. 1878 Anerkennung der Unabhängigkeit. Nach dem 1. Weltkrieg bedeutende Gebietserweiterungen (u. a. Bukowina, Siebenbürgen, Bessarabien). Im 2. Weltkrieg zunächst auf seiten Deutschlands, 1944 Waffenstillstand mit Alliierten. 1947 Abschaffung der Monarchie, Ausrufung der Volksrepublik, seit 1965 Sozialistische Republik. 1989 Ende des Ceaucescu-Regimes. 1992 erste demokratische Wahlen.

Unabhängig seit 13. 7. 1878. **Nationalfeiertage:** 9. 5. (Proklamierung der Unabhängigkeit 1877), 1. 12.

Nationalhymne: Offiziell: 1990. »Desteapta-te romane!« **Melodie:** Anton Pann (1796–1854). **Text:** Andrei Muresianu (1816–1863). »Desteaptă-te, române, din somnul cel de moarte / In care te- adîncirâ barbarii de tirani! / Acum ori niciodată croieste-ti altă soartă / La care să se se-nchine şi cruzii tăi duşmani.«

Staatswappen: Eingeführt am 12. 9. 1992. Blauer Schild mit goldenem Adler. Im roten Schnabel goldenes Kreuz, in den roten Krallen silbernes Schwert (rechts) und silbernes Zepter (links). Auf der Brust ein Schild: 1: Adler (Wallachei), 2: Ochsenkopf (Moldawien), 3: Brücke mit Löwe (Banat), 4: Adler mit sieben roten Burgen (Siebenbürgen), 5: zwei Delphine (Dobrudscha).

RUSSLAND

Amtlich **РОССИЯ,** Föderation Konstitutionelle Republiken in Osteuropa, Nordasien, 17 075 400 qkm, 148,8 Millionen Einwohner (1992) = 8,7 E/qkm. **Hauptstadt:** Moskau (9 Mill. E). **Währung:** 1 Rubel = 100 Kopeken (auch Kupons). **Mitgliedschaften:** UNO und Unterorganisationen, Weltbank IMF.

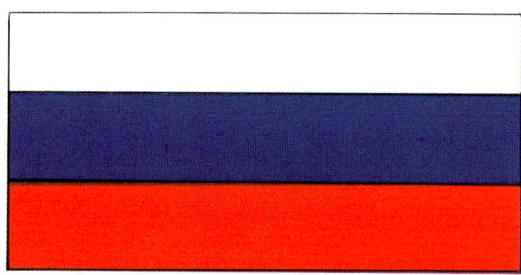

Flagge: Waagerecht Weiß-Blau-Rot. Bekannt als die Handelsflagge des Zarenreiches. Abgeleitet von der holländischen Flagge. Eingeführt durch Zar Peter den Großen, der in Holland Schiffsbau studierte. Eingeführt am 23. 8. 1991.

Bevölkerung: 82% Russen, 4% Tataren, 3% Ukrainer, insgesamt mehr als 100 ethnische Gruppen. **Staatssprache:** Russisch (offiziell). **Religion:** Russisch-orthodoxe Christen, Katholiken, Muslime und Juden. **Verwaltungsgliederung:** 16 autonome Republiken, 10 autonome Kreise und die Exklave Kaliningardskaja (Nord-Ostpreußen).

Landesnatur: Rußland erstreckt sich vom Nordpolarmeer zum Schwarzen Meer, von der Beringsee bis zum Finnischen Meerbusen, im Westen der Fluß Jenissej. Der europäische und der asiatische Teil wird durch den Ural getrennt. Im Süden der große Kaukasus. Die Flüsse Dwina und Ob münden im Eismeer, die Wolga ins Kaspische Meer. Rußland zählt über 2 Mill. Seen. Das Klima ist in den weitesten Teilen kontinental. Im Norden befindet sich der kälteste Ort der Welt Verchojjansk. Der Niederschlag nimmt im allgemeinen von West nach Ost ab, Gebirgsgegenden ausgenommen.

Geschichte: 1917 aus dem russischen Zarenreich hervorgegangen. Gründung der UdSSR am 30. 12. 1922. 1924–1953 Stalin-Regime. Seit

1925 Installierung des Fünfjahresplans, der Verstaatlichungen und Kollektivierungen. 1939 Annexion Ostpolens, 1940 u. a. des Baltikums. Am 22. 6. 1941 Einmarsch deutscher Truppen. Nach dem 2. Weltkrieg weitere Gebietserweiterungen. – Unter Gorbatschow Liberalisierung (Perestroika). 1989 Ende der Intervention in Afghanistan. 1990 Presse- und Religionsfreiheit. 1991 Boris Jelzin wird Präsident. August 1991 Staatsstreich (gescheitert). 1. 1. 1992 Ende des Bestehens der Sowjetunion.

Unabhängig (nicht offiziell erklärt). **Nationalfeiertage:** 12. 6. und 9. 5. (2. Weltkrieg Ende).

Nationalhymne: Ein Wettbewerb ist ausgeschrieben. **Musik:** Michail Ivanovitsj (1804–1957).

Staatswappen: Offiziell eingeführt am 12. 4. 1979. Das Wappen der Russischen Föderation. Roter Schild mit Hammer und Sichel sowie dem Staatsnamen in Gold. Unten der Spruch: »Proletarier aller Länder vereinigt Euch«. Der Schild ist umgeben von Ähren. Ein neues Wappen ist in Vorbereitung. Gedacht ist an den schwarzen byzantinischen Doppeladler des Zarenreiches, jedoch ohne Krone und Provinzwappen.

SAINT KITTS UND NEVIS
(ST. CHRISTOPHER)

Amtlich **St. Kitts and Nevis (St. Christopher),** Konstitutionelle Monarchie im brit. Commonwealth, 262 qkm, 61 000 Einwohner (1968). **Hauptstadt:** Basseterre (14 000 E), auf St. Kitts. **Währung:** 1 East Caribbean Dollar = 100 Cents. **Mitgliedschaften:** UNO und Unterorganisationen, EG (Lome-Abkommen), OAS, VDCN.

Flagge: Offiziell seit 19. 9. 1983. Diagonaler schwarzer Streifen gesäumt von gelben schmalen Streifen. Feld links oben = Grün; rechts unten = Rot. Schwarz = afrikanische Bevölkerung, Gelb = die Sonne, Grün = Fruchtbarkeit des Landes, Rot = der Unabhängigkeitskampf. Die weißen Sterne stehen für die zwei Inseln und die Hoffnung auf Freiheit. Nevis führt eine eigene Flagge.

Bevölkerung: 43 % Schwarze (ehemalige Negersklaven), 15 % Mischlinge, Europäer, Inder, Chinesen. **Staatssprache:** Englisch und Dialekte. **Religion:** römisch-katholisch, Protestanten. **Verwaltungsgliederung:** keine.

Landesnatur: Inseln liegen im Karibischen Meer, Reste eines alten, im Meer versunkenen Gebirges. Heute noch Vulkantätigkeit. Jährliche Temperaturschwankungen sehr gering. Durch Nordostpassat auf der Nordostseite im Sommer starke Niederschläge. Gefürchtete Wirbelstürme zwischen August und Oktober.

Geschichte: Im Jahre 1493 von Kolumbus entdeckt. Seit dem 17. Jh. britische Kolonie. Durch Versailler Vertrag 1783 durch Frankreich anerkannt. St. Kitts-Nevis und Anguilla wurden 1967 ein ass. Staat.

Unabhängig seit 19. 9. 1983. **Nationalfeiertag:** 19. 9. (Unabhängig-keitstag).

Nationalhymne: Text und **Melodie** von Kenrick Anderson Georges.
»Land of Beauty! Our country where peace abounds, / Thy children stand free on the strength of will and love. / With god in all our struggles, / Saint Kitts and Nevis be A Nation bound togehter / With a Common destiny. / As stalwarts we stand for.«
»Land der Schönheit! Unser Land, reich an Frieden, / Deine Kinder sind frei mit Stärke des Willens und der Liebe, / Mit Gott in jedem Kampf, / Saint Kitts und Nevis seien ein Land, vereint mit dem Ziel / Tapfer stehen wir ein.

Staatswappen: Offiziell anerkannt 1967. Motto: »Unity and Trinity«. Später geändert in »Country above self«. Das Symbol zeigt eine Kari-bin zwischen einer Rose und einer Lilie, Symbol der drei Rassen auf den Inseln. Der dreifarbige Menschenarm hält eine Fackel.

SAINT LUCIA

Amtlich **Saint Lucia,** Konstitutionelle Monarchie im Commonwealth, 616 qkm, 153 075 Einwohner (1991) = 248,4 E/qkm. **Hauptstadt:** Castries (52 868 E). **Währung:** 1 Ostkaribischer Dollar = 100 Cents. **Mitgliedschaften:** UNO und Unterorganisationen, AKP, CARICOM, ECLAC, OAS, OCS, UNCTAD, Commonwealth.

Flagge: Am 1. 3. 1967 eingeführt, am 22. 2. 1979 offiziell gehißt. Das Blau repräsentiert das Meer, das Dreiecksmuster die aus ihm aufsteigende Insel. Gelb (Gold) steht für Sonnenschein und Sandstrände, während das Schwarz auf den vulkanischen Ursprung des Inselstaats verweist.

Bevölkerung: 65% Schwarze und Mulatten, Inder, Weiße. **Staatssprache:** Englisch; Umgangssprache Patois (kreolisches Französisch). **Religion:** 90% Katholiken. **Verwaltungsgliederung:** 16 Gemeinden (Parishes).

Landesnatur: Insel vulkanischen Ursprungs in der Karibik, gebirgig und stark bewaldet. Plantagenwirtschaft.

Geschichte: 1502 von Kolumbus entdeckt, spanisch, später französisch, 1814 an England abgetreten. 1967 teilautonomes Mitglied der Assoziierten Staaten Westindiens, 1979 unabhängig.

Unabhängig seit 22. 2. 1979. **Nationalfeiertag:** 22. 2.

Nationalhymne: Text: Charles Jesse. **Melodie:** Leton Felix Thomas. Offiziell angenommen 1967 bei Erlangung der Selbstverwaltung und erneut 1979 bei Gewährung der Unabhängigkeit.

»Sons and daughters of Saint Lucia, love the land that gave us birth, / Land of beaches, hills and valleys, fairest isle of all the earth. / Wheresoever you may roam, love oh love your island home!«
»Söhne und Töchter von Saint Lucia, liebt das Land, das euch Leben gab. / Land der Strände, Berge und Täler, schönste Insel der Welt. / Wo immer ihr seid, liebt, ja liebt eure Inselheimat!«

Staatswappen: Am 16. 8. 1939 verliehen, am 1. 3. 1967 offiziell eingeführt und erweitert. Schild geteilt durch ein schwebendes Kreuz aus Bambus, in den Quartieren zwei Rosen und zwei Lilien, die auf die britische und französische Kolonialherrschaft in der Vergangenheit verweisen.

SAINT VINCENT
UND GRENADINEN

Amtlich **Saint Vincent and the Grenadines,** Konstitutionelle Monarchie im Commonwealth in der Karibik, 389 qkm, 150 000 Einwohner (1986) = 330 E/qkm. **Hauptstadt:** Kingstown (33 000 E). **Währung:** 1 Ostkaribischer Dollar = 100 Cents. **Mitgliedschaften:** UNO und Unterorganisationen, AKP, CARICOM, ECLAC, OAS, OECS, UNCTAD, Commonwealth.

Flagge: Die am 27. 10. 1979 eingeführte Flagge des Inselstaats wurde trotz verfassungsmäßiger Bedenken der Opposition am 21. 10. 1985 geändert. Sie ist jetzt blau-gelb-grün gestreift (schmale weiße Trennstreifen) und zeigt auf dem gelben Feld in Grün ein durch drei Diamanten gebildetes V.

Bevölkerung: 66% Schwarze, Mulatten, Inder. **Staatssprache:** Englisch. **Religion:** Überwiegend protestantisch.

Landesnatur: Karibische Inselgruppe vulkanischen Ursprungs, Hauptinsel St. Vincent gebirgig (bis 1224 m hoch) und stark bewaldet. Noch aktiver Vulkan Soufriere. Holz- und Plantagenwirtschaft.

Geschichte: Von Kolumbus am 22. 1. 1498 entdeckt. Nach holländischen und französischen Kolonisierungsversuchen ab 1763 britischer Besitz. 1958–1962 Mitglied der Westindischen Föderation, 1969 der Assoziierten Staaten Westindiens, seit 1979 unabhängig.

Unabhängig seit 27. 10. 1979. **Nationalfeiertag:** 27. 10.

Nationalhymne: Text: Phyllis Joyce McClean Punnett. **Melodie:** Joel Bertram Miguel. Bei Gewährung der Selbstverwaltung (1969) und Erlangung der Unabhängigkeit (1979) offiziell angenommen.

»Saint Vincent! Land so beautiful, with joyful hearts we pledge to thee / Our loyalty and love, and vow to keep you ever free. / Whate'er the future brings, our faith will se us through. / May peace reign from shore to shore, and God bless and keep us true.«

»Saint Vincent, herrliches Land, fröhlich weihen wir dir / unsere Treue und Liebe und schwören, allzeit deine Freiheit zu hüten. / Was auch die Zukunft bringt, unser Glaube wird uns stützen. / Möge von Küste zu Küste Frieden herrschen und Gott uns segnen und bewahren.«

Staatswappen: Am 12. 11. 1912 verliehen und – soweit bekannt – unverändert beibehalten. Es zeigt zwei klassisch gekleidete allegorische Frauengestalten (Friede und Gerechtigkeit), die an einem Altar opfern. Über dem Schild eine Baumwollpflanze, darunter der Wahlspruch »Friede und Gerechtigkeit«.

SALOMONEN

Amtlich **Solomon Islands,** Konstitutionelle Monarchie im Commonwealth in Ozeanien, 28 446 qkm, 347 115 Einwohner (1991) = 12,2 E/qkm. **Hauptstadt:** Honiara (35 288 E). **Währung:** 1 Salomonen-Dollar = 100 Cents. **Mitgliedschaften:** UNO und Unterorganisationen, AKP, AsDB, ESCAP, SPC, SPEC, SPF, UNCTAD, Commonwealth.

Flagge: Am 18. 11. 1977 offiziell eingeführt. Die Farben symbolisieren die Sonne (Gelb), das Meer (Blau) und das Land (Grün), die fünf weißen Sterne die ursprünglichen fünf Distrikte des Landes: Eastern, Western, Malaita, Central und Eastern Outer Islands.

Bevölkerung: 93 % Melanesier, 4 % Polynesier, Mikronesier, Chinesen, Weiße. **Staatssprache:** Englisch; Umgangssprachen Neo-Solomonian (Pidgin), einheimische Dialekte. **Religion:** 90 % Christen (überwiegend Protestanten), Naturreligionen. **Verwaltungsgliederung:** 7 Provinzen und Hauptstadtbezirk.

Landesnatur: Melanesische Inselgruppe vulkanischen Ursprungs im Pazifik, 6 Hauptinseln, fruchtbarer Boden, üppige Vegetation, feuchtheißes Tropenklima.

Geschichte: 1568 von dem Spanier Alvaro de Mendana entdeckt. Nördliche Inseln 1885 deutsches, südliche Inseln 1895 britisches Schutzgebiet. Deutscher Teil 1914 von Australien besetzt, ab 1920 australisches Völkerbundmandat. Im 2. Weltkrieg Kriegsschauplatz. Am 2. 1. 1976 Gewährung der inneren Autonomie, seit 7. 7. 1978 völlig unabhängig.

Unabhängig seit 7. 7. 1978. **Nationalfeiertag:** 7. 7.

Nationalhymne: Text: Panapasa Balekana und Matila Balekana. **Melodie:** Panapasa Balekana. Nach Wettbewerb ausgewählt, am Unabhängigkeitstag (7. 7. 1978) erstmals öffentlich aufgeführt.

»God save our Solomon Islands from shore to shore, / Bless all her people and her lands / With Your protecting hands. / Joy, Peace, Progress and Prosperity; / That men should brothers be, make nations see. / Our Solomon Islands, / Our Solomon Islands, / Our Nation, Solomon Islands, / Stands for evermore.«

»Gott schütze unsere Salomonen von Küste zu Küste. / Segne Volk und Land / Mit deiner schützenden Hand. / Freude, Friede, Fortschritt und Wohlstand; / Laß alle Nationen erkennen, / Daß die Menschen Brüder sein sollten. / Unsere Salomonen, / Unsere Salomonen, / Unsere Nation, Salomonen / Für alle Zeit.«

Staatswappen: Anläßlich der Unabhängigkeit am 7. 7. 1978 verliehen. Die Farben entsprechen denen der Nationalflagge. Bedeutung: Schildkröten = Westdistrikt, Fregattvogel = Ostdistrikt, Adler = Malaita, Schild, Speere usw. = Zentraldistrikt. Darüber Helm, Eingeborenenboot und aufgehende Sonne. Motto: »Führen heißt Dienen«.

SAMBIA

Amtlich **Republic of Zambia,** Präsidiale Republik in Südafrika, 752 614 qkm, 8,44 Millionen Einwohner (1991) = 11,2 E/qkm. **Hauptstadt:** Lusaka (870 000 E). **Währung:** 1 Kwacha = 100 Ngwee. **Mitgliedschaften:** UNO und Unterorganisationen, AKP, CCC, ECA, IPU, OAU, SADCC, UNCTAD, Commonwealth.

Flagge: Am 24. 10. 1964 offiziell gehißt. Grün, im unteren fliegenden Ende Rot-Schwarz-Orange/senkrecht gestreiftes Hochrechteck, darüber schwebender Adler in Orange. Die Flagge beruht auf den Farben der Vereinigten Nationalen Unabhängigkeitspartei (UNIP), die das Land in die Freiheit geführt hat.

Bevölkerung: Bantu (Bemba, Tonga, Ngoni, Lozi u. a.), Buschmänner, Weiße, Inder. **Staatssprache:** Englisch. **Religion:** Naturreligionen, 30 % Christen, Muslime, Hindus. **Verwaltungsgliederung:** 9 Provinzen.

Landesnatur: Flachwelliges Hochplateau (ca. 1200 m ü. M.), von Sambesi und Nebenflüssen durchflossen. Ausgedehnte See- und Sumpfgebiete, einzelne Bergmassive. Durch Höhenlage gemildertes tropisches Klima.

Geschichte: Seit dem 17. Jh. Barotsereich, 1890 britisches Protektorat. Rest des Landes 1898 von der Südafrikanischen Gesellschaft als »Protektorat Nordrhodesien« vereinnahmt. 1911 mit dem Barotsereich zusammengeschlossen, beide 1924 von den Briten als Kolonie übernommen, Erschließung des Kupfergürtels. 1953–1963 mit Südrhodesien und Njassaland zur Zentralafrikanischen Föderation vereinigt, 1964 unter dem Namen Sambia unabhängig, seither stabile Regierung unter Kenneth Kaunda. 1991 Ende der Kaunda-Regierung nach Wahl-niederlage.

Unabhängig seit 24. 10. 1964. **Nationalfeiertag:** 24. 10.

Nationalhymne: Geht auf einen 1897 von Mankayi Enoch Sontonga (um 1870–1904) komponierten Bantugesang zurück, der von Mrs. Walters und D. W. Dunn bearbeitet und dem ein aus einem Wettbe-werb hervorgegangener neuer Text mehrerer Autoren gegeben wurde. 1964 offiziell angenommen.
»Stand and sing of Zambia, proud and free / Land of work and joy in unity, / Victors in the struggle for the right, / We have won freedom's fight. / All one, strong and free. // Praise be to God. Bless our great nation, / Free men we stand / Under the flag of our land. / Zambia, praise to thee! All one, strong and free.«
»Steh und singe von Sambia, stolz und frei, / Einiges Land der Arbeit und Freude, / Sieger im Kampf um das Recht / Haben wir den Kampf um die Freiheit gewonnen, / Alle einig, stark und frei. // Ehre sei Gott, segne unsere große Nation, / Als freie Menschen stehen wir / Unter der Flagge unseres Landes. / Sambia, sei gepriesen! / Alle einig, stark und frei.«

Staatswappen: Am 19. 2. 1965 festgelegt, geht in Teilen auf das 1927 verliehene Wappen der Kolonie Nordrhodesien zurück. Die Wellen-pfähle symbolisieren die Viktoriafälle. Das Gerät über dem Schild verweist auf den Mineralreichtum, während der Adler ein Symbol der Freiheit und Unabhängigkeit ist. Darunter »Ein Sambia, eine Nation«.

SAN MARINO

Amtlich **Serenissima Repubblica di San Marino,** Republik in Südeuropa, 60,57 qkm, 23 264 Einwohner (1991) = 384 E/qkm. **Hauptstadt:** San Marino (4800 E). **Währung:** 1 Italienische Lira = 100 Centesimi (seit 1972 eigene Münzprägung). **Mitgliedschaften:** ECE, ILO, ITU, UNESCO, UPU, WHO, UNCTAD, Europarat.

Flagge: Das Blau symbolisiert den Himmel, das Weiß die Wolken oder die schneebedeckten Gipfel. Diese traditionellen Farben wurden um 1797 für die Kokarde und Flagge San Marinos gewählt. Offiziell eingeführt wurde die Flagge in der heutigen Form am 6. 4. 1862.

Bevölkerung: Sanmarinesen (Italiener). **Staatssprachen:** Italienisch, Romagnol. **Religion:** Römisch-katholisch. **Verwaltungsgliederung:** 9 Distrikte (Castelli).

Landesnatur: Zwergstaat am Osthang des etruskischen Apennin, fast ganz vom dreigipfligen Monte Titano bedeckt.

Geschichte: Als ältester unabhängiger Staat Europas der Sage nach im 4. Jh. von dem Steinmetz Marinus als Zuflucht für verfolgte Christen gegründet, Souveränität 855 vom Bischof von Rimini anerkannt, 1462 vom Papst. 1463 Festlegung der heutigen Grenzen. 1862 stellte sich San Marino unter den Schutz Italiens.

Unabhängig seit mindestens 855, 1462 vom Papst bestätigt. **Nationalfeiertag:** 3. 9.

Nationalhymne: Textlose Hymne, deren Melodie einem Klosterbrevier aus dem ausgehenden 10. Jh. entstammt, bearbeitet von Federico Consolo (1841–1906), erstmals gespielt am 11. 9. 1894 anläßlich der Einweihung des Regierungspalastes von San Marino.

Staatswappen: Obwohl seit alters her Republik, führt San Marino im Wappen eine Krone als Symbol der Souveränität des Volkes. Die drei mit Straußenfedern besteckten Türme stehen für die Burgen auf den drei Gipfeln des Monte Titano. Das Wappen mit dem Motto »Libertas« (Freiheit) stammt mindestens aus dem 14. Jh.

SÃO TOMÉ & PRÍNCIPE

Amtlich **República Democrática de São Tomé e Príncipe,** Demokratische Republik in Westafrika, 964 qkm, 128 499 Einwohner (1991) = 133 E/qkm. **Hauptstadt:** São Tomé (35 000 E). **Währung:** 1 Dobra = 100 Centimos. **Mitgliedschaften:** UNO und Unterorganisationen, UNCTAD, OAU, GATT (assoz.), Lome-Abkommen, CEEAC.

Flagge: Drei waagerechte Streifen Grün-Gelb-Grün, rotes Dreieck am Liek. Im mittleren Streifen zwei schwarze, fünfstrahlige Sterne. Sie symbolisieren die zwei Inseln. Grün = Vegetation; Gelb = Kakaobohne; Rot = das im Freiheitskampf vergossene Blut. Offiziell gehißt am 5. 11. 1975.

Bevölkerung: Ursprünglich Sträflinge aus Portugal und Sklaven aus Brasilien. Die heutige Bevölkerung besteht zum größten Teil aus Kontraktarbeitern, die in zurückliegenden Jahren aus Angola, den Kapverden und Moçambique angeworben wurden. **Staatssprache:** Portugiesisch, Fang. **Religion:** 93 % Christen (katholisch). **Verwaltungsgliederung:** 2 Distrikte.

Landesnatur: Die kleinen Inseln sind ursprünglich vulkanisch und liegen etwa 240 km vor der Küste Westafrikas. São Tomé ist mit einem dichten Dschungel bedeckt, durchschnitten von Plantagen. Príncipe ist gebirgig. Weitere Inseln sind Pedras Tinhosas und Rolas.

Geschichte: Entdeckt am St.-Thomas-Tag (21. 12. 1470). Benannt zu Ehren König Alfons V. als »Die Fürsteninsel«. Die portugiesische Kolonie war weitgehend autonom. Seit 1951 Provinz. Nach der Revolution in Portugal 1974 wurden die Inseln uanbhängig.

Nationalhymne: Nur Noten bekannt.

Staatswappen: Hellbrauner Schild mit grünem Kakaobaum mit braunem Stamm. Darüber ein blauer Stern. Zwei graue Vögel als Schildhalter. Dazu zwei goldene Bänder. Oben: »Republica Democratic de S. Tome e Principe«, unten: »Unidade Disciplina Trabacho«.

SAUDI-ARABIEN

Amtlich **Al Mamlaka Al'Arabiya As-Sa'udiya,** Monarchie auf der Grundlage des Islam in Vorderasien, 2 149 690 qkm, 17,86 Millionen Einwohner (1991) = 8,3 E/qkm. **Hauptstadt:** Er Riad (1,27 Mill. E). **Währung:** 1 Saudi Riyal = 20 Qirshes = 100 Halalas. **Mitgliedschaften:** UNO und Unterorganisationen, CCC, ECWA, GCC, OAPEC, OIC, OPEC, UNCTAD, Arabische Liga.

Flagge: Grün ist die Farbe der Fatimiden und der Fahne der Wahhabiten. Die Flagge trägt die Schahada (»Es gibt keinen Gott ausgenommen den Gott; Mohammed ist Allahs Gesandter«), das Bekenntniswort des Islam. Das Schwert steht für Gerechtigkeit und Rechtschaffenheit. Offiziell eingeführt am 15. 3. 1973.

Bevölkerung: Saudi-Araber, Perser, schwarze, europäische und nordamerikanische Minderheiten; ca. 2 Mill. Gastarbeiter. **Staatssprache:** Arabisch. **Religion:** 99% Muslime (vorwiegend Wahhabiten). **Verwaltungsgliederung:** 5 Provinzen (Iqlim), Nedschd mit 3 Fürstentümern, Hedschas mit 11 Fürstentümern, Fürstentum Asir, Ostprovinz (El Hasa) und Naschran.

Landesnatur: Großteil der Arabischen Halbinsel, von der Küstenebene am Persischen Golf zum 100–500 m hohen Tafelland von Nedschd (Sand- und Steinwüsten) aufsteigend, im Westen von den Gebirgszügen des Hedschas und Asirs begrenzt, am Roten Meer fruchtbare Küstenebenen. Nur im Westen ausreichende Niederschläge, ansonsten trockenheißes Klima.

Geschichte: Erstmals im 7. Jh. durch Mohammed geeint. Im 18. Jh. Schaffung der strenggläubigen Wahhabitensekte, deren militärischer

Vorkämpfer ab 1738 die Saud-Dynastie wurde, aber erst nach dem Zusammenbruch des Osmanischen Reiches konnte sich Ibn Saud Abd Al Asis III. 1920 zum Sultan von Nedschd ausrufen. Nach der Eroberung des Hedschas und der Heiligen Städte wurde er 1926 König. Die staatsrechtliche Verschmelzung der Gebiete zum Königreich Saudi-Arabien erfolgte am 18. 9. 1932. Ölfunde brachten in den dreißiger Jahren einen noch anhaltenden wirtschaftlichen Aufschwung. Seit 1982 regiert König Fahd Ibn Abdel Aziz. 1990/91 Golfkrieg mit UNO und USA gegen Irak.

Unabhängig seit 15. 1. 1902 (Einnahme Riads durch Ibn Saud) bzw. 8. 1. 1926 (Ausrufung zum König von Hedschas) bzw. 18. 9. 1932 (Gründung des Königreichs Saudi-Arabien). **Nationalfeiertag:** 23. 9.

Nationalhymne: Textlose Hymne, komponiert von Abdul Rahman Al-Hatib, erstmals aufgeführt 1947, angenommen 1950. Es gibt zur Hymne einen Huldigungstext für den König, der mit den Worten beginnt: »Lang lebe unser lieber König, der Schützer unserer heiligen Stätten...«

Staatswappen: Die gekreuzten Schwerter symbolisieren die Entschlossenheit, den Islam zu verteidigen. Die Dattelpalme repräsentiert die Landwirtschaft und ist das Symbol der Oase in der Wüste. Palme und Säbel gelten seit etwa 1930 als Hoheitszeichen Saudi-Arabiens.

SCHWEDEN

Amtlich **Konungariket Sverige,** Parlamentarisch-demokratische Monarchie in Nordeuropa, 449 964 qkm, 8,56 Millionen Einwohner (1991) = 19 E/qkm. **Hauptstadt:** Stockholm (660 000 E). **Währung:** 1 Schwedische Krone = 100 Öre. **Mitgliedschaften:** UNO und Unterorganisationen, AsDB, BIZ, CCC, ECE, EFTA, EPA, ESA, IDB, IEA, IPU, OECD, UNCTAD, Europarat, Nordischer Rat.

Flagge: Offiziell eingeführt am 22. 6. 1906. Die Farben gehen auf das jahrhundertealte Wappen zurück, das goldene Kronen auf blauem Grund zeigt. König Johann III. äußerte 1569 den Wunsch, daß das im großen Staatswappen geführte Kreuz für alle Banner und Fahnen in seinem Reich übernommen werden sollte.

Bevölkerung: Schweden, daneben Finnen und Lappen (Samen), knapp 450 000 Ausländer. **Staatssprache:** Schwedisch. **Religion:** Fast ausschließlicch Protestanten (Lutheraner), 1% Katholiken. **Verwaltungsgliederung:** 24 Provinzen (Län).

Landesnatur: Im Westen Hochgebirge (bis 2135 m), zum Bottnischen Meerbusen hin abfallend, nach Süden hin Mittelschwedische Senke, die in die Schonische Tiefebene übergeht. Seenreiche Flußtäler. Zu Schweden gehören die Ostseeinseln Öland und Gotland. Im Süden niederschlagsreich, an der Ostküste Kontinentalklima.

Geschichte: Um 500 n. Chr. Reichsgründung von Uppsala aus, im 11. Jh. Christianisierung, im 12. Jh. Erwerb Finnlands, 1397–1521 in der Kalmarer Union mit Dänemark und Norwegen vereinigt, 1523–1654 unter dem Haus Wasa beherrschende Ostseemacht, unter Gustav Adolf enormer Gebietszuwachs. Durch den Nordischen Krieg

(1700–1721) Verlust der Großmachtstellung, 1809 Abtretung Finnlands an Rußland. 1814 Erwerb Norwegens, 1905 Auflösung der Union mit Norwegen. In beiden Weltkriegen neutral.

Alte staatliche Tradition. Nationalfeiertage: 6. 6. (Flaggentag), 30. 4. (Geburtstag des Königs).

Nationalhymne: Text: Richard Dybeck (1811–1877). **Melodie:** Altes Volkslied. Erstmals 1844 als »Gesang aus dem Norden« aufgeführt, seit um 1880 als Nationalhymne eingebürgert.
»Du gamla, du fria, du fjällhöga Nord, / Du tysta, du glädjerika sköna! / Jag hälsar dig, vänaste land uppå jord, / Din sol, din himmel, dina ängder gröna...«
»Du alter, du freier, gebirgiger Nord, / So friedlich und fröhlich zu schauen: / Dich grüß ich, der Erde geliebtesten Ort, / Dein Licht, deinen Himmel, die grünen Auen...«

Staatswappen: Das kleine Wappen, das eher ein Landes- als ein Königswappen ist, geht auf das von König Albrecht 1346 geführte Siegel zurück. Das abgebildete große Wappen zeigt neben den Kronen im Geviert das Geschlechterwappen der Folkunger-Könige (1250–1363) und im Herzschild das Familienwappen des regierenden Königs.

SCHWEIZ

Amtlich **Schweizerische Eidgenossenschaft** bzw. **Confédération Suisse** (frz.) bzw. **Confederazione Svizzera** (ital.), Parlamentarisch-direktdemokratischer Bundesstaat in Mitteleuropa, 41 293 qkm, 6,78 Millionen Einwohner (1991) = 164,2 E/qkm. **Hauptstadt:** Bern (150 000 E). **Währung:** 1 Schweizer Franken = 100 Rappen. **Mitgliedschaften:** Viele UNO-Unterorganisationen, AsDB, BIZ, CCC, CEPT, ECE, EFTA, EPA, ESA, IDB, IEA, IPU, OECD, Europarat.

Flagge: Das weiße Kreuz auf rotem Feld ist als Feldzeichen erstmals für das eidgenössische Heer in der Schlacht von Laupen (1339) bezeugt. Die quadratische Flagge in heutiger Form wurde 1848 anläßlich der Verkündigung einer neuen Verfassung eingeführt und am 12. 12. 1889 offiziell angenommen.

Bevölkerung: Schweizer, knapp 1 Mill. Ausländer. **Amtssprachen:** Deutsch, Französisch, Italienisch; Landessprache Rätoromanisch. **Religion:** 47,6% römische Katholiken, 44,3% Protestanten. **Verwaltungsgliederung:** 23 Kantone, davon 3 mit je 2 Halbkantonen.

Landesnatur: Im Süden und Osten Alpenland, im Norden hügeliges Mittelland, im Westen der Schweizer Jura; im Grenzbereich zwischen atlantischem, mediterranem und mitteleuropäischem Klima gelegen.

Geschichte: Seit 1033 beim Deutschen Reich. 1291 Ewiger Bund der drei Waldstätte Uri, Schwyz und Unterwalden, erweitert 1353 durch Luzern, Zürich, Glarus, Zug und Bern. 1499 Anerkennung der Unabhängigkeit durch Kaiser Maximilian, 1648 endgültige Lösung vom Reich. 1815 durch den Wiener Kongreß Zusicherung ewiger Neutralität. 1848 Umwandlung des Staatenbundes in einen Bundesstaat.

Unabhängig seit 1291 (Ewiger Bund), faktisch seit 22. 9. 1499 (Basler Friede), anerkannt am 24. 10. 1648. **Nationalfeiertag:** 1. 8. (1291 Schließung des Ewigen Bundes).

Nationalhymne: Text: Leonhard Widmer (1808–1868). **Melodie:** Alberich Zwyssig (1808–1854), nach einem Kirchenlied 1841 entstanden. Durch den Bundesrat am 12. 9. 1961 als für diplomatische Vertretungen im Ausland und die Armee für offiziell erklärt.
»Trittst im Morgenrot daher, / Seh ich dich im Strahlenmeer, / Dich, du Hocherhabener, Herrlicher! / Wenn der Alpen Firn sich rötet, / Betet, freie Schweizer, betet, / Eure fromme Seele ahnt / Gott im hehren Vaterland! / Gott, den Herrn, im hehren Vaterland!«

Staatswappen: In Rot ein schwebendes silbernes (weißes) Kreuz. Das seit dem 14. Jh. bekannte Schweizerkreuz wurde in der heutigen Gestalt 1889 offiziell als Bundeswappen eingeführt.

SENEGAL

Amtlich **République du Sénégal** bzw. **Sunugal,** Republik in West-
afrika, 196 192 qkm, 7,9 Millionen Einwohner (1991) = 40,5 E/qkm.
Hauptstadt: Dakar (1,2 Mill. E). **Währung:** 1 CFA-Franc = 100 Centi-
mes. **Mitgliedschaften:** UNO und Unterorganisationen, AGC, AKP,
CCC, CEAO, CEDEAO, ECA, OAU, OCAM, OIC, OMVS,
UDEAC, UMOA, UNCTAD.

Flagge: Im September 1960 offiziell eingeführt. Die panafrikanischen
Farben Grün-Gelb-Rot, auf dem gelben Streifen ein fünfstrahliger
grüner Stern, der die Freiheit des afrikanischen Kontinents und die
Hoffnung auf eine bessere Zukunft symbolisieren soll.

Bevölkerung: 40 % Wolof, 13 % Serer, 13 % Fulbe, 9 % Tukulör,
Mandinge, Mauren, Weiße, Libanesen. **Staatssprachen:** Französisch
und Wolof. **Religion:** 85 % sunnitische Muslime, 6 % Christen, Naturreligionen. **Verwaltungsgliederung:** 10 Regionen.

Landesnatur: Küstentiefland, im Inneren hügeliges Savannen- und
Steppenland, im Osten und Südosten Mauretanische Schwelle bis 400
m hoch. Randtropisches Klima.

Geschichte: Seit dem 17. Jh. französische Handelsniederlassungen, bis
zum 19. Jh. Zentren des westafrikanischen Sklavenhandels, 1854 französische Kolonie, 1946 Überseeterritorium in der Französischen
Union, 1955 innere Autonomie, 1958 Zusammenschluß mit Mali,
Obervolta und Benin zur Mali-Föderation, 1960 selbständige Republik. 1982 Konföderation mit Gambia, 1989 durch Senegal beendet.

Unabhängig seit 20. 6. 1960 bzw. 20. 8. 1960 (Austritt aus der Mali-
Föderation). **Nationalfeiertag:** 4. 4.

Nationalhymne: Text: Léopold Sédar Senghor (∗ 1906). **Melodie:** Herbert Pepper (∗ 1912). 1960 angenommen.

»Pincez, tous, vos koras, frappez les balafons, / Le lion rouge a rugi, le dompteur de la brousse / D'un bond s'est élancé, dissipant les ténèbres, / Soleil sur nos terreurs, soleil sur notre espoir. / Debout, frères! Voici l'Afrique rassemblée.«

»Zupft die Koras und schlagt die Balafongs, / Der rote Löwe hat gebrüllt, der Herr im Unterholz, / Mit einem Sprung verjagt er alle Finsternis, / Er breitet Sonne über Schreck und Hoffnung hin. / Auf, Brüder, Afrika ist hier versammelt!«

Staatswappen: Im Dezember 1965 festgelegt. Auf dem Schild ein Löwe als Symbol der Stärke, ein Baobab (Johannisbrotbaum) als typisches Gewächs des Landes und ein Wellenbalken für den Senegalfluß. Auf dem Band in Französisch der Staatswahlspruch »Ein Volk, ein Ziel, ein Glaube«.

SEYCHELLEN

Amtlich **Republik Sesel** bzw. **Republic of Seychelles,** Republik in Ostafrika, 404 qkm, 68 932 Einwohner (1991) = 170,6 E/qkm. **Hauptstadt:** Victoria (23 000 E). **Währung:** 1 Seychellen Rupie = 100 Cents. **Mitgliedschaften:** UNO und Unterorganisationen, AKP, ECA, OAU, UNCTAD.

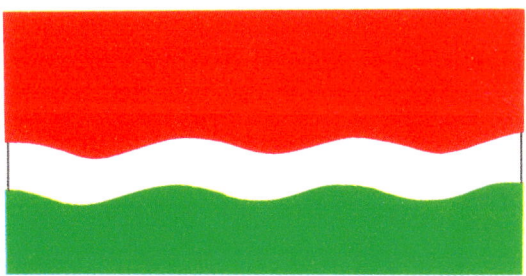

Flagge: Am 5. 9. 1977 offiziell eingeführt. Rot-Grün/waagerecht, geteilt durch gewellten weißen Streifen. Rot ist Symbol für Fortschritt und Revolution, Weiß repräsentiert die Strände und den Indischen Ozean, während Grün die reiche Vegetation des Inselstaats versinnbildlicht.

Bevölkerung: Schwarze, Mulatten, französische Kreolen, Chinesen, Malaien. **Staatssprache:** Kreolisch; Amtssprachen Englisch und Französisch. **Religion:** 91 % Katholiken, 7,5 % Anglikaner. **Verwaltungsgliederung:** 23 Distrikte.

Landesnatur: 112 Inseln (33 bewohnt) im Indischen Ozean nördlich von Madagaskar, teils Granitblöcke (bis 988 m hoch), teils flache Korallenriffe. Regenwald und Plantagenbau. Feuchtwarmes Tropenklima.

Geschichte: 1502 von Portugiesen entdeckt, 1744 an Frankreich, im Pariser Vertrag 1814 an England abgetreten, seit 1903 eigene britische Kolonie. 1976 unabhängig, seit 1979 sozialistische Verfassung.

Unabhängig seit 29. 6. 1976. **Nationalfeiertag:** 29. 6.

Nationalhymne: Text kollektiv verfaßt. **Melodie:** Pierre d'Astroz-Gèze (∗ 1925). Am 5. 6. 1978 erstmals öffentlich aufgeführt.

»Avec couraz e disipline no uti briz tou barier. / Gouvernaye dan nou lamin, nou pou resté touzour frer. / Zamin, zamin nou pou aret lité, / Plito la mor qui viv dan lesclavaz! / Zamin, zamin nou pou aret lité, / Legalité pou nou tou! Laliberté pou tou zour!«

»Mit Mut und Disziplin haben wir alle Schranken zerbrochen. / Mit dem Ruder in der Hand, werden wir stets Brüder bleiben. / Niemals, niemals werden wir den Kampf einstellen, / Lieber den Tod, als in Sklaverei leben! / Niemals, niemals werden wir den Kampf einstellen, / Gleichheit für uns alle, Freiheit für immer!«

Staatswappen: Am 27. 5. 1976 bekanntgemacht. Auf dem Schild eine Meer-Kokospalme, eine Insel und ein darauf zusegelnder Schoner, darunter eine Riesenschildkröte. Über dem Helm Tropikvogel, Schildhalter Seglerfische. Auf dem Band das lateinische Motto »Das Ende krönt das Werk«.

SIERRA LEONE

Amtlich **Republic of Sierra Leone,** Präsidiale Republik in Westafrika, 71 740 qkm, 4,27 Millionen Einwohner (1991) = 59,5 E/qkm. **Hauptstadt:** Freetown (330 000 E). **Währung:** 1 Leone = 100 Cents. **Mitgliedschaften:** UNO und Unterorganisationen, AKP, CCC, CEDEAO, ECA, OAU, OIC, UNCTAD, Commonwealth.

Flagge: Am 27. 4. 1961 offiziell gehißt. Grün steht für die Landwirtschaft, die Naturschätze und die Berge. Weiß ist Sinnbild für Einigkeit und Gerechtigkeit. Kobaltblau steht für das Meer und ist Ausdruck der Hoffnung, durch den Haupthafen Freetown einen Beitrag zum Welthandel und Frieden leisten zu können.

Bevölkerung: 20% Mende, 20% Temne, Soso, Kuranko, Limba, Europäer, Libanesen. **Staatssprache:** Englisch. **Religion:** 30% sunnitische Muslime, Naturreligionen, christliche Minderheit. **Verwaltungsgliederung:** 3 Provinzen, 1 Stadtgebiet.

Landesnatur: Reich gegliederte Atlantikküste, von Mangrovesümpfen gesäumt, Wald- und Savannenebenen, im Osten Mittelgebirgslandschaft, im Norden bis 2000 m hohe Gebirge. Feuchtwarmes Tropenklima.

Geschichte: Nach der Entdeckung durch Europäer Sklavenumschlagplatz, 1792 Gründung von Freetown als Heimstatt für freigelassene Sklaven, 1808 britische Kronkolonie, 1896 Anschluß des Hinterlands als Protektorat. 1961 unabhängig, seit 1971 Republik.

Unabhängig seit 27. 4. 1961. **Nationalfeiertag:** 19. 4.

Nationalhymne: Text: Clifford Nelson Fyle (* 1933). **Melodie:** John Joseph Akar (1927–1975). Am 5. 6. 1978 erstmals öffentlich gespielt.

»High we exalt thee, realm of the free, / Great is the love we have for thee; / Firmly united, ever we stand / Singing thy praise, o native land. / We raise up our hearts and our voices on high, / The hills and the valleys re-echo our cry. / Blessing and peace be ever thine own; / Land that we love, our Sierra Leone.«

»Laut laß dich rühmen, o Land der Freien, / Tief ist die Liebe, die wir dir weihen; / Innig verbunden stehen wir hier, / Singen das Preislied der Heimat zu dir. / Erhebet die Herzen, laßt stimmen uns ein, / Ihr Hügel und Täler, im Echo fallt ein! / Segen und Frieden dient allzeit zum Lohne: / Land, das wir lieben, Sierra Leone.«

Staatswappen: Am 1. 12. 1960 von Königin Elisabeth II. verliehen. Der Löwe im Wappen bezieht sich auf den Landesnamen (»Löwengebirge«) und die frühere britische Kolonialherrschaft. Die Wellen stellen das Meer dar, die drei Fackeln im Schildhaupt sind Freiheitssymbole. Schildhalter sind Löwen mit Ölpalmbäumen.

SIMBABWE

Amtlich **Republic of Zimbabwe,** Parlamentarische Demokratie in Südafrika, 390 622 qkm, 10,7 Millionen Einwohner (1991) = 27,3 E/qkm. **Hauptstadt:** Harare (700 000 E). **Währung:** 1 Simbabwe-Dollar = 100 Cents. **Mitgliedschaften:** UNO und Unterorganisationen, AKP, CCC, ECA, IPU, OAU, SADCC, UNCTAD, Commonwealth.

Flagge: Am 18. 4. 1980 offiziell eingeführt. Grün-Gelb-Rot-Schwarz-Rot-Gelb-Grün/waagerecht, am Mast weißes, schwarzgerändertes Dreieck mit gelbem Simbabwe-Vogel auf rotem Stern. Das weiße Dreieck symbolisiert den Friedenswillen, der rote Stern die politischen Ziele des Volkes von Simbabwe.

Bevölkerung: 65% Schona, 14% Ndebele, Mischlinge, Asiaten, Weiße. **Staatssprache:** Englisch. **Religion:** Naturreligionen, 33% Christen, Muslime. **Verwaltungsgliederung:** 8 Provinzen.

Landesnatur: Im Norden leichtgewellte Hochebene (Lowveld), im Westen und Osten das ansteigende Matebeleland und Maschonaland (Highveld), durchzogen von 500 km langer Hügelkette, im Osten bis 2450 m hohe Randgebirge. Subtropisches Hochlandklima.

Geschichte: Im 10.–16. Jh. afrikanisches Kulturzentrum (Bergbau, Gold). Seit 1885 Landnahme durch Engländer unter Cecil Rhodes. 1891 britisches Protektorat (»Rhodesien«) unter Verwaltung der Britischen Südafrikanischen Gesellschaft. Ab 1923 britische Verwaltung, innere Autonomie. 1965 einseitige Unabhängigkeitserklärung der weißen Siedler von der britischen Krone, 1970 Ausrufung der (weißen) Republik Rhodesien, ab 1972 Guerillakrieg, 1979 Wahlen mit schwarzer Beteiligung, 1980 unabhängig, international anerkannt.

Unabhängig seit 18. 4. 1980. **Nationalfeiertag:** 18. 4.

Nationalhymne: Text: Kollektiv verfaßt. **Melodie:** Auf der Grundlage eines 1897 von Mankayi Enoch Sontonga (um 1870–1904) komponierten Bantugesangs bearbeitet. 1980 angenommen.

»Ishekomborera Africa / Ngaisimudzirwe zita rayo / Inzwai miteuro yedu / Ishe komborera Isu mhuri yayo. / Huya mweya Huya mweya / Huya mweya / Huya mweya woutsvene / Uti komborere Isu mhuri yayo.«

»Gott segne Afrika, / möge sein Ruhm sich allenthalben verbreiten. / Höre unser Gebet: Möge Gott uns segnen. / Komm, Geist, komm, / Komm, Heiliger Geist! / Komme und segne uns, Afrikas Kinder.«

Staatswappen: Am 18. 4. 1980 eingeführt. Der Simbabwe-Vogel steht als nationales Symbol für das historische Erbe der Nation. Das Korn repräsentiert den fruchtbaren Boden, die Wellenlinien stehen für das lebensspendende Wasser. Gewehr und Hacke sollen den Übergang vom Krieg zum Frieden repräsentieren.

SINGAPUR

Amtlich **Republic of Singapore** (engl.), **Repablik Singapura** (malais.), **Xinjiapo Gonghegno** (chines.), Republik in Südostasien, 618,1 qkm, 2,75 Millionen Einwohner (1991) = 4449 E/qkm. **Hauptstadt:** Singapur (2,5 Mill. E). **Währung:** 1 Singapur-Dollar = 100 Cents. **Mitgliedschaften:** UNO und Unterorganisationen, AsDB, ASEAN, CCC, ESCAP, IPU, UNCTAD, Colomboplan, Commonwealth.

Flagge: Offiziell gehißt am 3. 12. 1959, Rot-Weiß/waagerecht, im Obereck ein weißer Halbmond und ein Kreis von fünf weißen Sternen. Halbmond und Sterne repräsentieren die Ideale des Landes: Aufstieg, Demokratie, Frieden, Fortschritt, Gerechtigkeit und Gleichstellung.

Bevölkerung: 76,7% Chinesen, 14,7% Malaien, 6,4% Inder und Pakistaner. **Sprachen:** Englisch Amtssprache, daneben Malaiisch, Chinesisch, Tamil. **Religion:** Konfuzianer, Taoisten, Buddhisten, Muslime, Hindus, christliche und jüdische Minderheiten.

Landesnatur: Inselrepublik vor der Südspitze der Halbinsel Malakka, Hauptinsel Singapur und 40 kleinere Inseln, fruchtbares, ungemein dicht besiedeltes Hügelland. Ganzjährig feuchtwarmes Klima.

Geschichte: Legendäre Gründung durch den Prinzen Sang Nita Utama im 13. Jh.; 1819 als Stützpunkt der britischen Ostindienkompanie ausgebaut, 1857 britische Kronkolonie, seit 1926 wichtiger Marinestützpunkt. 1958 aus dem Kolonialstatus entlassen, 1962 zusammen mit Malaya und Britisch-Borneo unabhängig. 1963–1965 Gliedstaat der Föderation Malaysia, seit 9. 8. 1965 unabhängige Republik.

Unabhängig seit 9. 8. 1965. **Nationalfeiertag:** 9. 8.

Nationalhymne: Text und **Melodie:** Zubir Said (∗ 1907). Durch Gesetz vom 30. 11. 1959 offiziell angenommen.

»Mari kita ra'yat Singapura sama sama měnuju bahagia. / Chita chita kita yang mulia / Berjaya Singapura! / Marilah kita bersatu, De ngan sěmangat yang baru. / Sěmua kita berseru / Majulah Singapura, Majulah Singapura! Marita!«

»Laßt uns, Menschen von Singapur / gemeinsam ins Glück marschieren. Unser hohes Streben ist es, / Singapurs Erfolg zu erleben. / Schließen wir uns in einem Geist zusammen, flehen wir gemeinsam: / Möge Singapur gedeihen! Möge Singapur gedeihen!«

Staatswappen: 1959 angenommen. Halbmond und Sterne im Wappenschild wie auf der Flagge. Der Löwe als Schildhalter erinnert an den Namen der »Löwenstadt«, der Tiger an die frühere Verbindung mit Malaysia. Auch während der Zugehörigkeit zur Föderation von Malaysia waren Flagge und Wappen gleich.

SLOWAKISCHE REPUBLIK

Amtlich **Slovenska Republiká,** Konstitutionelle Republik in Mitteleuropa, 49 041 qkm, 4,9 Millionen Einwohner (1991) = 100 E/qkm. **Hauptstadt:** Bratislava (Preßburg), 435 710 E. **Währung:** 1 Koruna (Slowakische Krone) = 100 Halierov (Heller). **Mitgliedschaften:** UNO und Unterorganisationen.

Flagge: Eingeführt am 1. 3. 1990. Waagerecht Weiß-Blau-Rot. Seit 1. 1. 1993 mit dem Staatswappen am Liek.

Bevölkerung: 86,6% Slowaken, 10,9% Ungarn, 1,2% Tschechen, 0,8% Ukrainer und Russen, u. a. **Religion:** Überwiegend römisch-katholisch, griechisch-orthodox. **Verwaltungsgliederung:** 4 Provinzen.

Landesnatur: Die Slowakei besteht aus Hügel- und Gebirgslandschaft (Karpaten). Die Hauptflüsse: Nitra, Uron, Poprad, Uornad. Mitteleuropäisch kontinentales Klima.

Geschichte: Im 9. Jh. zum Großen Mährischen Reich. Besatzung durch Ungarn. Anschließend Gebiet des Heiligen Römischen Reiches. Im 16. Jh. zur Habsburger Krone. 1918 Teil der Republik Tschechoslowakei. Im 2. Weltkrieg deutsche Besatzung. Nach 1945 erneut zur Tschechoslowakei, jedoch ohne Karparten-Ukraine. 1948 Volksdemokratie. 1960 sozialistischer Bundesstaat. Im Dezember 1960 Regierung ohne Kommunisten. Selbständigkeitserklärung am 17. 7. 1992. Trennung von der Tschechei. Unabhängige Slowakische Republik seit 1. 1. 1993.

Unabhängig seit 1. 1. 1993. **Nationalfeiertag:** 1. 1.

Nationalhymne: Nad Tatrou Sa Blyska. Eingeführt am 1. 3. 1990.
Melodie: ?, **Text:** Janko Matuska.
»Nad Tatrou sa blyska Hromy divo biju / Zastavme ich bratia / Ved' sa
ony stratia / Slováci oziju.«

Staatswappen: Offiziell seit 1. 3. 1990. Roter Schild mit einem silbernen Patriarchenkreuz auf blauem dreispitzigen Berg. Abgeleitet vom
alten Großungarischen Wappen.

SLOWENIEN

Amtlich **Republika Slovenija,** Konstitutionelle Republik in Südosteuropa, 20 251 qkm, 2 Millionen Einwohner (1991) = 98,7 E/qkm.
Hauptstadt: Ljubljana (335 000 E). **Währung:** 1 Tolar (Taler) = 100
Stotinov. **Mitgliedschaften:** UNO und Unterorganisationen, Europarat.

Flagge: Offiziell eingeführt am 25. 6. 1991. Waagerecht Weiß-Blau-
Rot. Am Liek das Staatswappen. Wahrscheinlicher Ursprung: das alte
Wappen des Herzogtums Krain. Die Farben entsprechen den pan-
slawischen Farben.

Bevölkerung: 95 % Slowenen, 3 % Kroaten, 2 % Serben, u. a. **Staatssprache:** Slowenisch (offiziell), Serbokroatisch. **Religion:** Überwiegend römisch-katholisch. **Verwaltungsgliederung:** noch unbekannt.

Landesnatur: Überwiegend Gebirgslandschaft unterschiedlichster
Strukturen. Im Westen die Julischen Alpen und die Karawanken. Der
Birnbaumer und der Ternovaner Wald gehen in das Karstgebiet Inner-
krain über. Unterkrain im Südosten besteht aus landwirtschaftlich
genutztem Hügelland. Das Klima ist schwach mitteleuropäisch kontinental. Schnee- und regenreich in den Hochgebirgsgegenden. An der
Küste Mittelmeerklima.

Geschichte: Im 6.–8. Jh. erste slowenische Ansiedlungen. Seit dem
9. Jh. deutsche Herrschaft. Seit dem 11. Jh. Provinz des ungarischen
Königreiches, nach ungarisch-türkischen Kriegen Teil von Österreich-
Ungarn. 4. 12. 1918 Teil des Königreiches Jugoslawien. Im 2. Weltkrieg zwischen Deutschland, Italien und Ungarn geteilt. 1945 erneut
Teil von Jugoslawien unter Tito. Unabhängigkeitserklärung am 25. 6.
1991. Anerkennung durch die EG im Januar 1992.

Unabhängig seit 25. 6. 1991. **Nationalfeiertag:** 25. 6.

Nationalhymne: Eingeführt 1991. **Text:** France Preseren (1840). **Melodie:** ?.

»Žive naj vsi narodi, ivi / ki hrepene dočakat dan, / da koder sonce hodi / prepir iz sveta bo pregnan. / Da rojak prost bo vsak / Ne vrag, le sosed bo mejak.«

»God's blessing on all Nations, / Who long and work for that bright day, / When o'er earth's habitations / No war, no strife shall hold its sway; / Who long to see / That all men free / No more shall foes, but neighbours be.«

»Gott segnet alle Nationen / Die den großartigen Tag herbeisehnen und auf ihn hinarbeiten / Wenn unser Aufenthalt auf Erden / Von keinem Krieg, keinem Streit beherrscht sein wird / Die sich herbeisehnen / Daß alle Menschen frei / Und nie mehr Feinde, sondern Nachbarn sein werden.«

Staatswappen: Eingeführt am 25. 6. 1991. Blauer Schild mit drei Bergspitzen (Triglav). Unten zwei Wellenbalken in Blau, Symbol für die Flüsse Drau und Save. Oben drei goldene, sechszackige Sterne als Symbol für die Jahreszahlen 1918, 1945 und 1991. Umrahmt von einer schmalen, roten Leiste.

SOMALIA

Amtlich **Al-Jumhouriya ad Dimukratiya As-Somaliya Al-Domocradia**
bzw. **Jamhuuriyadda Dimugradiga Soomaaliya,** Republik in Nordostafrika, 637 657 qkm, 6,7 Millionen Einwohner (1991) = 10,5 E/qkm.
Hauptstadt: Mogadischu (630 000 E). **Währung:** 1 Somalia-Schilling =
100 Centesimi. **Mitgliedschaften:** UNO und Unterorganisationen,
AKP, ECA, IPU, OAU, OIC, UIA, UNCTAD, Arabische Liga.

Flagge: Schon am 12. 10. 1954 von der Mandatsmacht Italien für das
damalige UNO-Treuhandgebiet gebilligt. Das Blau entspricht dem der
UNO-Flagge. Die fünf Strahlen des weißen Sterns vertreten die fünf
getrennten Somaliländer (Italienisch-, Französisch-, Britisch-Somaliland, Gebiete in Äthiopien und Kenia).

Bevölkerung: 95 % Somalstämme, Bantu, Araber, weiße Minderheit,
ca. 650 000 Flüchtlinge. **Staatssprache:** Somali. **Religion:** 99 % sunnitische Muslime. **Verwaltungsgliederung:** 16 Provinzen.

Landesnatur: Von Nordwesten nach Südosten geneigtes Tafelland, im
Süden große Küstenebene, im Norden bis 2408 m hohe Gebirge,
gestufte Hochebene. Subtropisches, im Inneren trockenheißes, an der
Küste feuchtschwüles Klima.

Geschichte: Seit Jahrtausenden besiedelt (»Weihrauchküste«), im 13.
Jh. von Somal aus Südarabien besetzt. Im 19. Jh. Franzosen und Briten
am Golf von Aden, ab 1885 Schaffung von Italienisch-Somaliland.
1949 UNO-Beschluß für selbständiges Somalia, am 1. 7. 1960 gebildet
aus Italienisch- und Britisch-Somaliland. Seit 1969 Militärregierung,
seit 1979 sozialistischer Einparteienstaat. Seit Dezember 1990 Bürgerkrieg. 1993 UNO-Hilfsaktionen, militärisches Eingreifen.

Unabhängig seit 1. 7. 1960. **Nationalfeiertag:** 21. 10.

Nationalhymne: Melodie: Giuseppe Blanc (1886–1969). Von der italienischen Treuhandverwaltung in Auftrag gegeben, 1960 übernommen, ohne Text.

Staatswappen: Am 10. 10. 1956 eingeführt. Auf dem Schild die Nationalflagge, die goldene Krone darüber als Symbol der Unabhängigkeit. Schildhalter sind zwei Leoparden. Als Basis gekreuzte Speere und Palmwedel, die Speere von weißem Band umschlungen.

SPANIEN

Amtlich **Reino de España,** Monarchie auf parlamentarisch-demokratischer Grundlage in Südwesteuropa, 504 782 qkm, 39,4 Millionen Einwohner (1991) = 78 E/qkm. **Hauptstadt:** Madrid (3,1 Mill. E). **Währung:** 1 Peseta = 100 Céntimos. **Mitgliedschaften:** UNO und Unterorganisationen, BIZ, CCC, CEPAL, ECE, ECLAC, EG, ESA, IDB, IEA, IPU, NATO, OECD, UNCTAD, Europarat.

Flagge: Rot und Gelb waren seit dem Mittelalter die spanischen Farben, seit dem 28. 5. 1785 in der Nationalflagge. Offiziell eingeführt am 29. 8. 1936, seit dem 19. 12. 1981 mit zum Flaggmast hin versetztem Staatswappen im gelben Mittelfeld.

Bevölkerung: 73% kastilische Spanier, 24% Katalanen, 2,5% Basken. **Staatssprache:** Spanisch (Kastilisch); Katalanisch, Baskisch und Galizisch als offizielle Sprachen anerkannt. **Religion:** Vorwiegend römisch-katholisch. **Verwaltungsgliederung:** 17 autonome Gemeinschaften.

Landesnatur: Großteil der Iberischen Halbinsel, von Atlantik und Mittelmeer eingefaßt, im Norden von den Pyrenäen begrenzt, im Inneren bis 900 m hohes Tafelland (Meseta) und Grassteppen, durch Kastilisches Scheidegebirge gegliedert, im Süden die Betischen Kordilleren. Vorwiegend mediterran-kontinentales Klima.

Geschichte: In der Antike römisch, ab dem 5. Jh. germanische Staatsgründungen. 711 Einfall der Araber, blühende arabische Reiche. Seit 1035 Rückeroberung durch christliche Reiche, 1469 Vereinigung von Aragonien und Kastilien zum Königreich Spanien, 1492 Abschluß der Reconquista. Ab 1516 unter den Habsburgern, durch Entdeckungsreisen Aufbau des spanischen Weltreichs, das im 19./20. Jh. wieder zerfällt. 1931 Sturz der Monarchie, Ausrufung der Republik, 1936–1939 Bürgerkrieg, Diktatur unter General Franco. 1947 nominell, seit 1975 faktisch wieder Monarchie.

Alte staatliche Tradition. Nationalfeiertage: 24. 6. (Namenstag des Königs), 12. 10. (Entdeckung Amerikas durch Kolumbus 1492).

Nationalhymne: Text: José María Pemán y Permartin, Text nur inoffiziell. **Melodie:** Komponist unbekannt, am 3. 9. 1770 von König Karl III. zum Ehrenmarsch erhoben, am 27. 2. 1927 textlos offiziell als Nationalhymne eingeführt.

»¡Viva España! / Alzad los frentes, hijos / del pueblo español / que quiere resurgir.«

»Es lebe Spanien! / Erhebt die Häupter, Söhne / Der spanischen Nation, / Die neu erstehen will.«

Staatswappen: Schildgeviert mit silberner Spitze, darin die Embleme von Kastilien, León, Aragonien, Navarra und Granada, aus denen das Königreich zusammengewachsen ist. Daneben die Säulen des Herkules als Symbol des überseeischen Einflusses und das Motto »Plus ultra« (Immer weiter).

SRI LANKA

Amtlich **Sri Lanka prajatantrika samajawadi jamarajaya** (singh.) bzw. **Ilangai jananayage socialisak kudiarasu** (tamil.), Demokratische Sozialistische Republik in Südasien, 65 610 qkm, 17,4 Millionen Einwohner (1991) = 265,5 E/qkm. **Hauptstadt:** Colombo (650 000 E). **Währung:** 1 Sri-Lanka-Rupie = 100 Cents. **Mitgliedschaften:** UNO und Unterorganisationen, AsDB, CCC, ESCAP, IPU, SAARC, UNCTAD, Colombo-Plan, Commonwealth.

Flagge: Offiziell gehißt am 7. 9. 1978. Im gelben (goldenen) Rahmen am Mast zwei Streifen in Grün und Orange, Symbole der muslimischen und hinduistischen Minderheiten. Im rotbraunen (seit 1985) Hauptfeld in Gelb Löwe mit Schwert, Pipulblätter in den Winkeln; die alte Flagge des Königs von Kandy.

Bevölkerung: 74% Singhalesen, 12,6% Jaffna-Tamilen, 5,6% Indien-Tamilen, 7,2% Moors. **Staatssprache:** Sinhala, seit 1978 auch Tamil; Verkehrssprache Englisch. **Religion:** 70% Hinajana-Buddhisten, 16% Hindus, 7% Muslime, 7% Christen. **Verwaltungsgliederung:** 8 Provinzen und 24 Distrikte.

Landesnatur: Inselstaat vor der Südspitze des indischen Subkontinents, im Süden Gebirge, im Inneren flachwelliges Hügelland, im Norden und Nordwesten Flachland, feuchtheißes Monsunklima.

Geschichte: Schon im Mittelalter den Europäern als Gewürzinsel bekannt, 1505 portugiesisch, 1568 niederländisch, 1796 britisch, ab 1802 Kolonie. 1948 unabhängiges Mitglied im Commonwealth. Am 22. 5. 1972 wird das bisherige Ceylon in Sri Lanka umbenannt. Seit 1983 Bürgerkrieg zwischen Regierung der Singhalesen und Jaffna-Tamilen.

Unabhängig seit 4. 2. 1948. **Nationalfeiertag:** 4. 2.

Nationalhymne: Text und **Melodie:** Ananda Samarakone (1911–1962). Am 4. 2. 1948 anläßlich eines Wettbewerbs als National-hymne ausgewählt, 1952 offiziell anerkannt.
»Sri Lankā Māthā, apa Sri Lankā, / Namō Namō Namō Namō Māthā. / Sundara siri barini, Surändi athi Sobamāna Lankā / Dhanya dhanaya neka mal pala thuru piri, jaya bhoomiya ramyā. / Apa hata säpa siri setha sadanā, jeevanayē Māthā! / Piliganu mana apa bhakti pooja, Namō Namō Māthā. / Apa Sri Lankā. Namō Namō Namō Namō Māthā, apa Sri Lankā Namō Namō Namō Namō Māthā.«

Mutter Lanka, wir huldigen dir! / Du bist überreich an Wohlstand, / Schön in Anmut und Liebe, / Voller Korn und saftigem Obst, / Und duftender Blüten von starkem Duft, / Spenderin des Lebens und alles Guten, / Unser Land der Freude und des Sieges, / Nimm unser innig dankbares Lob entgegen, / Lanka, wir huldigen dir!«

Staatswappen: 1972 angenommen. Zwischen Mond und Sonne Punka-lasa (Tasse), darüber in einem Ähren- und Lotuskranz (Palapeti Vi-taya) rote Scheibe mit dem schwerthaltenden Löwen von Kandy, gekrönt vom Dschammachakka, dem buddhistischen Gesetzesrad. Der Löwe ist seit Jahrhunderten auf Ceylon Königsemblem.

SUDAN

Amtlich **El Dschamhurija es Sudan** bzw. **Jamhuriyat as Sudan,** Republik in Nordostafrika, 2 505 813 qkm, 27,2 Millionen Einwohner (1991) = 9,1 E/qkm. **Hauptstadt:** Khartum (1,6 Mill. E). **Währung:** 1 Sudanesisches Pfund = 100 Piastres = 1000 Milliemes. **Mitgliedschaften:** UNO und UnterorganisationenAGC, AKP, CCC, ECA, IPU, OAU, OIC, UIIA, UNCTAD, Arabische Liga.

Flagge: Am 20. 5. 1970 offiziell gehißt. Rot symbolisiert Fortschritt, Revolution und das Blut der Patrioten, Weiß Friedensliebe und Schwarz das Land selbst (»Sudan« bedeutet »schwarz«). Das Grün des Dreiecks am Mast ist die Farbe des Islam, gilt aber auch als Symbol des Gedeihens.

Bevölkerung: 50% Araber, 30% Nilohamiten, 10% hamitische Nubier, Niloten, Weiße. **Staatssprache:** Arabisch. **Religion:** 65% Muslime (Islam Staatsreligion), Naturreligionen, 6% Christen. **Verwaltungsgliederung:** 9 Regionen.

Landesnatur: Schmale Küstenebene am Roten Meer, hinter Gebirgswall Hochland, in ganzer Länge vom Nil durchflossen, im Norden und Westen großenteils niederschlagslose Vollwüste, in der Mitte und im Süden üppige Savannen, im äußersten Süden tropischer Regenwald.

Geschichte: Im Altertum blühende Reiche (Kusch, Nubien u. a.). Im 13. Jh. durch Araber islamisiert, 1596 Moslemreich Darfur, seit 1820 Annexion des Niltals durch Ägypten und dessen Schutzmacht Großbritannien, 1899–1955 anglo-ägyptisches Kondominion. 1956 Ausrufung der Republik Sudan. Seither mehrere Putsche und Militärregierungen. Bürgerkrieg.

Unabhängig seit 1. 1. 1956. **Nationalfeiertag:** 1. 1.

Nationalhymne: Text: Sayed Ahmed Mohammed Saleh (1896–1971).
Melodie: Ahmed Murgan (1905–1974). 1956 angenommen.
»Naḥnu gundu llāhi gundu l-waṭan / in da'ā dā'; l-fidā lam nahun /
natahadda l-mauta bi-agla t-taman / hadihi l-ardu lana / fa-l-ya 'iš
Sudanuna / 'alam baina l-umam / ya bani s-Sudani hada ramzukum /
yuhmalu l-a'ba' wa-yuhma ardukum.«

»Wir sind das Heer Allahs, das Heer des Vaterlands; / Wenn der Rufer
zum Opfer ruft, versagen wir nicht. / Wir scheuen den Tod nicht und
Gefahren, / Wir erwerben den Ruhm um den höchsten Preis. / Dies
Land gehört uns, es lebe der Sudan! / Als Markzeichen unter den
Völkern. / O Söhne des Sudan, dies ist euer Zeichen: / Erfüllt wird die
Pflicht, und euer Land wird beschützt.«

Staatswappen: 1970 eingeführt. Der Sekretär, ein afrikanischer Greif-
vogel, gilt als Nationalvogel des Sudan. Auf den Bändern oben und
unten in Arabisch das Motto »Der Sieg ist unser« und die offizielle
Bezeichnung des Staates.

SÜDAFRIKA

Amtlich **Republiek van Zuid-Afrika** bzw. **Republic of South Africa,** Parlamentarische Bundesrepublik in Südafrika, 1 123 226 qkm, 40,6 Millionen Einwohner (1991) = 36,1 E/qkm. **Hauptstadt:** Pretoria (Regierungssitz, 822 925 E), Kapstadt (Parlamentssitz, 1,9 Mill. E). **Währung:** 1 Rand = 100 Cents. **Mitgliedschaften:** UNO und Unterorganisationen, BIZ, CCC, SAEMU, UNCTAD, VDCN.

Flagge: Am 31. 5. 1928 offiziell gehißt. Orange-Weiß-Blau/waagerecht, im weißen Streifen der »Union Jack« (für die ehemals britischen Kolonien Natal und Kapland) und die Flaggen des Oranje-Freistaats und Transvaals (zweier ehemals unabhängiger burischer Staaten). Grundtuch = Farben der Siedler des 17. Jh.s. Nach Bildung einer neuen Übergangsregierung wird die Flagge geändert.

Bevölkerung: 68% Schwarze, 18% Weiße, 11% Mischlinge (Coloureds), Asiaten. **Staatssprachen:** Afrikaans und Englisch. **Religion:** Vorwiegend Christen, Hindus, Muslime, Juden. **Verwaltungsgliederung:** 4 Provinzen.

Landesnatur: Schmaler Küstensaum, im Inneren große Beckengebiete, von bis zu 3300 m hohen Randschwellengebirgen abgeschlossen. Im Westen spärliche, im Süden und Osten reichliche Niederschläge. Im Westen und Norden Dornbuschsavanne und Halbwüste, ansonsten Grasländer, Feuchtsavannen und Feuchtwälder.

Geschichte: Seit 1601 holländische Besiedelung, 1795 britische Kronkolonie Kapprovinz, Zurückdrängung der Buren ins Hinterland (Großer Treck), um 1860 Transvaal, Natal und Oranjegebiet burisch. Blutige Unterwerfung der Buren zur Eingliederung ins britische Kolonial-

reich. Am 30. 5. 1910 Bildung des Dominions Südafrikanische Union,
dem 1920 Deutsch-Südwestafrika (heute Namibia) als Völkerbundmandat unterstellt wurde, Union seit 1931 nominell von Großbritannien unabhängig, 1961 Austritt aus dem Commonwealth. Rassenpoli-
tik problematisch.

Unabhängig seit 31. 5. 1910 (faktisch) bzw. 11. 12. 1931 (nominell).
Nationalfeiertag: 31. 5.

Nationalhymne: Text: Cornelis Jacob Langenhoven (1873–1932). **Melodie:** M. Lourens de Villiers (1885–1977). Text 1918 verfaßt, Melodie
1921 komponiert, 1952 englische Version, 1959 amtlich angenommen.
Wird voraussichtlich geändert werden.

»Uit die blou van onse hemel, uit die diepte van ons see, / Oor ons
ewige gebergtes waar die kranse antwoord gee, / Deur ons vér verlate
vlaktes met die kreun van ossewa / Ruis die stem van ons geliefde, van
ons land Suid-Afrika . . .«

»Ringing out from our blue heavens, from our deep seas breaking
round; / Over granite-rooted mountains where the echoing crags re-
sound; / From our plains where creaking waggons etched their trails
into the earth – / Calls the spirit of our country, of the land that gave us
birth . . .«

»Aus der Bläue unsres Himmels, aus der Tiefe unsrer See, / Aus der
Ewigkeit der Berge, wo Antwort tönt aus höchster Höh, / Aus der weit
verlaßnen Ebne, wo der Ochsenwagen stöhnt, / Die Stimme des geliebten Süd-Afrika ertönt . . .«

Staatswappen: Am 17. 9. 1910 von König Georg V. verliehen. In den
Quartieren: Frau mit Anker (Kapprovinz), laufende Gnus (Natal),
Orangenbaum (Oranje-Freistaat), Treckwagen (Transvaal). Auf dem
Helm Löwe mit Rutenbündel. Schildhalter Antilope und Springbock.
Staatswahlspruch »Einigkeit macht stark«.

SURINAM

Amtlich **Republiek van Suriname,** Republik in Südamerika, 163 265 qkm, 402 385 Einwohner (1991) = 2,5 E/qkm. **Hauptstadt:** Paramaribo (200 000 E). **Währung:** 1 Suriname-Gulden = 100 Cent. **Mitgliedschaften:** UNO und Unterorganisationen, AKP, IDB, OAS, SELA, UNCTAD, Amazonasvertrag.

Flagge: Offiziell gehißt am 25. 11. 1975. Grün symbolisiert den fruchtbaren Boden des Landes und Hoffnung auf Fortschritt, Weiß Gerechtigkeitsliebe und Freiheit, Rot Liebe und Fortschrittsgeist, während der goldene (gelbe) Stern die Einheit des Volkes, aber auch Opferbereitschaft verkörpert.

Bevölkerung: 31 % Kreolen, 37 % Indischstämmige, 15 % Indonesier, Schwarze, Weiße, Chinesen, Indianer. **Staatssprache:** Niederländisch, viele Umgangssprachen. **Religion:** 37 % Christen, 33 % Hindus, 22 % Muslime. **Verwaltungsgliederung:** 10 Distrikte.

Landesnatur: An der Nordküste Südamerikas. Deichgeschützte Küstenebene (agrares Nutzgebiet), im Inneren gebirgig und dicht bewaldet, nur über Flüsse zugänglich. Feuchtheißes Tropenklima.

Geschichte: Seit 1616 von Holländern kolonisiert, im Frieden von Breda 1667 Abgrenzung der Interessensphären zu England, Aufbau von Zuckerrohrplantagen mit afrikanischen Neversklaven. Seit 1866 beschränkte, seit 1954 volle innere Autonomie, 1975 Gewährung der Unabhängigkeit. Durch Abwanderung großer Bevölkerungsteile in die Niederlande starke wirtschaftliche Schwächung. Seit 1980 Militärregierung. 1988 Wahlen. Ende der Militärregierung. 1990 Militärputsch. 1991 erneut Zivilregierung.

Unabhängig seit 25. 11. 1975. **Nationalfeiertag:** 25. 11.

Nationalhymne: Text: Cornelis A. Hoekstra (1852–1911). **Melodie:** Johannes Corstianus de Puy (1835–1924). 1876 komponiert, Text 1893 verfaßt, am 15. 12. 1959 als Landeshymne, am 25. 11. 1975 als offizielles Staatssymbol angenommen.

»God zij met ons Suriname! / Hij verhaff' ons heerlijk land! / Doch dat elk zich dan ook schame, / Die zijn ere maakt te schand. / Recht en waarheid ti betrachten, / Zeed'lijk rein en vroom en vrij, / Al wat slecht is te verachten, / Dat geeft aan ons land waardij!«

»Daß doch Gott mit Surinam sei, / Schützend dieses prächtge Land. / Daß doch jeder voller Scham sei, / Der dem Ehrenschild macht Schand. / Nur nach wahrem Recht zu trachten; / Rein von Sitten, fromm und frei, / Alles Schlechte zu verachten / Unsres Landes Ruhmwort sei.«

Staatswappen: Geht auf das 17. Jh. zurück, mehrfach verändert, seit dem 15. 12. 1959 eingeführt. Schiff, Raute mit Stern und Palme beziehen sich auf Handel, Bergbau und Landwirtschaft. Die Schildhalter erinnern an die Ureinwohner von Surinam. Auf dem Band das Motto »Gerechtigkeit, Frömmigkeit, Glaube«.

SWASILAND

Amtlich **Umbuso we Swatini,** Monarchie in Südostafrika, 17 364 qkm, 859 336 Einwohner (1991) = 49,4 E/qkm. **Hauptstadt:** Mbabane (38 636 E). **Währung:** 1 Lilangeni = 100 Cents. **Mitgliedschaften:** UNO und Unterorganisationen, AKP, CCC; ECA, OAU, SADCC, SAEMU, UNCTAD.

Flagge: Am 30. 10. 1967 offiziell gehißt. Blau symbolisiert den Frieden, Gelb den Mineralreichtum und Karmesinrot die Schlachten der Vergangenheit. Auf dem Mittelstreifen Swasi-Kampfschild mit Lanzen und Kampfstock, besteckt mit blauen Federbüscheln. Nach der Fahne des Swazi Pioneer Corps (1941) gestaltet.

Bevölkerung: 94% Swasi, Mischlinge, Weiße. **Staatssprache:** Si-Swati. **Religion:** 57% Protestanten, 8% Katholiken, Naturreligionen. **Verwaltungsgliederung:** 4 Distrikte. 2 Städte. 40 Regionen.

Landesnatur: Im Westen Langgrassavanne und Nebelwald auf Hochebene (Highveld), abfallend zum Middleveld (ca. 600 m) und Lowveld (unter 350 m), im Osten und Südosten durch vulkanische Bergkette begrenzt.

Geschichte: Einwanderung der Swasi von der Küste ab dem 16. Jh., im 19. Jh. unter schweren Kämpfen mit den Zulu in Besitz genommen. Organisation der Sippenverbände ab 1840 unter dem namengebenden König Umswasi, dessen noch heute regierende Dynastie etwa 400 Jahre alt ist. Seit 1880 in Abhängigkeit von Südafrika, ab 1903 unter britischer Kontrolle. 1967 innere Autonomie, 1968 selbständig. Trotz einer 1978 erlassenen Verfassung praktisch diktatorisch-feudalistische Monarchie.

Unabhängig seit 6. 9. 1968. **Nationalfeiertag:** 6. 9.

Nationalhymne: Text: Andrease Enoke Fanyana Simelane (* 1934).
Melodie: David Kenneth Rycroft (* 1924). 1968 angenommen.
»Nkulunkulu, Mnikati wetbusiso tema-Swati; / Siyatibogna to nkhe
tinhlanhla, / Sibonga iNgwenyama yetfu, / Live netintsaba nemifula; /
Busisa tiphatsimandla taka-Ngwane; / Nguwe wedvea Somandla
wetfu; / Sinike kuhlakanipha lokungenabucili; / Simise usicinise / Sima-
kadze.«
»O Gott, Spender der Segnungen der Swasi, / Wir danken für all unser
Glück, / Wir preisen dich und danken dir für unseren König / Und für
unser Land, die Berge und Flüsse. / Segne die Regierenden in Swasi-
land, / Du allein bist der Allmächtige. / Schenke uns Weisheit ohne
Arg, / Richte uns auf, stärke uns, / Du Ewiger.«

Staatswappen: 1968 angenommen. Auf dem Wappenschild der
Kampfschild der Flagge. Der Schmuck aus den Federn des Witwen-
vogels darüber ist Symbol königlicher Autorität. Schildhalter sind ein
Löwe und ein Elefant, die für den König und die Königinmutter
stehen. Das Motto auf dem Band lautet »Wir sind die Festung«.

SYRIEN

Amtlich **El Dschamhurija el Arabija es Surija** bzw. **al Jamhouriya al Arabiya As souriya,** Präsidiale Republik volksdemokratisch-sozialistischen Charakters in Vorderasien, 185 180 qkm, 12,9 Millionen Einwohner (1991) = 69,6 E/qkm. **Hauptstadt:** Damaskus (1,3 Mill. E). **Währung:** 1 Syrisches Pfund = 100 Piastres. **Mitgliedschaften:** UNO und Unterorganisationen, CCC, ECWA, IPU, OAPEC, OIC, UIA, UNCTAD, Arabische Liga.

Flagge: Nach dem Zusammenschluß Syriens und Ägyptens zur Vereinigten Arabischen Republik wurde 1961 eine rot-weiß-schwarz gestreifte Flagge mit 2 grünen Sternen eingeführt. Nach dem Austritt Syriens 1961 trat das Staatswappen an die Stelle der Sterne, doch 1980 übernahm Syrien wieder die VAR-Flagge.

Bevölkerung: Syrische Araber, Kurden, Armenier, Tscherkessen. **Staatssprache:** Arabisch. **Religion:** 85% Muslime (bes. Sunniten; Schiiten und Ismaeliten), Alautien, 2% Drusen, ca. 6% Christen. **Verwaltungsgliederung:** Damaskus und 13 Provinzen (Mohafazat).

Landesnatur: Kalkhochland zwischen Mittelmeer und Zweistromland, im Südwesten Alauitengebirge (bis 1562 m), Antilibanon (bis 2814 m), im Süden Hauranmassiv und Drusengebirge. Im Osten die ausgedehnte Syrische Wüste. An der Küste mediterranes, im Landesinneren heißes kontinentales Klima.

Geschichte: In der Antike unter babylonischer, assyrischer, persischer und römischer Herrschaft, 1516–1918 türkisch, 1920 Proklamierung der Selbständigkeit, aber Einmarsch französischer Truppen, 1922 französisches Mandat. Am 28. 9. 1941 Ausrufung der Republik, am 1. 1.

1944 unter britischem Druck von Frankreich anerkannt. 1958–1961 Zusammenschluß mit Ägypten zur Vereinigten Arabischen Republik, Militärregierungen ab 1961. An mehreren Kriegen gegen Israel beteiligt, 1967 Verlust der Golanhöhen. Seit Putsch 1970 der Alauite Assad an der Macht, der inzwischen im Nahostkonflikt eine entscheidende Rolle spielt.

Unabhängig seit 28. 9. 1941. **Nationalfeiertag:** 17. 4.

Nationalhymne: Text: Khalil Mordam Bey (1895–1959). **Melodie:** Ahmad und Muhammad Salim Flayfel.

»Humāta d-diyāri 'alaikum salām / abbat an tuḍalla n-nufūsu l-kirām / 'arīnu l-'urūbati baitun / ḥarām / wa'aršu š-šumūsi ḥiman lā yudām.«

»Beschützer des Vaterlandes, seid gegrüßt, / Ihr edlen Seelen, die ihr euch nicht erniedrigen ließet. / Die Wiege des Arabertums ist ein heiliger Ort, / Der Thron der Sonnen eine unverletzliche Stätte.

Staatswappen: Wieder eingeführt im März 1980. Der goldene Adler ist das Emblem von Khal ed Ibn al-Walid, ein General Mohameds. Der Brustschild zeigt die heutige Flagge, jedoch vertikal. Weiterhin grüne Ähren und in den Adlerfängen ein Band mit dem Staatsnamen. Von 1972–1980 führte Syrien im Staatswappen einen goldenen Falken, das Emblem des Kuraisch-Stammes.

TADSCHIKISTAN

Amtlich **Respublika i Tojikiston,** Konstitutionelle Republik in Südostasien, 143 100 qkm, 5,4 Millionen Einwohner (1990) = 37,4 E/qkm.
Hauptstadt: Duschanbe (602 000 E). **Währung:** 1 Rubel = 100 Kopeken. **Mitgliedschaften:** UNO und Unterorganisationen, GUS, IMF,
Weltbank.

Flagge: Offiziell eingeführt am 24. 11. 1992. Waagerecht Rot-Weiß-
Grün. Im weißen Streifen stilisierte goldene Krone, in einem Halb-
bogen darüber sieben goldene Sterne.

Bevölkerung: 62,3% Tadschiken, 23,5% Usbeken, 7,6% Russen,
1,4% Tataren, u. a. **Staatssprache:** Tadschikisch (offiziell), Russisch,
Persisch, Usbekisch. **Religion:** Mehrheitlich islamisch (Sunni), russisch-orthodox, jüdisch. **Verwaltungsgliederung:** noch unbekannt.

Landesnatur: Gebirgslandschaft des Pamir. Waldlose Hochgebirgsketten. Dichtbesiedelte heiße Täler. Sehr wasserreiche Flüsse Syr-
Darja und Au-Darja. Sie werden zur künstlichen Bewässerung genutzt. Kontinentales sehr trockenes Klima.

Geschichte: Bereits vor 5000 Jahren besiedelt. Invasionen durch Perser und Araber. Islamisierung. 1924 Teil der Usbekischen Republik als
Sowjetrepublik. 1929 Tadschikische SSR. Unabhängigkeitserklärung
am 9. 9. 1991, endgültig am 25. 12. 1991 nach der Auflösung der
UdSSR. Kommunisten behalten die Macht.

Unabhängig seit 9. 9. 1991, endgültig 25. 12. 1991. **Nationalfeiertag:**
9. 9.

Nationalhymne: noch unbekannt.

Staatswappen: Eingeführt am 24. 11. 1992. Geflügelter goldener Löwe in goldenen Strahlen der aufgehenden Sonne über Bergen. Goldener Weizenährenkranz. Umschlungen von einem rot-weiß-grünen Band. Oben goldene Krone, sieben bogenförmig angeordnete goldene Sterne. Hintergrund = Türkisblau.

TANSANIA

Amtlich **Jamhuriya Mwungano wa Tanzania,** Präsidiale Republik in Ostafrika, 945 087 qkm, 26,8 Millionen Einwohner (1991) = 28,4 E/qkm. **Hauptstadt:** Daressalaam (faktisch; 920 000 E) bzw. Dodoma (offiziell: 180 000 E). **Währung:** 1 Tansania-Schilling = 100 Cents. **Mitgliedschaften:** UNO und Unterorganisationen, AKP, CCC, ECA, IPU, OAU, OKB, SADCC, UNCTAD, Commonwealth.

Flagge: Am 30. 6. 1964 offiziell angenommen. Der schwarze Diagonalstreifen steht für die ethnische Mehrheit der Bevölkerung, Gelb (Gold) für den Mineralreichtum, Grün für den fruchtbaren Boden des Landes, Blau für das Meer, das Tansania im Osten begrenzt.

Bevölkerung: 60% Bantu-Gruppen, Massai, Suaheli, Mischlinge, Araber, Indischstämmige, Weiße. **Staatssprache:** Suaheli; Englisch. **Religion:** 30% Muslime, 30% Christen, Naturreligionen, Hindus. **Verwaltungsgliederung:** 24 Regionen.

Landesnatur: Aus Tanganjika und den Inseln Sansibar und Pemba gebildet. Küstenebene, Mahengechland, über 200 m hohes Schiefergebirge, im Norden Massaiebene, im Westen steil zum Tanganjikasee abfallende Hochfläche. Im Norden bis 5895 m (Kilimandscharo) hohe Vulkanketten, im Südwesten am Malawisee bis 3175 m hohe Gebirge. Nationalparks und Wildreservate.

Geschichte: Küstengebiet seit dem 8. Jh. unter arabischem Einfluß (Sklavenhandel), ab 1885 Kolonisierung durch Deutsch-Ostafrikanische Gesellschaft, ab 1891 Kolonie, seit 1920 britisches Mandat. 1961 Tanganjika, 1963 Sansibar uanbhängig, 1964 Zusammenschluß zur Republik Tansania.

Unabhängig seit 9. 12. 1961 (Tanganjika) bzw. 10. 12. 1963 (Sansibar), Union seit 27. 4. 1964. **Nationalfeiertag:** 27. 4.

Nationalhymne: Text: Kollektiv aus Preisausschreiben zusammengestellt. **Melodie:** nach einer 1897 komponierten Bantu-Hymne von Mankayi Enoch Sontonga (1870–1904). 1961 für Tanganjika angenommen, 1964 für Tansania übernommen.

»Mungu ibariki Afrika / Wabariki Viongizi wake / Hekima Umoja na Amani / Hizi ni ngao zetu Afrika na watu wake. // Ibariki Afrika / Ibariki Afrika / Tubariki watoto wa Afrika.«

»Gott, segne Afrika, / Segne seine Führer, / Weisheit, Einigkeit und Friede / Sei unser Schild, / Der Schild Afrikas und seines Volkes. // Segne Afrika, / Segne Afrika, / Segne uns Kinder von Afrika.«

Staatswappen: Am 9. 12. 1961 eingeführt, 1964 nach der Vereinigung von Tanganjika und Sansibar geändert. Auf dem Schild Freiheitsfakkel, Nationalflagge, Beil und Picke, Wellenlinien mit Speer. Als Basis der Kilimandscharo mit Elefantenstoßzähnen. Der Staatswahlspruch lautet »Freiheit und Einheit«.

THAILAND

Amtlich **Prathet T'hai** bzw. **Muang T'hai,** Monarchie auf parlamentarisch-demokratischer Grundlage in Südostasien, 513 115 qkm, 56,8
Millionen Einwohner (1991) = 110,6 E/qkm. **Hauptstadt:** Bangkok
(5,8 Mill. E). **Währung:** 1 Baht = 100 Stangs. **Mitgliedschaften:** UNO
und Unterorganisationen, AsDB, ASEAN, CCC, ECAFE, ESCAP,
IPU, SEAMEO, UNCTAD, Colombo-Plan.

Flagge: Am 28. 9. 1917 eingeführt, Tairong (Trikolore) genannt; die
Farben wurden in Anlehnung an die Flaggen der Verbündeten Thai-
lands im 1. Weltkrieg gewählt. Rot und Weiß symbolisieren die Blut-
opfer und die Reinheit des Volkes, während Blau mit dem Königshaus
in Verbindung gebracht wird.

Bevölkerung: 85% Thaivölker (Siamesen, Schan, Lao), etwa 10%
Chinesen, Malaien. **Staatssprache:** Thai (Siamesisch), Handelssprachen Englisch, Chinesisch. **Religion:** 95% Hinajanabuddhisten
(Staatsreligion), 4% Muslime, 0,6% Christen. **Verwaltungsgliederung:** 73 Provinzen (Tschangwad).

Landesnatur: Im Norden, Südwesten und Südosten gebirgig, Haupt-
siedlungsgebiet die fruchtbare Stromebene des Mekong. Tropisches
Monsunregenklima.

Geschichte: Mischkultur mit chinesischen, indischen, malaiischen und
birmesischen Einflüssen. 649–1253 erster Thaistaat (seit 11. Jh.
»Siam«). Seit dem 13. Jh. Sukhotai-Reich, 1767 durch Birma zerstört.
1782 Machtergreifung der noch heute regierenden Tschakri-(Rana-)-
Dynastie. Stark beeinflußt durch europäische Kolonialmächte. Durch
Staatsstreich 1932 Einführung der konstitutionellen Monarchie. Seit
1977 spielt das Militär in der Regierung eine beherrschende Rolle.

Alte staatliche Tradition, seit dem 13. Jh. nominell selbständig. **Nationalfeiertag:** 5. 12. (Geburtstag des Königs).

Nationalhymne: Text: Urheberschaft unklar. Luang Saranuprapan oder Khun Vichit Madrah. **Melodie:** Pra Chen Duriyanga (1883–1968).

»Prades Tha ruam lued nua chat chua Thai. / Pen pracha rat phathai kong Thai took suan. / Yu thamrong kong wai dai tang muan. / Duey Thai luan mai rak samaggi. / Thai ni rak sangob, tae tung rob mai klard. / Ekkarat cha mai hai krai kom kee. / Sla lued took yard pen chat pli. / Talerng prades chat Thai tawee mee chai chayo.«

»Thailand ist die Verkörperung allen Blutes und / Fleisches der thailändischen Rasse. / Thailand den Thailändern. / Es verbleibt so, weil alle Thailänder eine Einheit bilden. / Wir Thailänder sind ein friedliebendes Volk, / Aber wenn wir kämpfen müssen, kennen wir keine Furcht. / Wir werden von niemandem eine Unterdrückung unserer Unabhängigkeit zulassen. / Wir werden jeden Blutstropfen opfern für unser Land / Und den Wohlstand von Thailand weiter ausbauen.«

Staatswappen: Das Königsemblem wurde von Rama VI. bei seiner Thronbesteigung 1910 eingeführt. Es ist ein stilisierter Garuda, der mythische Reitvogel Vishnus, des Gottes der Tapferkeit. Der Garuda gilt als Beschützer vor allen Giften und anderen schädlichen Einflüssen.

TOGO

Amtlich **République Togolaise,** Präsidiale Republik in Westafrika, 56 000 qkm, 3,8 Millionen Einwohner (1991) = 67,8 E/qkm. **Hauptstadt:** Lomé (360 000 E). **Währung:** 1 CFA-Franc = 100 Centimes. **Mitgliedschaften:** UNO und Unterorganisationen, AKP, CEDEAO, ECA, IPU, OAU, OCAM, UMOA, UNCTAD.

Flagge: Am 27. 4. 1960 offiziell gehißt. Die panafrikanischen Farben Rot-Gelb-Grün, im roten Obereck ein weißer Stern. Rot gilt offiziell als Farbe von Nächstenliebe und Treue, Grün als Farbe von Hoffnung und fruchtbarem Boden, Gelb als Symbol der Arbeit und der mineralischen Bodenschätze des Landes.

Bevölkerung: 60% Ewé, Temba, Mopa, Gurma, Losso, Haussa, Fulbe. **Staatssprache:** Französisch. **Religion:** Naturreligionen, 22% Christen, 20% Muslime. **Verwaltungsgliederung:** 19 Bezirke, 7 Stadtgemeinden, 5 Entwicklungsregionen.

Landesnatur: Flache Küste, im Inneren gebirgig, im Süden tropischer Urwald, im Norden Baum- und Buschsteppe (Trockensavanne), dazwischen niederschlagsreiches Togo-Gebirge, bis 1036 m hoch.

Geschichte: Seit Entdeckung durch die Portugiesen im 15. Jh. wichtiger Liefernt für Negersklaven. Ab 1850 deutscher Einfluß, seit 1884 deutsche Kolonie. Nach dem 1. Weltkrieg als Völkerbundsmandat zwischen Frankreich und Großbritannien aufgeteilt, britischer Teil 1956 zu Ghana, französischer Teil 1956 innere Autonomie, 1960 selbständig. Seit 1967 Militärregierung.

Unabhängig seit 27. 4. 1960. **Nationalfeiertag:** 27. 4.

Nationalhymne: Text und **Melodie** im November 1979 auf einem außerordentlichen Parteitag der Einheitspartei RPT verfaßt und als Partei- und Nationalhymne angenommen.

»Salut à toi, pays de nos aïeux! / Toi qui les rendais forts, paisibles et joyeux, / Cultivant vertu, vaillance / Pour la postérité. / Que viennent les tyrans, ton cœur soupire vers la liberté. / Togo, debout! / Luttons sans défaillance! / Vainquons ou mourons, mais sous dignité! / Grand Dieu, toi seul nous as exaltés / Du Togo pour la prospérité. / Togolais, viens! Bâtissons la cité.«

»Sei uns gegrüßt, du Erde unserer Ahnen, / Die du erschufst so kraftvoll, friedlich, froh; / Die Tugend wahrend und die Tapferkeit / Dem künftigen Geschlecht. / Selbst unter den Tyrannen seufzt dein Herz nach Freiheit. / Togo, wohlan! Wir kämpfen ohne Schwäche, / Sieg oder Tod, der Würde eingedenk! / Du, großer Gott, allein hast uns erhoben / Zu unseres Togolandes Glück. / Ihr Männer, kommt, erbaut den Togostaat!«

Staatswappen: Am 14. 3. 1962 angenommen. Zwei Löwen mit Pfeil und Bogen symbolisieren den Mut des Volkes; zwischen ihnen goldener Herzschild mit den Buchstaben RT (= République Togolaise), darüber Flaggen und Band mit dem Motto »Arbeit, Freiheit, Vaterland«.

TONGA

Amtlich **Pule'anga Tonga** (Tonga) bzw.. **Kingdom of Tonga** (engl.), Konstitutionelle Monarchie in Ozeanien, 699 qkm, 100 000 Einwohner (1986) = 144 E/qkm. **Hauptstadt:** Nuku'alofa (20 500 E). **Währung:** 1 Pa'anga = 100 Seniti. **Mitgliedschaften:** FAO, GATT (assoz.), ICAO, IFAD, ITU, UPU, UNESCO, WHO, AsDB, AKP, ESCAP, SPC, SPEC, SPF, UNCTAD, Commonwealth.

Flagge: Offiziell bestätigt am 4. 11. 1875. Rot mit schwebendem roten Kreuz im weißen Obereck. Kreuz und rote Farbe sollen nach dem Willen von König Georg Tupou I. das zur Erlösung der Menschen von Christus vergossene Blut symbolisieren. Die Flagge darf nach der Verfassung von 1875 nie abgeändert werden.

Bevölkerung: 99 % polynesische Tonganer, Mischlinge, Weiße. **Staatssprache:** Tongo; Englisch. **Religion:** 77 % Protestanten, 15 % römische Katholiken. **Verwaltungsgliederung:** 3 Distrikte.

Landesnatur: 171 Inseln, auf 260 000 qkm Wasserfläche verstreut, 45 bewohnt. Vulkaninseln und Atolle, Vulkane teils noch aktiv, Tofua 1650 m hoch.

Geschichte: 1643 von Tasman entdeckt, 1773 und 1777 von Cook besucht. Nach Bürgerkriegen 1845 Einigung unter der noch regierenden Tupou-Dynastie. Seit 1900 britisches Protektorat, 1970 in die Unabhängigkeit entlassen.

Unabhängig seit 4. 6. 1970. **Nationalfeiertag:** 4. 7. (Geburtstag des Königs).

Nationalhymne: Text: Prinz Uelingatoni Ngu Tupoumalohi (1845–1885) oder Kronprinz Tevita 'Unga. **Melodie:** Deutschen Ursprungs, vermutlich von Karl Gustav Schmitt (1834–1900). Erstmals am 4. 11. 1975 in der Öffentlichkeit gesungen, aber vermutlich schon früher eingeführt.

»E 'Otua Mafimafi, / Ko ho mau 'Eiki Koe, / Ko Koe Koe fa lala 'anga, / Mo ia 'ofa ki Tonga; / 'Afio hifo' emau lotu, / 'A ia 'oku mau faini; / Mo Ke tali homau loto, / 'O mala'i 'a Tupou.«

»O, allmächtiger Gott im Himmel, / Du bist unser Herr und unser Schutz. / Als gute Menschen vertrauen wir dir. / Du liebst unser Tonga. / Erhöre unser Gebet, denn wenn du auch unsichtbar bist, / Wissen wir, daß du unser Land gesegnet hast. / Erhöre unser inniges Flehen, / Schütze und bewahre unseren König Tupou.«

Königswappen: Von Prinz Uelingatoni Ngu Tupou 1862 entworfen. Im Mittelstern schwebendes rotes Kreuz, umgeben von drei silbernen Sternen, der Königskrone, einer silbernen Taube mit Myrtenzweig und drei gekreuzten silbernen Schwertern, auf dem Band der Spruch »Gott und Tonga sind mein Erbe«.

TRINIDAD UND TOBAGO

Amtlich **Republic of Trinidad and Tobago,** Präsidiale Republik in der Karibik, 5128 qkm, 1,2 Millionen Einwohner (1986) = 230 E/qkm. **Hauptstadt:** Port of Spain (150 000 E). **Währung:** 1 Trinidad-Tobago-Dollar = 100 Cents. **Mitgliedschaften:** UNO und Unterorganisationen, AKP, CARICOM, CCC, CECLA, ECLAC, IDB, OAS, OLADE, SELA, UNCTAD, Commonwealth.

Flagge: Offiziell gehißt am 31. 8. 1962, Rot symbolisiert Mut und Lebenskraft des Volkes, aber auch die Kraft und Wärme der Sonne, Weiß steht für das Wasser des Meeres, aber auch für die Reinheit der nationalen Bestrebungen, Schwarz gilt als Symbolfarbe der Stärke, nationalen Einheit und Tatkraft.

Bevölkerung: 41% Schwarze, 39% aus Vorderindien Stammende, 16% Mulatten, 2% Weiße, Chinesen. **Staatssprache:** Englisch. **Religion:** 34% Katholiken, 25% Hindus, 20% Protestanten, 6% Muslime, **Verwaltungsgliederung:** 8 Counties, 3 Municipalities, Tobago.

Landesnatur: Zwei Inseln vor der Nordküste Südamerikas, Trinidad mit dichtbewaldeten Gebirgszügen, bis 941 m hoch, im Westen breite Küstenebene als Siedlungsschwerpunkt, im Osten und Westen versumpfte Küstenstriche. Tobago völlig gebirgig, waldreich. Feuchtheißes Tropenklima.

Geschichte: 1498 von Kolumbus entdeckt, im 16. Jh. spanische Kolonie, 1802 an England abgetreten, seit 1889 mit Tobago als britische Kolonie vereint, seit 1962 unabhängig.

Unabhängig seit 31. 8. 1962. **Nationalfeiertag:** 31. 8.

Nationalhymne: Text und **Melodie:** Patrick Stanislaus Castagne. 1958 erstmals öffentlich vorgestellt, am 31. 8. 1962 offiziell übernommen.
»Forged from the love of liberty, / In the fires of hope and prayer; / With boundless faith in our destiny, / We solemnly declare: / Side by side we stand, / Islands of the blue Caribbean Sea.«
»Geschmiedet durch Liebe zur Freiheit, / Im Feuer der Hoffnung, des Gebets, / Mit festem Glauben an unser Schicksal / Verkünden wir hehr und stolz: / Wir stehen Seit an Seit, / Wir Inseln des blauen Karibischen Meers!«

Staatswappen: Am 9. 8. 1962 von Königin Elisabeth II. verliehen. Schild durch silbernen Sparren von Schwarz über Rot geteilt; oben zwei Kolibris, unten drei Karavellen = Landesfarben, Naturreichtümer, Meer als Verbindung zwischen den Staatsteilen. Schildhalter: Scharlach-Ibis (Trinidad) und Cocorico (Tobago).

TSCHAD

Amtlich **République du Tschad** bzw. **Djoumhouriyat Tachâd,** Präsidiale Republik in Zentralafrika, 1 284 000 qkm, 5,1 Millionen Einwohner (1986) = 2,97 E/qkm. **Hauptstadt:** N'Djaména (220 000 E). **Währung:** 1 CFA-Franc = 100 Centimes. **Mitgliedschaften:** UNO und Unterorganisationen, AKP, ECA, OAU, OIC, UNCTAD.

Flagge: Am 6. 11. 1959 offiziell eingeführt. Der französischen Trikolore nachgebildet. Blau symbolisiert Himmel, Hoffnung, Landwirtschaft und den südlichen Teil des Landes, Gelb die Sonne und den wüstenhaften nördlichen Teil Tschads, Rot Fortschritt, Einheit und Opferbereitschaft.

Bevölkerung: Araber, Sara, tschadische Gruppen, Tibbu-Dazza-Gruppen, Haussa, Fulbe. **Staatssprachen:** Französisch, Arabisch. **Religion:** 60 % Muslime, 10 % Christen, Naturreligionen. **Verwaltungsgliederung:** 14 Präfekturen.

Landesnatur: Im Süden Buschwald und Grassteppe, im Norden Wüste. Im Westen vom Schari gespeister abflußloser Tschadsee, im Norden Tibesti-Gebirge, bis 3415 m hoch.

Geschichte: Bestandteil der Haussa- und Fulbestaaten, im 19. Jh. von arabischen Sklavenjägern beherrscht, ab 1900 unter französischer Kontrolle, Teil von Französisch-Äquatorialafrika. 1946 französisches Überseeterritorium, 1958 innere Autonomie, 1960 unabhängig. Seit 1975 Bürgerkrieg zwischen Nord und Süd mit libyscher bzw. französischer Unterstützung. 1981 libysche Truppen verlassen das Land. Ende des Bürgerkrieges. 1983 erneut unterstützt Libyen die Rebellen des Nordens. 1987 Abzug der libyschen Truppen.

Unabhängig seit 11. 8. 1960. **Nationalfeiertag:** 7. 7.

Nationalhymne: Tiplady: Louis Jidrolle. **Melodie:** Paul Villard. Verfaßt von zwei Patres im Rahmen eines nationalen Wettbewerbs. Am 16. 12. 1960 zur Nationalhymne erklärt, am 11. 1. 1961 uraufgeführt.
»Peuple Tchadien, debout et à l'ouvrage! / Tu as conquis ta terre et ton droit! / Ta liberté naître de ton courage! / Lève les yeux: L'avenir est à toi!«
»Volk vom Tschad, auf, ans Werk! / Du hast erobert dein Land, dein Recht! / Dein kühner Mut gebiert dir die Freiheit! / Erhebe die Augen: Die Zukunft ist dein!«

Staatswappen: Am 11. 8. 1970 eingeführt. Stark europäisch geprägter französischer Entwurf, der nach offiziellem Sprachgebrauch »Friede, Einheit und Gemeinsinn« versinnbildlichen soll. Mufflon und Löwe als Schildhalter. Auf dem Band der Staatswahlspruch »Einigkeit, Arbeit, Fortschritt«.

TSCHECHISCHE REPUBLIK

Amtlich **Česke Republiky,** Konstitutionelle Republik in Mitteleuropa, 78 862 qkm, 9,9 Millionen Einwohner (1988) = 125,5 E/qkm. **Haupt-stadt:** Prag (1,2 Mill. E). **Währung:** 1 Koruna = 100 Halura. **Mitglied-schaften:** UNO und Unterorganisationen, Europarat, IMF.

Flagge: Offiziell eingeführt am 17. 12. 1992. Sie war bereits 1920 Flagge. Rot und Weiß gehen auf die böhmischen Wappenfarben des 12. Jh.s zurück, das blaue Dreieck gilt für Mähren. Die drei Farben in dieser Kombination schienen erstmals 1848 auf.

Bevölkerung: Tschechen, Slowaken, Ungarn, Polen, Deutsche, Ukrainer, Russen. **Staatssprache:** Tschechisch (offiziell), Slowakisch, Russisch, Deutsch. **Religion:** Überwiegend römisch-katholisch, pro-testantische und orthodoxe Minderheiten. **Verwaltungsgliederung:** 8 Provinzen.

Landesnatur: Böhmen und Mähren bilden das böhmische Massiv, die Randzonen als Mittelgebirge: Erzgebirge, Böhmerwald, Altvater. Ta-fellandschaften im Norden, im Süden die Becken von Pilsen, Budweis und Witingau. Mitteleuropäisches gemäßigtes Klima.

Geschichte: Im 9. Jh. ist Böhmen, Mähren und die Slowakei Teil des mährischen Reiches. Nach der Besetzung durch Ungarn Teil des Heili-gen Römischen Reiches. Im 14. Jh. ist Prag Kulturzentrum Europas. Böhmen wird Teil von Österreich-Ungarn. 1918 Teil des selbständigen Staates Tschechoslowakei. 1939 Einmarsch deutscher Truppen, Pro-tektorat Böhmen und Mähren. 1945 Wiederherstellung der Grenzen von 1937. 1948 Volksdemokratie, 1960 Sozialistischer Bundesstaat. 1968 Liberalisierungstendenz, vom Warschauer Pakt unterdrückt.

1989 Regierung ohne kommunistischer Beteiligung. Unabhängigkeitserklärung am 17. 7. 1992. Trennung von der Slowakei im Juli 1992.
Unabhängige Tschechische Republik seit 1. 1. 1993.

Unabhängig seit 1. 1. 1993. **Nationalfeiertag:** 1. 1.

Nationalhymne: Am 1. 1. 1993 offiziell. **Melodie:** František Skroup
(1801–1862). **Text:** Josef Kajetan Tyl.
»Kde domov můj? Kde domov můj? / Voda huci po lůcinách, /
bory šumi po skalinách, / vsade stkvi se jara kvèt, / zemský ráj to na
pohied; / a to jest ta krásná země, země / česka domov muj, / zeme
česká, domov můj!«

Staatswappen: Offiziell seit dem 17. 12. 1992. Im roten 1. und 4. Feld
ein silberner, gekrönter, doppelschweifiger Löwe in Kampfstellung
(Böhmen). Im blauen Feld: silbern, roter golden gekrönter Adler
(Mähren). Im goldenen Feld: schwarzer gekrönter Adler (Nieder-
schlesien).

TUNESIEN

Amtlich **El Dschumhurija et Tunusija** bzw. **Al Djoumhouria Attunusia,** Präsidiale Republik in Nordafrika, 164 150 qkm, 8,3 Millionen Einwohner (1991) = 50,4 E/qkm. **Hauptstadt:** Tunis (1 Mill. E). **Währung:** 1 Tunesischer Dinar = 1000 Millimes. **Mitgliedschaften:** UNO und Unterorganisationen, CCC, ECA, IPU, OAU, OAPEC, OIC, UNCTAD, Arabische Liga.

Flagge: Seit um 1835 in Gebrauch. Unter türkischer Oberherrschaft nach dem Vorbild der osmanischen Flagge geschaffen. In Rot weiße Scheibe mit rotem Halbmond und Stern, Symbolen, die in der ganzen islamischen Welt Verbreitung gefunden haben.

Bevölkerung: 98% Araber, weiße Minderheit. **Staatssprache:** Arabisch. **Religion:** 96% sunnitische Muslime (Islam Staatsreligion), christliche und jüdische Minderheiten. **Verwaltungsgliederung:** 18 Gouvernorate.

Landesnatur: Im Norden wellige Hochflächen mit bis 1600 m hohen Atlas-Ausläufern, im Süden Steppenland mit Salzsümpfen und Oasen in fast vegetationsloser Stufenlandschaft.

Geschichte: Im Neolithikum Capsienkultur, seit 1100 phönikische Handelskolonien (Karthago), Kernland der römischen Provinz Africa. Im 7. Jh. von islamisierten Arabern erobert, seit 1574 unter türkischer Herrschaft. 1881 von Franzosen besetzt, 1883 Kolonie. 1956 unabhängig, 1957 Republik.

Unabhängig seit 20. 3. 1956. **Nationalfeiertag:** 1. 6.

Nationalhymne: Text: Jalal Eddine En-Naccache. **Melodie:** Salah el-Mahdi. Am 28. 3. 1958 als Staatssymbol angenommen.

»Alā ḫallidī yā dimānā l-ġawālī / ġihāda l-waṭan / li-taḥīri hadrā'inā lā nubālī / bi-aqṣā l'miḥan / ġihādun tahallā bi-nasrin mubīn / 'alā l-ġāsibīn / 'alā z-zālimīn / ṭuġāti zaman / naḫhūḍu l-lahīb / bi-rūḥi l-ḥabīb / za 'īmi l-waṭan.«

»Du, unser kostbares Blut, sei unauslöschliches Mahnmal des heiligen nationalen Kampfes. / Wir haben vor dem Schlimmsten keine Furcht, wenn es darum geht, unser Vaterland zu befreien. / Der heilige Kampf führt uns zum sicheren Sieg gegen Unterdrücker und Tyrannen; / Im Geiste Habibs, des Führers der Nation, werfen wir uns in die Flammen.«

Staatswappen: Am 30. 5. 1963 eingeführt. Im Schildhaupt punische Galeere, darunter Wahlspruch »Ordnung, Freiheit, Gerechtigkeit«, unten in Gelb/Gold schwarze Waage und in Rot schwarzer Löwe mit silbernem Krummschwert (Symbole für Gerechtigkeit und Ordnung). Über dem Schild Kreisscheibe mit Halbmond und Stern.

TÜRKEI

Amtlich **Türkiye Cümhuriyeti,** Republik in Vorderasien, 780 567 qkm (davon 23 623 qkm in Europa), 58,5 Millionen Einwohner (1991) = 75 E/qkm. **Hauptstadt:** Ankara (6,7 Mill. E). **Währung:** 1 Türkisches Pfund = 1000 Kuruş. **Mitgliedschaften:** UNO und Unterorganisationen, BIZ, CCC, ECE, EG (assoz.), IEA, IPU, NATO, OECD, OIC, UNCTAD, Europarat.

Flagge: Offiziell bestätigt am 5. 6. 1936. Auf rotem Feld die Symbole des Islam, ein weißer Halbmond und ein fünfstrahliger Stern. In der Grundgestalt vermutlich erstmals 1793 unter Sultan Selim III. festgestellt; der fünfstrahlige Stern wurde wahrscheinlich um 1844 eingeführt.

Bevölkerung: 90 % Türken, 7 % Bergtürken (Kurden), Araber, Tscherkessen, Armenier, Griechen. **Staatssprache:** Türkisch. **Religion:** 98 % sunnitische Muslime, Christen, Juden. **Verwaltungsgliederung:** 73 Provinzen (Vilayet).

Landesnatur: Kleinasiatischer Staat mit Brückenkopf in Europa und vorgelagerten Inseln in der Ägäis. Auf der kleinasiatischen Halbinsel zwei alpide Kettengebirge (Pontus und Taurus), im Osten bis 5156 m hoch. Dazwischen Hochlandbecken mit abflußlosen Seen; fruchtbare und dicht besiedelte Küstengebiete. Dort mediterranes, ansonsten streng kontinentales Klima.

Geschichte: Seit 1000 n. Chr. von Türken besiedelt, 1299 Gründung des Osmanischen Reiches durch Osman I., 1453 Eroberung Konstantinopels, im 15./16. Jh. Vorstöße bis Wien, nach 1800 Verdrängung aus den Donaufürstentümern und Griechenland, Unabhängigkeit der

Balkanstaaten. Im 1. Weltkrieg auf seiten der Mittelmächte, danach große Gebietseinbußen und Umwandlung in Republik (Atatürk). Nach dem 2. Weltkrieg wechselnde Zivil- und Militärregierungen.

Unabhängig seit 1299 (Gründung des Osmanischen Reiches) bzw. 29. 10. 1923 (Ausrufung der Republik). **Nationalfeiertag:** 29. 10.

Nationalhymne: Text: Mehmet Akif Ersoy (1873–1936). **Melodie:** Zeki Üngör (1880–1958). Nach Wettbewerb durch die türkische Nationalversammlung am 12. 3. 1921 offiziell bestätigt.
»Korkma sönmez bu şafaklarda yüzen al sancak / Sönmeden yurdumun üstünde tüten en son ocak / O benim milletimin yildizidir parlayacak / O benimdir, o benim milletimindir ancak.«
»Getrost, der Morgenstern brach an / Im neuen Licht wehn unsre Fahn. / Ja, du sollst wehen / Solang ein letztes Heim noch steht, / Ein Herd raucht in unserem Vaterland. / Du, unser Stern, du ewig strahlender Glanz, / Du bist unser, dein sind unsre Herzen ganz.«

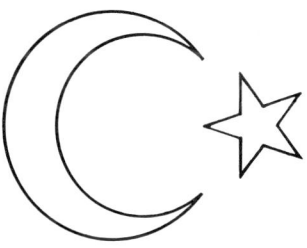

Staatswappen: Die Symbole des Islam, Halbmond und Stern, waren bereits das Emblem des Osmanischen Reiches seit dem 15. vielleicht sogar schon seit dem 13. Jh. und wurden beibehalten, als die Türkei nach dem 1. Weltkrieg zur Republik wurde.

TURKMENISTAN

Amtlich **Türkmenistan Respublikasy,** Konstitutionelle Republik im südwestlichen Zentralasien, 488 100 qkm, 3,6 Millionen Einwohner (1991) = 7,4 E/qkm. **Hauptstadt:** Aschchabad (400 000 E). **Währung:** 1 Rubel = 100 Kopeken. **Mitgliedschaften:** UNO und Unterorganisationen, GUS, IMF.

Flagge: Eingeführt am 19. 2. 1992. Grün, am Liek vertikales Teppichmuster (Göls). Rechts 5 weiße Sterne mit Halbmond. Die Sterne symbolisieren die 5 Regionen,auch die 5 Sinne; die Teppichstreifen sind Stammeszeichen, Symbole für Freiheit und Selbständigkeit.

Bevölkerung: 72% Turkmenen, 9,5% Russen, 9% Usbeken, 2,5% Kasachen, u. a. **Staatssprache:** Turkmenisch (offiziell), Russisch. **Religion:** Islam (sunnitisch), Orthodoxe, Christen. **Verwaltungsgliederung:** 5 Regionen.

Landesnatur: Etwa 80% des Landes besteht aus der Wüste Kara-Kum (Schwarze Wüste). Flach und sandig ist die Küste des Kaspischen Meeres. Im Süden Grenzgebirge zum Iran. Im Osten der Fluß Amu-Darja, der in den Aral mündet. Kontinentales Wüstenklima mit wenig Niederschlag.

Geschichte: Seit dem 10. Jh. von turkmenischen Stämmen bewohnt. 1881 wurde Turkemenistan russisch, konstitutionelle Republik der Sowjetunion im Jahr 1925. Unabhängigkeitserklärung am 17. 10. 1991, endgültig nach der Auflösung der UdSSR am 25. 12. 1991.

Unabhängig seit 27. 10. 1991. **Nationalfeiertag:** 27. 10.

Nationalhymne: noch unbekannt.

Staatswappen: Eingeführt am 19. 2. 1992. Weißer Ring, innen bordeauxrot mit weißem Halbmond und 5 weißen Sternen, goldenen Ähren und weißen Baumwollblüten mit grünen Blättern. Weißer Zwischenring. Goldener Ring mit 5 Teppichornamenten; weißer Zwischenring; Hellblau mit weißem Pferd.

TUVALU

Amtlich **Tuvalu,** Konstitutionelle Monarchie im britischen Commonwealth im Südpazifik, 560 qkm (26 qkm Landfläche), 9317 Einwohner
(1991) = 358 E/qkm. **Hauptstadt:** Funafuti (2800 E). **Währung:** 1 Australischer Dollar = 100 Cents. **Mitgliedschaften:** Commonwealth,
GATT, UPU.

Flagge: Offiziell seit 1. 10. 1978. Hellblau mit 9 gelben fünfzackigen
Sternen. Im Liek der »Union Jack«. Die Sterne symbolisieren die 9
wichtigsten Inseln und ihre Position. Eine der Inseln ist unbewohnt.
Die Farben symbolisieren die Inseln und das Meer. Der »Union Jack«
erinnert an die britische Kolonialherrschaft.

Bevölkerung: 96% Polynesier. **Staatssprache:** Tuvaluan, Englisch.
Religion: Überwiegend protestantische Christen. **Verwaltungsgliederung:** 8 Inselräte.

Geschichte: 1892 britisches Protektorat unter dem Namen Ellice Islands. 1915/16 gewaltsam vereinigt mit den Gilbert Islands. Autonomie unter dem Namen Tuvalu 1975. Unabhängig seit dem 1. 10. 1978.
Unabhängig seit 1. 10. 1978. **Nationalfeiertag:** 1. 10.

Nationalhymne: Am 1. 10. 1978 offiziell. **Text** und **Melodie:** Afaese
Manoa (* 1942).
»Tuvalu mo te Atua Ko te Fakavae si li, / Ko te alu fo ki tena, / O
tematu ia ka toa; / Lo to lasi o fai, / Tou ma lo soa to to; / Fu si a ke ka toa
/ Ki teloto a lo fa; / kae a mo fa katasi / A te a tu fe nu a / Tuvalu mo te
Atua Ki te se ga tama i!«
»Tuvalu for the Almighty / Are the words we hold most dear; / For as
people or as leaders of Tuvalu we all share / In the knowledge that God

Ever rules in heav'n above, / And that we in this land Are united in His love, / We build on a sure foundation / When we trust in God's great law; / Tuvalu for the Almighty Be our song for ever more!«

Staatswappen: Am 3. 12. 1976 von Königin Elisabeth II. verliehen. In der Mitte das Versammlungshaus (Maneaoa). Darunter Wellen, Symbol für den Ozean. Umrandet von Bananenblättern, Symbol für Fruchtbarkeit; die 8 Muscheln verweisen auf die 8 bewohnten Inseln. Staatsmotto: »Tuvalu mo te Atua« (Tuvalu für Gott).

UGANDA

Amtlich **Republic of Uganda** bzw. **Jamhuriya Uganda,** Präsidiale Republik in Ostafrika, 236036 qkm, 18,6 Millionen Einwohner (1991) = 78,8 E/qkm. **Hauptstadt:** Kampala (480000 E). **Währung:** 1 Uganda-Shilling = 100 Cents. **Mitgliedschaften:** UNO und Unterorganisationen, AKP, CCC, ECA, IPU, OAU, OIC, OKB, UNCTAD, Commonwealth.

Flagge: Am 9. 10. 1962 offiziell gehißt. Schwarz, Gelb und Rot sind die Farben des Uganda People's Congress, der Partei, die das Land in die Unabhängigkeit geführt hat. Der Kronenkranich auf weißer Scheibe ist kein einheimisches Emblem, sondern ein Abzeichen Ugandas unter britischer Kolonialherrschaft.

Bevölkerung: Bantu-Gruppen (20% Buganda), sudanesische, nilotische, hamitische Gruppen, arabische und weiße Minderheiten. **Staatssprachen:** Englisch und Kisuaheli. **Religion:** 50% Christen, 15% Muslime, Naturreligionen. **Verwaltungsgliederung:** 10 Provinzen.

Landesnatur: Fruchtbares seenreiches Hochland (1100–1500 m ü. M.), im Westen Randschwelle des Zentralafrikanisches Grabens, Ruwenzorimassiv bis 5127 m hoch. Kerngebiet Buganda Savannenlandschaft mit Buschwald. Durch Höhenlage abgeschwächtes tropisches Klima.

Geschichte: Fürstenstaaten, beherrscht vom Königreich Buganda, 1890 von Briten besetzt, 1894 Protektorat, 1962 unabhängig unter dem König von Buganda als Staatspräsident, 1963 Ausrufung der Republik, ab 1966 Auflösung der traditionellen Teilmonarchien und Propagierung eines »ugandischen Sozialismus«. Ab 1971 Terrorherrschaft unter

Idi Amin, 1980 mit Tansanias Hilfe gestürzt, seither rasch wechselnde Regierungen. 1993 Wiedereinführung der traditionellen Teilmonarchie.

Unabhängig seit 9. 10. 1962. **Nationalfeiertag:** 9. 10.

Nationalhymne: Text und **Melodie:** George Wilberforce Kakoma (∗ 1923). 1962 angenommen, am 9. 10. 1962 uraufgeführt.
»Ai Uganda! Katonda Akuwanirire, / Nga twewayo mu mikono gyo, / Katuyimuse-Mitima gyaffe, / Nga tuyimb'ettendo lyo.«
»Oh Uganda! may God uphold thee! / We lay our future in thy hand / united, free; for liberty / Together we'll always stand.«
»O Uganda, Gott schütze dich! / In deine Hand legen wir unsere Zukunft / einig und frei; gemeinsam wollen wir immer / zur Freiheit stehen.«

Staatswappen: Am 21. 9. 1962 angenommen. Auf dem Schild Wellenlinien als Symbol der vielen Gewässer, Sonne als Verweis auf die äquatoriale Lage und Trommel als Symbol früherer Königsmacht. Über Kaffee und Baumwolle als Schildhalter Gazelle und Kronenkranich. Unten der Staatswahlspruch »Für Gott und Vaterland«.

UKRAINE

Amtlich **Ukrayina,** Konstitutionelle Republik in Osteuropa, 603 700 qkm, 51,9 Millionen Einwohner (1991) = 85,9 E/qkm. **Hauptstadt:** Kiew (2,6 Mill. E). **Währung:** 1 Rubel = 100 Kopeken (eigene Währung [Hrynnia] in Vorbereitung). **Mitgliedschaften:** UNO und Unterorganisationen, GUS.

Flagge: Zwei waagerechte Streifen Hellblau und Gelb. Die Farben beziehen sich auf das galizische Wappen des Mittelalters; sie wurden 1948 zu den Nationalfarben bestimmt. Ihre Bedeutung: Hellblau für den Himmel, Gelb steht für die Weizenfelder. Am 4. 9. 1991 wieder offiziell.

Bevölkerung: 72,7% Ukrainer, 22% Russen, 1,6% Juden, u. a. Weißrussen, Moldavier, Polen und Bulgaren. **Staatssprache:** Ukrainisch (offiziell), Russisch, u. a. **Religion:** Ukrainisch orthodoxe Christen (Rom), Russisch-Orthodoxe, Römisch-Katholische, Juden, Moslems und Protestanten. **Mitgliedschaften:** 24 Provinzen (Oblasts) und eine autonome Provinz.

Landesnatur: Hügellandschaft vom Schwarzen Meer nach Norden. Das Land erstreckt sich von der Donau zum Asowschen Meer. Im Südwesten die Waldkarpaten, auf der Krim das Jajlage-Gebirge (bis 2000 m). Sümpfe und Steppen. Die Hauptflüsse: Dnepr, Donau, Dnestr, Bug. Das Klima ist gemäßigt kontinental. An der Südküste der Krim subtropisches Klima.

Geschichte: Die Ukraine war bereits von 6000 bis 1000 v. Chr. am Fluß Dnepr von Trypilliannern bewohnt. Im 9. Jh. bestand ein mächtiges Reich unter der Prinzessin von Kiew. Fürst Volodymyr der Große führte 988 das Christentum ein. Das Reich zerfiel im 13. Jh. nach Invasionen asiatischer Mächte und wurde zwischen Rußland und Polen geteilt. Im 16. Jh. entstand ein Kosakenstaat nach Befreiungskriegen gegen Rußland, Polen und der Türkei. Erneute Teilung im 18. Jh. und Proklamation der Unabhängigkeit am 22. 1. 1918, jedoch 1921 wieder Besatzung, 1941 unabhängig, 1944 russische Vorherrschaft und Deportation großer Teile der Bevölkerung. Endgültige Unabhängigkeit am 24. 8. 1991, durch ein Referendum am 1. 12. 1991 bestätigt.

Unabhängig seit 24. 8. 1991, bestätigt am 1. 12. 1991. **Nationalfeiertag:** 24. 8.

Nationalhymne: noch unbekannt.

Staatswappen: Wieder eingeführt am 19. 2. 1991. Goldener Dreizack (Trysub) auf hellblauem Schild mit schmalem goldenen Rand. Die Trysub, auch St. Volodymyr-Tryzub ist ein altes ukrainisches Symbol für Autorität.

UNGARN

Amtlich **Magyar Köztársaság,** Ungarische Republik in Mitteleuropa, 93 032 qkm, 10,6 Millionen Einwohner (1991) = 114 E/qkm. **Hauptstadt:** Budapest (2,07 Mill. E). **Währung:** 1 Forint = 100 Filler. **Mitgliedschaften:** UNO und Unterorganisationen, BIZ, CCC, ECE, IPU, RGW, UNCTAD.

Flagge: Offiziell gehißt am 1. 10. 1957. Das Rot soll auf das Banner des Fürsten Árpád (9. Jh.) zurückgehen, das Weiß auf ein Kreuz, das der Papst König Stefan um 1000 verlieh, das Grün auf das ungarische Wappen des 15. Jh. Die Trikolore entstand unter dem Einfluß der Französischen Revolution; 1848 bezeugt.

Bevölkerung: 96,6 % Magyaren, Deutsche, Slowaken, Südslawen, Rumänen. **Staatssprache:** Magyarisch (Ungarisch), **Religion:** Römische und griechische Katholiken, Kalvinisten, Lutheraner, Orthodoxe. **Verwaltungsgliederung:** 5 Stadtgebiete, 19 Komitate (Megyék)..

Landesnatur: Größtes europäisches Tieflandbecken, im Norden Mittelgebirge, im Westen Bakony-Plateau und Plattensee, im Süden Mecsek-Gebirge. Ausgeprägtes Kontinentalklima.

Geschichte: Um 900 von Magyaren besiedelt, 1001 christianisiert. 1370–1526 mit Polen vereinigt, dann österreichisch, 1687 habsburgisches Kronland. 1849 Unabhängigkeitskrieg, 1867 gleichberechtigte Reichshälfte in Österreich-Ungarn, 1918 Ausrufung der Volksrepublik, 1919 Räteregierung unter Béla Kún. 1941 Kriegseintritt auf seiten Deutschlands, 1944/45 von Sowjettruppen erobert, ab 1945 Umwandlung in kommunistische Volksrepublik, durch Verfassung von 1949 festgeschrieben. 1956 Volksaufstand, der durch Sowjettruppen niedergeschlagen wird. Nach Liberalisierungstendenzen 1990 freie Wahlen und Ende des Kommunismus.

Unabhängig seit 1867 (Gleichberechtigung in Österreich-Ungarn) bzw. 16. 11. 1918 (Proklamation der Republik). **Nationalfeiertag:** 4. 4. (Befreiung vom Faschismus 1945).

Nationalhymne: Text: Ferenc Kölcsey (1790–1838). **Melodie:** Ferenc Erkel (1810–1893).
»Isten, áldd meg a magyart / Jó kedvvel böséggel, / Nyútjts feléje védö kart, / Ha küzd ellensége; / Balsors akit régen tép, / Hozz rá víg esztendöt, / Megbünhödte már e nép / A multat s jövendöt!«
»Segne, Herr, mit frohem Mut / Reichlich den Magyaren! / Schütz ihn gegen Feindeswut / In des Kampfs Gefahren; / Gönn nach langem Mißgeschick / Ihm ein Jahr der Freude, / Hat's bezahlt, der Zukunft Glück, / Mit vergangnem Leide!«

Staatswappen: Links. Rot mit silbernem Patriarchenkreuz und einer goldenen Laubkrone auf grünem Berg. Rechts: vier rote und vier silberne, waagerechte Streifen. Darüber die goldene Stephanskrone mit Edelsteinen. Wappen eingeführt: 11. 7. 1990.

URUGUAY

Amtlich **República Oriental del Uruguay,** Präsidiale Republik in Süd-
amerika, 177 508 qkm, 3,1 Millionen Einwohner (1991) = 17,4 E/qkm.
Hauptstadt: Montevideo (1,35 Mill. E). **Währung:** 1 Uruguaischer
Neuer Peso = 100 Centesimos. **Mitgliedschaften:** UNO und Unteror-
ganisationen, ALADI, CCC, CECLA, ECLAC, IDB, OAS, SELA,
UNCTAD.

Flagge: Offiziell eingeführt am 11. 7. 1830. Die fünf weißen und vier
blauen Streifen stehen für die damaligen neun Provinzen des Landes
Die goldene (gelbe) Freiheitssonne im weißen Obereck ist ein in allen
lateinamerikanischen Ländern verbreitetes Symbol der staatlichen
Unabhängigkeit.

Bevölkerung: Weiße, meist europäischer Abstammung, 10% Mestizen, Mulatten. **Staatssprache:** Spanisch. **Religion:** Vorwiegend römisch-katholisch. **Verwaltungsgliederung:** 19 Departamentos.

Landesnatur: Größtenteils hügeliges Land, im Süden und Osten
200 km breiter flacher Küstenstreifen. Mildfeuchtes Atlantikklima.

Geschichte: 1515 von den Spaniern entdeckt, aber erst ab 1624 von
Spaniern und Portugiesen besiedelt, im 18. Jh. zum spanischen Vizekönigreich La Plata. 1820 durch Brasilien besetzt, am 25. 8. 1825
Unabhängigkeitserklärung gegenüber Brasilien und Anschluß an Argentinien, von beiden Staaten am 4. 10. 1828 als unabhängig anerkannt. Im 20. Jh. wirtschaftlicher Aufstieg, aber starke soziale Spannungen.

Unabhängig seit 25. 8. 1825 (Proklamation). **Nationalfeiertag:** 25. 8.

Nationalhymne: Text: Francisco Esteban Acuña de Figueroa (1791–1862). **Melodie:** Francisco José Debali (1791–1859). Am 18. 7. 1845 offiziell angenommen.

»¡Orientales, la patria o la tumba! / ¡Librtad, o con gloria morir! / Es el voto que el alma pronuncia / Y que heroicos sabremos cumplir...«

»Ostlandbewohner: Grab oder Heimat! / Freiheit oder ruhmreicher Tod! Das ist das Gelübde unserer Seele, / Und als Helden erfüll'n wir das Gebot...«

Staatswappen: 1829 eingeführt, seit 1908 offiziell. Die Waage steht für Gleichheit und Gerechtigkeit, der Montevideo-Berg für Wehrhaftigkeit und Stärke, das Pferd für Freiheit und der Stier für Überfluß; darüber die Freiheitssonne. Vom Stadtwappen von Montevideo (18. Jh.) abgeleitet.

USA
VEREINIGTE STAATEN VON AMERIKA

Amtlich **United States of America,** Präsidiale Republik mit bundes-staatlicher Verfassung in Nordamerika, 9 363 123 qkm, 248,7 Millionen Einwohner (1990) = 26,6 E/qkm. **Hauptstadt:** Washington D. C. (606 900 E). **Währung:** 1 US-Dollar = 100 Cents. **Mitgliedschaften** UNO und Unterorganisationen, ANZUS, AsDB, BIZ, CCC, CECLA, ECE, ECLAC, IDB, IEA, IPU, NATO, OAS, OECD, SPC, UNCTAD, Colomboplan.

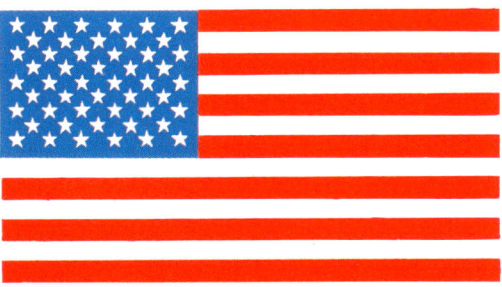

Flagge: Grundform seit 1777 unverändert. Die 13 waagerechten rot-weißen Streifen des Grundtuchs stehen für die 13 britischen Kolonien, die sich 1775 zur Verteidigung ihrer Freiheit zusammenschlossen. Die 50 weißen Sterne im blauen Obereck (seit 1960) repräsentieren die 50 Staaten der USA.

Bevölkerung: 83,2 % Weiße, 11,7 % Schwarze und Mulatten, 5,1 % andere Rassen (u. a. 1,44 Mill. Indianer). **Staatssprache:** Englisch (Amerikanisch). **Religion:** Protestanten (250 Kirchen und Sekten), römische Katholiken, Juden, Orthodoxe, Buddhisten u. a. **Verwaltungsgliederung:** 50 Bundesstaaten, Bezirk Columbia, Puerto Rico und Überseegebiete im Pazifik und der Karibischen See.

Landesnatur: Im Osten Mittelgebirgslandschaften der Appalachen (bis 2050 m hoch, in der Mitte große Ebenen (u. a. Mississippibecken), Wälder, Prärien, Kornkammer des Landes, im Westen Kordilleren-hochland. Weitgehend kontinentales, in Kalifornien und Florida sub-tropisches Klimma, in Alaska subarktisch.

Geschichte: Seit 1607 von Europäern besiedelt (Engländer, Franzo-sen, Holländer). 1620 puritanische Pilgerväter, 1682 Quäkergründung

Pennsylvania. 1664 holländischer, 1763 französischer Besitz an England. Englische Restriktionspolitik führt ab 1775 zu Kämpfen und am 4. 7. 1776 zur Unabhängigkeitserklärung von 13 Kolonien. Anerkennung der Selbständigkeit durch Frieden von Versailles (1783), siehe auch unter Autonome Gebiete/Außenbesitzungen im Anhang. **Unabhängig** seit 4. 7. 1776. **Nationalfeiertag:** 4. 7.

Nationalhymne: Text: Francis Scott Key (1779–1843). **Melodie:** Komponist unbekannt, um 1780 in England entstanden. Erstmals 1814 öffentlich gesungen, in überarbeiteter Fassung 1916 von Präsident Wilson zur Nationalhymne erklärt, am 3. 3. 1931 offiziell vom Kongreß bestätigt.

»O say! can you see, by the dawns early light, / What so proudly we haild'd at the twilight's last gleaming, / Whose broad stripes and bright stars, thro' the perilous fight, / O'er the ramparts we watch'd were so gallantly streaming? / And the rocket's red glare, the bombs bursting in air, / Gave proof thro' the night that our flag was still there. / O say, does that Star-Spangled Banner yet wave / O'er the land of the free and the home of the brave?«

»Sagt an, könnt ihr sehen im Licht, das erwacht, / Was so stolz wir begrüßt, als der Abend verglühte, / Breite Streifen, helle Sterne, die in mordender Schlacht / Überm Wall, den wir hielten, erhaben geflutet? / Handgranatenblitze, Raketen grellrot / Bezeugten durch Nacht, daß die Fahne noch loht. / Sagt an, weht das Sternenbanner noch rein / Über der Heimat der Tapferen und dem Lande der Frei'n?«

Staatswappen: Am 20. 6. 1782 angenommen. Weißkopfadler mit Olivenzweig und 13 silbernen Pfeilen, die ebenso wie die 13 Sterne im blauen Feld über seinem Kopf die 13 Kolonien symbolisieren, aus denen die Vereinigten Staaten entstanden sind. Spruchband mit Inschrift »E pluribus unum« (Aus vielen eines).

USBEKISTAN

Amtlich **Ozbekiston Republikasy,** Präsidiale Republik in Zentralasien, 447 400 qkm, 20,7 Millionen Einwohner (1991) = 46,1 E/qkm. **Hauptstadt:** Taschkent (2,1 Mill. E). **Währung:** 1 Rubel = 100 Kopeken. **Mitgliedschaften:** UNO und Unterorganisationen, GUS.

Flagge: Drei waagerechte Streifen Hellblau, Weiß, Grün. Das weiße Feld ist gesäumt von schmalen roten Streifen. Der weiße Halbmond mit den 12 weißen, fünfzackigen Sternen symbolisiert den Islam und die 12 Monate des islamischen Kalenders. Blau steht für Wasser und Himmel und die Herkunft des Volkes, Weiß für den Frieden unter den Völkern, Grün ist die Farbe des Islams und steht außerdem für die Landwirtschaft. Offiziell seit dem 18. 11. 1991.

Bevölkerung: 71% Usbeken, 8% Russen, 4% Tadschikistani, u. a. **Staatssprache:** Usbekisch, Russisch. **Religion:** Islam (sunnitisch), orthodoxe Christen, Juden. **Verwaltungsgliederung:** noch unbekannt.

Landesnatur: Das Deltagebiet des Amu-Darja teilt das westliche Flachland vom trockenen Wüstengebiet des zentralen Kizil-Kum. Im Anschluß das Hügelgebiet am Fuß des Tiangebirges. Hier befindet sich das Bewässerungsgebiet von Taschkent. Fergana, der östlichste Teil, befindet sich im Hochgebirge Tian Shan. Das Klima ist kontinental.

Geschichte: Von den Mongolen unter Dschingis-Khan 1220 besetzt. Im 14. Jh. das Zentrum des Kaiserreiches Timurid, später ein feudaler Muslimstaat. Im 19. Jh. russische Besatzung. 1925 Republik der UdSSR. Unabhängigkeitserklärung am 29. 8. 1991.

Unabhängig seit 31. 8. 1991 (vom sowjetischen Parlament bestätigt). **Nationalfeiertag:** 1. 9.

Nationalhymne: noch unbekannt.

Staatswappen: Offiziell eingeführt am 2. 7. 1992. Der Vogel Chuno in Silber vor grünen Bergen und Feldern, goldene Sonne, goldene Weizenähren links und goldene Baumwollpflanzen mit grünen Blättern und weißen Blüten. Band Blau-Rot-Weiß-Rot-Grün, darunter der Schriftzug »Usbekistan« in goldener, kyrillischer Schrift. Oben ein silberner achtzackiger Stern, goldumrahmt, goldener Halbmond sowie ein fünfzackiger Stern.

VANUATU

Amtlich **Ripablik blang Vanuatu** (Bislama), **Republic of Vanuatu** (engl.), **République de Vanuatu** (frz.), Demokratische und unabhängige Republik in Ozeanien, 14763 qkm, 170000 Einwohner (1991) = 11,5 E/qkm. **Hauptstadt:** Porta Vila (19000 E). **Währung:** Vatu und Australischer Dollar. **Mitgliedschaften:** UNO und Unterorganisationen, AKP, AsDB, ESCAP, SPC, SPEC, SPF, UNCTAD, Commonwealth.

Flagge: Am 30. 7. 1980 offiziell gehißt. Rot-Grün/waagerecht, durch schmalen schwarzen Streifen geteilt, in diesem liegend ein gelbes Y, am Mast schwarzes Dreieck und Emblem (Stoßzahn). Dreieck und Emblem symbolisieren das Volk und den fruchtbaren Boden des Landes, das liegende Y die geographische Verteilung der Inseln.

Bevölkerung: 91% Ni-Vanuatu (Melanesier), Polynesier, Mikronesier, Weiße. **Staatssprache:** Bislama (Pidgin-Englisch), Amtssprachen Englisch und Französisch. **Religion:** Christen (vorwiegend Protestanten). **Verwaltungsgliederung:** 2 Regionen.

Landesnatur: 12 Haupt- und 70 Nebeninseln im Südpazifik, vulkanischen Ursprungs (5 Vulkane), sehr fruchtbarer Boden, üppiger Tropenwald, Plantagenwirtschaft, tropisches Monsunklima.

Geschichte: 1606 von dem Portugiesen de Quirós, 1768 von dem Franzosen Bougainville, 1774 von dem Engländer Cook entdeckt. Bis 1870 von den Engländern kontrolliert, ab 1906 als britisch-französische Kondominion »Neue Hebriden« verwaltet. 1974 innere Autonomie, 1976 eigene »Repräsentativversammlung«, seit 1980 unabhängig.

Unabhängig seit 30. 7. 1980. **Nationalfeiertag:** 30. 7.

Nationalhymne: Text und Melodie: François Vincent (∗ 1955).
Am 30. 7. 1980 formell als Nationalhymne angenommen.
»Yumi, Yumi, Yumi i glat blong talem se, / Yumi, Yumi, Yumi i man blong Vanuatu! / God i givim ples ia long yumi / Yumi glat tumas long hem, / Yumi strong mo yumi fri long hem, / Yumi brata evriwan! / Yumi, Yumi, Yumi, Yumi i glat blong talem se. / Yumi, Yumi, Yumi i man blong Vanuatu!«
»Froh verkünden wir: / Wir sind das Volk von Vanuatu! / Gott hat uns dieses Land gegeben; / Das erfüllt uns mit großer Freude. / Wir sind stark, wir sind frei in diesem Land, / Wir sind alle Brüder. / Froh verkünden wir: / Wir sind das Volk von Vanuatu!«

Staatswappen: Ein stehender Krieger mit Speer vor einem Berg, gekreuzten Blättern und einem Stoßzahn. Unten auf dem Band in Bislama, dem als Staatssprache eingeführten Pidgin-Englisch, das Motto »Zu Gott erheben wir uns«.

VATIKANSTADT

Amtlich **Stato della Città del Vaticano,** souveräner Staat in Südeuropa, 0,44 qkm, ca. 1000 Einwohner, davon nur knapp 400 Staatsbürger. **Währung:** 1 Vatikanische Lira = 100 Centesimi (paritätisch zur Italienischen Lira). **Mitgliedschaften** des Heiligen Stuhls im Namen des Vatikanstaats: IAEA, ITU, UPU, WIPO, CEPT, ECE, UNCTAD.

Flagge: Offiziell gehißt am 8. 7. 1929. Gelb-Weiß/senkrecht, im weißen Feld die seit dem 13. Jh. gebräuchlichen päpstlichen Symbole Tiara und gekreuzte Schlüssel. Gelb (Gold) und Weiß wählte Papst Pius VII. 1808 anstelle des herkömmlichen Rotes als neue päpstliche Farben.

Bevölkerung: 392 Staatsbürger (1985) und 339 Bewohner ohne Bürgerrecht, rund 3700 Angestellte (größtenteils außerhalb wohnend), 80 Schweizergardisten. **Amtssprachen:** Latein und Italienisch.

Landesnatur: Im Nordwesten der italienischen Hauptstadt Rom: Peterskirche, Petersplatz, Vatikanpalast, Vatikanische Gärten, Vatikanische Museen, Pinakothek, Verwaltungsgebäude usw. Außerhalb dieses geschlossenen Staatsgebiets sind 13 weitere Gebäude in und um Rom dem Vatikan unterstellt, so der Lateranpalast, Radio del Vaticano und in Castelgandolfo die päpstliche Sommerresidenz und die Villa Barberini.

Geschichte: Seit dem Mittelalter mächtigster Kirchenstaat, bei der Einigung Italiens im 19. Jh. ins italienische Königreich einbezogen, 1870 mit der Besetzung Roms durch königliche Truppen erloschen. 1929 Konkordat zwischen Papst Pius XI. und Mussolini über Gründung des Vatikanstaats, 1984 durch ein neues Konkordat abgelöst.

Unabhängig seit 7. 6. 1929 (Inkrafttreten des Konkordats). **National-feiertag:** 22. 10. (Inthronisierung des derzeitigen Papstes 1978).

Päpstliche Hymne: Text: Don Salvatore Allegra (1905–1969). **Melo-die:** Charles-François Gounod (1818–1893). 1846 für die Krönung Pius IX. komponiert (nach anderen Quellen für das goldene Priesterjubiläum desselben Papstes 1869). Ohne offiziellen Text am 16. 10. 1949 durch Pius XIII. als päpstliche Hymne bestätigt. Text 1950 verfaßt.
»Roma immortale – di martiri e di santi, / Roma immortale – accogli i nostri canti, / Gloria nei cieli – a Dio nostro Signore; / Pace ai fideli – di Cristo nell'amore.«
»Unsterbliches Rom – der Märtyrer und der Heiligen, / Unsterbliches Rom – nimm unseren Lobgesang auf; / Gott unserem Herrn – sei Ehre im Himmel; / Und Friede den Gläubigen – in Christi Liebe.«

Staatswappen: In rotem Schild (Rot bis 1808 traditionelle päpstliche Farbe) unter der Tiara die Schlüssel Petri, einer golden, der andere silbern. In der heutigen Form im Grundgesetz des Vatikan vom 7. 6. 1929 festgelegt. Neben dem Staatswappen gibt es das päpstliche Wappen (mit wechselndem Familienwappen).

VENEZUELA

Amtlich **República de Venezuela,** Präsidiale föderative Republik in Südamerika, 912050 qkm, 20,1 Millionen Einwohner (1991) = 22 E/ qkm. **Hauptstadt:** Caracas (4,3 Mill. E). **Währung:** 1 Bolivar = 100 Céntimos. **Mitgliedschaften:** UNO und Unterorganisationen, ALADI, BLADEX; CECLA, ECLAC, IDB, IPU, OAS, OPEC, SELA, UNCTAD, Andenparlament, Amazonasvertrag, Contadora-gruppe.

Flagge: In der heutigen Form 1930 eingeführt, 1954 offiziell bestätigt, im Grundmuster schon 1811 aufgenommen und 1905 festgelegt, seither nur leicht modifziert. Die 1817 ins blaue Feld gesetzten sieben weißen Sterne stehen für die sieben Provinzen, in die sich das Land damals gliederte.

Bevölkerung: 67% Mestizen und Mulatten, 20% Weiße, 9% Schwarze, Indianer. **Staatssprache:** Spanisch. **Religion:** 95% römisch-katholisch. **Verwaltungsgliederung:** 20 Bundesstaaten, 1 Hauptstadt-distrikt, 2 Bundesterritorien, Dependencias Federales (72 Karibik-Inseln).

Landesnatur: Von West nach Ost Maracaibo-Becken, Anden-Gebirgs-land, Orinoco-Becken und Guyana-Hochland, in den Anden bis 5002 m hoch. Im Orinocogebiet weite Grasländer (Llanos), im Bergland im-mergrüner Regenwald. An der Küste ergiebige Erdöllagerstätten.

Geschichte: 1498 von Kolummbus entdeckt, von Alonso de Ojeda wegen der Indianer-Pfahlbauten im Maracaibo-See Venezuela (kleines Venedig) genannt. Bis 1811 spanische Kolonie. 1819–1830 zu Großko-lumbien, endgültig eigenständig ab 22. 9. 1830. Seither zahlreiche

Unruhen, Aufstände und Diktaturen, im 20. Jh. begrenzte innenpolitische Stabilisierung durch Erdölreichtum.

Unabhängig seit 5. 7. 1811 (Proklamation) bzw. 22. 9. 1830 (Trennung
von Großkolumbien). **Nationalfeiertage:** 19. 4., 24. 6., 5. und 24. 7.,
12. 10.

Nationalhymne: Text: Vincente Salias (1786–1816). **Melodie:** Juan
José Landaeta (1780–1814). Am 25. 5. 1881 offiziell angenommen.
»Gloria al bravo pueblo / Que el yugo lanzó / La Ley respetando / La
virtud y honor . . .«
»Ruhm sei dem tapfren Volke, / Das sein Joch von sich warf, / Das
Recht treu beachtet, / Ehr und Tugend bewahrt . . .«

Staatswappen: 1836 angenommen, in heutiger Form 1953 festgelegt.
Im Wappen auf Rot Garbe = Einheit und Fruchtbarkeit; auf Gelb
Säbel und Flaggen = Unabhängigkeit und militärische Siege; auf Blau
Wildpferd = Freiheit. Über dem Schild Füllhörner = Wohlfahrt. Auf
dem Band des Datum der Loslösung von Spanien und der Landes-
name.

VEREINIGTE ARAB. EMIRATE

Amtlich **Al-Imārāt al-'Arabīya al-Muttahida,** Föderation von sieben autonomen Emiraten in Vorderasien, 83 600 qkm, 2,4 Millionen Einwohner (1991) = 28 E/qkm. **Hauptstadt:** Abu Dhabi (722 000 E). **Währung:** 1 Dirham = 100 Fils. **Mitgliedschaften:** UNO und Unterorganisationen, CCC, ECWA, GCC, IPU, OAPEC, OIC, OPEC, UIA, UNCTAD, Arabische Liga.

Flagge: Offiziell am 2. 12. 1971. Am Mast ein senkrechter roter Streifen, daneben waagerecht die panarabischen Farben Grün, Weiß und Schwarz. Sie symbolisieren drei historische arabische Dynastien (Fatimiden, Omajjaden und Abassiden). Rot war die Farbe von Teilstaaten des Zusammenschlusses.

Bevölkerung: 70% Araber, Perser, Inder, Pakistaner (über 70% Ausländer). **Staatssprache:** Arabisch, Englisch wichtige Verkehrssprache. **Religion:** 97% Muslime (hauptsächlich Sunniten), 1,3% Christen. **Verwaltungsgliederung:** 7 autonome Emirate.

Landesnatur: Die vorwiegend aus Wüsten bestehenden, aber erdölreichen Emirate Abu Dhabi (67 350 qkm), Dubai (3900 qkm), Sharja (2600 qkm), Ras al-Khaimah (1700 qkm), Ajman (250 qkm), Fujeirah (1150 qkm) und Umm al-Qaiwain (750 qkm) auf der Arabischen Halbinsel am Persischen Golf. Sehr heißes Wüstenklima.

Geschichte: Früher Piraten- oder Seeräuberküste, später Befriedetes Oman genannt, seit 1820 unter britischer Schutzherrschaft (Trucial Oman), seit 1971 unabhängig, am 10. 2. 1972 durch deen Beitritt Ras al-Khaimahs zur jetzigen Föderation vervollständigt.

Unabhängig seit 2. 12. 1971. **Nationalfeiertag:** 2. 12.

Nationalhymne: Textlose Hymne, komponiert von Mohamed Abdel Wahab (∗ 1915), 1971 offiziell angenommen. Nach einer anderen Quelle existiert ein fünfstrophiger Hymnentext von Ali Shurafa, der mit den Worten beginnt: »Unser Volk ist bereit zum Opfer...«

Staatswappen: 1973 eingeführt. Hauptelement ist der Falke (die Falkenjagd hat hier eine lange Tradition). Auf dem Brustschild eine traditionelle Dhau (arabisches Segelschiff). In den Fängen des Falken ein rotes Schriftband mit dem Namen des Staates. Vermutlich vom Wappen des Teilstaats Abu Dhabi abgeleitet.

VIETNAM

Amtlich **Công Hòa Xã Hôi Chu Nghĩa Viêt Nam,** Kommunistische Volksrepublik in Südostasien, 332 556 qkm, 67,56 Millionen Einwohner (1991) = 203 E/qkm. **Hauptstadt:** Hanoi (3,1 Mill. E). **Währung:** 1 Dong = 10 Hào = 100 Xu. **Mitgliedschaften:** UNO und Unterorganisationen, AsDB, ESCAP, IPU, RGW, UNCTAD, Colombo-Plan.

Flagge: Offiziell gehißt am 2. 7. 1976. Eine fast identische Flagge der seit 1940 gegen die japanischen Okkupanten kämpfenden Verbände wurde am 29. 9. 1945 zur Flagge der demokratischen Republik Vietnam erklärt und am 30. 11. 1955 für das kommunistische Nordvietnam bestätigt.

Bevölkerung: 83 % Vietnamesen (Kinh), chinesische und siamo-chinesische Minderheiten. **Staatssprache:** Vietnamesisch (Annamitisch), als Handelssprachen auch Russisch, Französisch und Englisch. **Religion:** Buddhisten, ca. 5 Mill. Katholiken, Taoisten, zahlreiche Sekten. **Verwaltungsgliederung:** 3 Stadtgebiete, 40 Provinzen, 1 Sondergebiet.

Landesnatur: Langgestrecktes Gebirgsland am Südchinesischen Meer, dicht besiedelt die fruchtbaren Mündungsgebiete von Rotem Fluß und Mekong im Norden und Süden, niederschlagsreiches volltropisches Monsunklima im Süden, im Norden trockener und kühler.

Geschichte: Im 2. Weltkrieg von Japan besetzt, Widerstand unter kommunistischer Führung. 1945 Ausrufung der Republik durch Ho Tschi Minh, Kampf gegen französische Kolonialmacht. 1954 Abzug der Franzosen und Teilung in Nord- und Südvietnam, Guerillakrieg im Süden. Ab 1965 US-Intervention, blutiger Krieg. 1974 Abzug der US-Truppen, bis 1975 Eroberung Südvietnams durch Vietkong und Nordvietnam, am 2. 7. 1976 Wiedervereinigung unter kommunistischer Regierung.

Unabhängig seit 2. 9. 1945 (Ausrufung der Republik) bzw. 2. 7. 1976 (Wiedervereinigung). **Nationalfeiertag:**2. 9.

Nationalhymne: Text und **Melodie:**Van Cao (∗ 1923). 1944 entstanden, im November 1946 für die Demokratische Republik Vietnam angenommen, im Juli 1976 für das wiedervereinigte Vietnam übernommen.

»Doàn quân Viêtnam di Chung lòng cién quõc, / Búoc chân don vang trên dùòng gâp ghênh xa. / Cò in mán chién thang mang hòn núoc / Súng ngoài xa chen khúc quân hành ca. / D ùòng vinh quang xây xáx quân thū . . .«

»Vietnamesische Soldaten, wir marschieren vorwärts, / geeint im Willen, das Vaterland zu retten. / Unsere kräftigen Schritte dröhnen auf dem langen und schweren Weg. / Die Seele der Nation ist in unserer vom Blut des Sieges getränkten Fahne. / Das ferne Grollen der Geschütze gibt unseren Marschrhythmus vor. / Leichen der Feinde pflastern den Weg zum Sieg. / Gemeinsam trotzen wir den Schwierigkeiten und bauen den Widerstand aus . . .«

Staatswappen: 1956 (zunächst nur für Nordvietnam) beschlossen, mit neuem Landesnamen auf dem Schriftband seit 1976 für ganz Vietnam eingeführt. Das Rot symbolisiert die Revolution, der Reiskranz die Landwirtschaft, das Zahnrad die Industrie, der Stern die Einheit von Arbeitern, Bauern, Intellektuellen, Jugend und Soldaten.

WEISSRUSSLAND

Amtlich **Respublika Belarus** (auch **Bjelaroeskaja**), Parlamentarische Republik in Osteuropa, 207 600 qkm, 10,3 Millionen Einwohner (1990) = 49,6 E/qkm. **Hauptstadt:** Minsk (1,6 Mill. E). **Währung:** 1 Rubel = 100 Kopeken) auch Kupons, eigene Währung in Vorbereitung). **Mitgliedschaften:** UNO und Unterorganisationen, GUS.

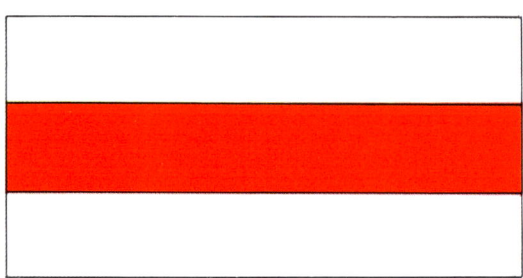

Flagge: Waagerecht Weiß-Rot-Weiß, die Farben der Republik Belarus. Offiziell eingeführt am 19. 9. 1991.

Bevölkerung: 79,4% Belarussen, 11,9% Russen, 4,2% Polen; 2,4% Ukrainer. **Staatssprache:** Belorussich. **Religion:** Orthodoxe Katholiken, Protestanten, unierte Christen. **Verwaltungsgliederung:** 6 Regionen.

Landesnatur: Belorussischer Rücken bis 346 m von Brest bis Smolensk. Flußgebiet der westlichen Dvina. Im Süden Sumpfgebiete der Flüsse Berezina, Pripjet, Dnjepr. Das Klima ist gemäßigt kontinental.

Geschichte: Im 13. Jh. entstand mit den Belorussen und Litauen das Großfürstentum Litauen, föderativ verbunden mit Polen. Seit 1793 zum Russischen Reich gehörend. Am 25. 3. 1918 wurde die Belorussische Volksrepublik ausgerufen, am 1. 1. 1919 die Belorussische Sozialistische Volksrepublik. Vom 30. 12. 1922 bis Dezember 1992 Teil der Sowjetunion.
Unabhängig seit 25. 8. 1991, endgültig seit 25. 12. 1991. **Nationalfeiertag:** 27. 7.

Nationalhymne: Ein Wettbewerb für eine neue Hymne ist ausgeschrieben.

Staatswappen: Offiziell seit dem 19. 9. 1991, das Muster am 10. 12. 1991. Rot mit silbernem Reiter mit erhobenem Schwert und Schild mit Doppelkreuz. Erstmals beschrieben in Chroniken des 13. Jh.s. Das Patriarchalkreuz ist seit dem 14. Jh. bekannt.

WESTSAMOA

Amtlich **Malotuto'atasi o Samoa i Sisifo, Independent State of Western Samoa,** unabhängiger Staat mit Mischform von parlamentarischen und traditionellen Einrichtungen in Ozeanien, 2842 qkm, 190 346 Einwohner (1991) = 66,9 E/qkm. **Hauptstadt:** Apia (36 000 E). **Währung:** 1 Tala = 100 Sene. **Mitgliedschaften:** UNO und Unterorganisationen, AKP, AsDB, ESCAP, SPC, SPEC, SPF, UNCTAD.

Flagge: Am 24. 2. 1949 offiziell eingeführt, 1950 leicht verändert, nach Erlangung der Unabhängigkeit 1962 übernommen. Das Kreuz des Südens im Obereck findet sich auch in anderen Flaggen der südlichen Hemisphäre. Symbolbedeutung der Farben: Rot = Mut, Weiß = Reinheit, Blau = Freiheit.

Bevölkerung: 88 % Samoaner (Polynesier), 10 % Euronesier (Mischlinge), Weiße. **Staatssprachen:** Samoanisch, Englisch. **Religion:** 75 % Protestanten, 22 % Katholiken. **Verwaltungsgliederung:** 24 Distrikte.

Landesnatur: 15 Inseln vulkanischen Ursprungs im Pazifik im Zentrum Polynesiens, aktive Vulkane, bis 1857 m hoch. Tropische Waldvegetation; Plantagenwirtschaft. Hauptinseln Upolu und Sawai'i. Niederschlagsreiches Tropenklima.

Geschichte: 1899 deutsche Kolonie, 1914 von neuseeländischen Truppen besetzt, 1920 neuseeländisches Völkerbundmandat, 1945 UNO-Treuhandgebiet. 1959 innere Autonomie, seit 1962 unabhängiger Staat.

Unabhängig seit 1. 1. 1962. **Nationalfeiertag:** 1. 1.

Nationalhymne: Text und **Melodie:** Sauni Ilga Kuresi (1900–1978). Am 1. 7. 1948 erstmals öffentlich gespielt, am 1. 1. 1962 als offizielle Nationalhymne übernommen.

»Samoa, tula'i ma sisi ia lau fu'a, lou pale lea; / Samoa, tula'i ma sisi ia lau fu'a, lou pale lea; / Vaai i na fetū o loo ua agiagia ai; / Le faailiga lea o lesu na maliu aimo Samoa Oi! / Samoa e, uu mau lau pule ia faavavau . . .«

»Samoa, erhebe dich und pflanze das Banner auf, das deine Krone ist! / O schau und betrachte die Sterne auf dem wehenden Banner! / Das bedeutet, daß Samoa führen kann. / O Samoa, halte / Ewig an deiner Freiheit fest . . .«

Staatswappen: Am 12. 4. 1951 eingeführt. Kreuz und Motto (»Gott möge das Fundament Samoas sein«) symbolisieren das Christentum. Die Palme und das Kreuz des Südens beziehen sich auf die Landesnatur und die geographische Lage Samoas. Die umgreifenden Olivenzweige sind Symbole des Friedens.

ZAIRE

Amtlich **République du Zaïre,** Präsidiale Republik in Zentralafrika, 2 345 409 qkm, 37,8 Millionen Einwohner (1991) = 16 E/qkm). **Hauptstadt:** Kinshasa (3,74 Mill. E). **Währung:** 1 Zaire = 100 Makuta. **Mitgliedschaften:** UNO und Unterorganisationen, AKP, CCC, CEPGL, CIPEC, ECA, IPU, OAU, UNCTAD.

Flagge: Am 24. 11. 1971 offiziell eingeführt. Grün, in der Mitte gelbe Scheibe mit braunem Arm, der eine braune Fackel mit roter Flamme hält. Arm und Fackel symbolisieren den revolutionären Geist der Nation, die roten Flammen ehren die Märtyrer des Uanbhängigkeitskampfes. Grün ist Symbol der Zukunftshoffnung. 1992 beschließt das Parlament die Rückkehr zur Flagge von 1966. Die Zustimmung des Präsidenten steht noch aus.

Bevölkerung: 18% Luba, 17% Mongo, 12% Kongo, 10% Ruanda, Sudangruppen, Niloten, Pygmäen, weiße Minderheit. **Staatssprache:** Französisch. **Religion:** 40% Katholiken, 20% Protestanten, Muslime, Naturreligionen. **Verwaltungsgliederung:** 10 Regionen und Hauptstadtbezirk.

Landesnatur: Kongobecken, wasserreich, teils versumpft, dichter tropischer Regenwald, eingefaßt von bis zu 5000 m hohen Randgebirgen. Im Süden Provinz Shabe reich an Bodenschätzen. Größtenteils feuchtheißes Äquatorialklima.

Geschichte: Im Mittelalter großes Königreich, 1492 von Portugiesen entdeckt und erobert. Sklavenhandel durch europäische Mächte. 1876 Gründung der Internationalen Kongogesellschaft durch den belgischen König Leopold II., Aufbau eines Kolonialreichs, das ab 1884 als

Freistaat und ab 1908 als Kolonie Belgisch-Kongo massiv ausgebeutet wurde. 1960 unabhängig, Unruhen, zunächst Demokratische Republik Kongo, 1971 in Zaire umbenannt. 1972 müssen die Einwohner afrikanische Namen annehmen. 1990 Präsident Mobutu läßt die Bildung politischer Parteien zu.
Unabhängig seit 30. 6. 1960. **Nationalfeiertag:** 24. 11.

Nationalhymne: Text: Simon-Pierre Boka (∗ 1929). **Melodie:** Joseph Lutumba. Am 8. 12. 1972 als Staatssymbol angenommen. Löste die 1960 eingeführte Staatshymne ab.
»Zaïrois, dans la paix retrouvée, / Peuple uni, nous sommes Zaïrois. / En avant, fier et plein de dignité, / Peuple grand, peuple libre à jamais. / Tricolore, enflamme nous du feu sacré / Pour bâtir notre pays toujours plus beau, / Autour d'un Fleuve Majesté . . .«
»Zairer, im wiedergefundenen Frieden einiges Volk, wir sind Zairer. / Vorwärts, stolz und voller Würde, / großes Volk, auf immer frei. / Trikolore, entflamme in uns das heilige Feuer. / Auf das wir unser Land / um einen majestätischen Fluß immer schöner bauen . . .«

Staatswappen: Am 1. 8. 1964 offiziell eingeführt. Leopardenkopf mit Lanze und Speer als Ausdruck der Entschlossenheit, die Freiheit zu verteidigen, umrahmt von Palmzweig und Elefantenstoßzahn. Auf dem Schriftband in Französisch (Staatssprache) der Staatswahlspruch »Gerechtigkeit, Frieden, Arbeit«.

ZENTRALAFRIK. REPUBLIK

Amtlich **République Centrafricaine** bzw. **Be ti Kodro ti Afrika,** Republik mit Präsidialsystem in Äquatorialafrika, 622 984 qkm, 2,9 Millionen Einwohner (1991) = 4,6 E/qkm. **Hauptstadt:** Bangui (590 000 E). **Währung:** 1 CFA-Franc = 100 Centimes. **Mitgliedschaften:** UNO und Unterorganisationen, AKP, ECA, OAU, OCAM, UDEAC, UNCTAD.

Flagge: Am 1. 12. 1958 offiziell gehißt. Panafrikanische Farben (Grün, Gelb, Rot), verbunden mit den Farben der französischen Trikolore, im Obereck der gelbe (goldene) Stern der Unabhängigkeit. Zusammenstellung und Anordnung der Farben sollen die Verbundenheit von Afrikanern und Europäern symbolisieren.

Bevölkerung: 27% Banda, 24% Baja, 21% Mandja, 10% Sara. **Staatssprachen:** Französisch und Songho. **Religion:** Naturreligionen, 35% Christen, Muslime. **Verwaltungsgliederung:** 144 Präfekturen.

Landesnatur: Im Süden tropischer Regenwald, im Norden Buschwald und Grassteppen, bis 1400 m hohes Bergland, im Südosten zum Kongobecken. Innertropisches Klima mit von West nach Ost abnehmender Niederschlagsmenge.

Geschichte: Im 19. Jh. französisches Interessengebiet, 1894 französisches Territorium Oubangi-Chari, ab 1910 zu Französisch-Westafrika. 1946 Überseeterritorium, 1958 autonome Republik, 1960 unabhängig. 1976–1979 Kaiserreich, Terrorregime. Seither mehrere Putsche, Militärregierungen.

Unabhängig seit 13. 8. 1960. **Nationalfeiertag:** 1. 12.

Nationalhymne: Text: Barthélémy Boganda (1910–1959). **Melodie:** Herbert Pepper (∗1912). 1960 von der Nationalversammlung angenommen.

»O Centrafique, ô berceau des Bantous! / Reprends ton droit au respect, à la vie! / Longtemps soumis, longtemps brimé par tous, / Mais de ce jour brisant la tyrannie. / Dans le travail, l'ordre et la dignité / Tu reconquiers ton droit, ton unite. / Et pour franchir cette étape nouvelle, / De nos ancêtres la voix nous appelle.«

»O Zentralafrika, du Wiege der Bantu, / Nimm wieder dein Recht auf Ehre und Leben! / So lang unterdrückt, von allen verachtet: / Heute zerbrichst du die Tyrannei! / Durch Arbeit in Ordnung und Würde / Erwirbst du Recht und Einheit zurück. / Kühn zu durchmessen die neue Bahn / Ruft uns die Stimme der Ahnen.«

Staatswappen: Am 17. 5. 1963 eingeführt. Auf dem Schild Elefantenkopf, bewurzelter Baum, drei Sterne und schwarze Hand; auf dem Herzschild silberne Scheibe mit schwarzer Landkarte Afrikas, überdeckt vom Freiheitsstern. Darüber Freiheitssonne mit Unabhängigkeitsdatum, darunter der Staatswahlspruch »Einheit, Würde, Arbeit«.

ZYPERN

Amtlich **Kypriaki Dimokratia,** Präsidiale Republik im östlichen Mittelmeer, 9251 qkm, 710 000 Einwohner (1986) = 76,7 E/qkm. **Hauptstadt:** Nikosia (170 000 E). **Mitgliedschaften:** UNO und Unterorganisationen, CCC, ECE, IPU, UNCTAD, Commonwealth, Europarat. Derzeit (mit geteilter Hauptstadt) geteilt in griechisch-zypriotischen Teil: 5750 qkm, 520 000 Einwohner, **Währung:** 1 Zypern-Pfund = 100 Cents; und die türkische Republik Zypern (Kibris Türk Federe Devieti), 3600 qkm, 190 000 Einwohner, **Währung:** 1 Türkisches Pfund = 100 Kurus.

Flagge: Offiziell gehißt am 16. 8. 1960. Die weiße Grundfarbe und die Ölzweige symbolisieren den Friedenswillen der Zyprioten. Diese Flagge wird nur im griechisch-zypriotischen Teil der Insel verwendet; im Nordteil (Türkische Republik Zypern) wird die türkische Flagge gehißt.

Bevölkerung: 80 % griechische Zyprioten, 18 % türkische Zyprioten, Festlandstürken, Minderheiten. **Staatssprachen:** Griechisch und Türkisch. **Religion:** 77 % orthodoxe Christen, 18 % Muslime, Maroniten.

Landesnatur: Insel im östlichen Mittelmeer, im Norden und Südwesten gebirgig (bis 1953 m hoch), ansonsten fruchtbare Ebenen.

Geschichte: Im 12./13. Jh. selbständiges Königreich Lusignan, 1489 venezianisch, 1571–1878 türkisch, dann britisch verwaltet, ab 1925 britische Kronkolonie. Nach blutigem Bürgerkrieg seit 16. 8. 1960 selbständig. Weiter innere Spannungen. 1974 Militärputsch, Landung türkischer Truppen im Norden und Teilung der Insel; der türkische Teilstaat ist bislang international nicht anerkannt.

Unabhängig seit 16. 8. 1960. **Nationalfeiertag:** 1. 10.

Nationalhymne: Im griechisch-zypriotischen Teil wird die griechische, im türkisch-zypriotischen Teil die türkische Nationalhymne gesungen. Anläßlich der Ausrufung der Republik wurde 1960 eine (inoffizielle) Zypernhymne eingeführt, die aus dem 19. Jh. stammt. **Text** von Dionysios Solomos (1798–1857), **Melodie** von Nikolaos Manzaros (1795–1873).

Staatswappen: 1960 eingeführt. Die weiße Taube mit dem Ölzweig symbolisiert den Wunsch nach einer Aussöhnung zwischen den Zyprioten griechischer und türkischer Abstammung, die freilich nach der Gründung zweier Teilstaaten auf der Insel in die Ferne gerückt ist.

AUTONOME GEBIETE UND AUSSENBESITZUNGEN

AUSTRALIEN

Christmas Islands.
Amtlich: ›Territory of Christmas Island‹.
135 qkm. 2278 Einwohner.
Hauptstadt: The Settlement.

Cocos Islands (Keeling).
Amtlich: ›Territory of Cocos‹, Keeling.
149 qkm. 684 Einwohner.
Hauptstadt: West Island.
Führt die australische Flagge.

DÄNEMARK

Faröer Inseln. Amtlich:
›Foroyar‹ oder ›Færœrne‹.
1399 qkm. 48 151 Einwohner.
Hauptstadt: Torhavn.

Grönland: siehe unter Grönland.

FINNLAND

Norfolk Islands. Amtlich:
›Territory of Norfolk Island‹.
34,5 qkm. 2576 Einwohner.
Hauptstadt: Kingston.

Åland-Inseln. Amtlich: ›Ahvenanma‹ oder ›Åland‹.
1527 qkm. 25 000 Einwohner.
Hauptstadt: Maarianhamina.

FRANKREICH

Französisch Guyana. Amtlich: ›Departement Guyana‹. 90 000 qkm. 101 603 Einwohner. Hauptstadt: Cayenne. Führt die französische Flagge.

Französisch Polynesien. Amtlich: ›Territoire de la Polynesie Française. 4200 qkm. 195 046 Einwohner. Hauptstadt: Papeete.

Guadeloupe. Amtlich: ›Departement Goudeloupe‹. Führt die französische Flagge; eigenes Wappen.

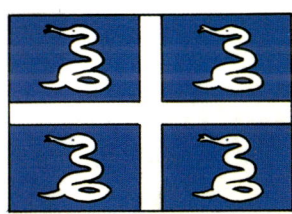

Martinique. Amtlich: ›Departement de Martinique‹. 1100 qkm. 345 180 Einwohner. Hauptstadt: Fort-de-France.

Mayotte. Amtlich: ›Territoire Collective de Mayotte‹. 376 qkm. 75 027 Einwohner. Hauptstadt: Dzaoudzi. Führt die französische Flagge.

Neu-Kaledonien. Amtlich ›Territoire Nouvelle Caledonie & Dependance‹. 19 103 qkm. 171 559 Einwohner. Hauptstadt: Noumea. Führt die französische Flagge. Die Unabhängigkeitsbewegung benutzt bereits eigene Flagge.

Réunion. Amtlich: ›Departement de Réunion‹. 2512 qkm. 607 086 Einwohner. Hauptstadt: Saint-Denis. Führt die französische Flagge; eigenes Wappen.

St. Pierre & Miquelon. Amtlich: ›Departement St. Pierre & Miquelon‹. 242 qkm. 6356 Einwohner. Hauptstadt: St. Pierre.

Wallis & Futuna. Amtlich:
›Territoire de Wallis & Futuna‹.
274 qkm. 16 590 Einwohner.
Hauptstadt: Mata-Uta.

GROSSBRITANNIEN

Anguilla. Amtlich: ›Anguilla‹.
96 qkm. 6922 Einwohner.
Hauptstadt: The Valley.

Bermuda. Amtlich: ›Bermuda‹.
53 qkm. 58 433 Einwohner.
Hauptstadt: Hamilton.

Britische Jungferninseln.
Amtlich: ›British Virgin
Islands‹.
153 qkm. 12 396 Einwohner.
Hauptstadt: Road Town.

Cayman-Inseln. Amtlich:
›Cayman Islands‹.
259 qkm. 27 489 Einwohner.
Hauptstadt: Georgetown.

Falklandinseln. Amtlich:
›Colony of the Falkland Islands
and Dependencies‹.
12 173 qkm. 1968 Einwohner.
Hauptstadt: Stanley.

Gibraltar. Amtlich: ›Colony of Gibraltar‹.
5,5 qkm. 29 613 Einwohner. Hauptstadt: Gibraltar.

Hong-Kong. Amtlich: ›Hong-Kong‹.
Siehe unter Hong-Kong.

Montserrat. Amtlich: ›Montserrat‹.
264 qkm. 12 504 Einwohner. Hauptstadt: Plymouth.

Pitcairninseln. Amtlich: ›Pitcairn, Henderson, Ducie and Oeno Islands‹.
4,5 qkm. 56 Einwohner. Hauptstadt: Adamstown.

St. Helena. Amtlich: ›St. Helena‹.
122 qkm. 6695 Einwohner. Hauptstadt: Jamestown.

Turks und Caicos Inseln. Amtlich: ›Turks an Caicos Islands‹.
430 qkm. 9983 Einwohner. Hauptstadt: Jamestown.

British Territorium Indischer Ozean. Amtlich: ›British Indien Ocean Territory‹ (Diego Garcia). Unbewohnt.

BRITISCHE LANDES-TEILE, KANALINSELN UND MAN

England

Schottland

Nordirland

Wales

Kanalinseln. Amtlich: ›The Channel Islands‹. 311 qkm. 133 960 Einwohner. Jersey Hauptstadt: St. Hellier; Guernsey, Hauptstadt St. Peter Port; Alderney, Sark, Herm.

Jersey

Guernsey

Alderney

Sark

Herm

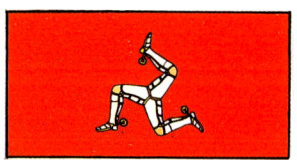

Man. Amtlich: ›The Isle of Man‹.
588 qkm. 64 075 Einwohner.
Hauptstadt: Douglas.

INDIEN

Jammu und Kashmir.
Amtlich ›Jammu & Kashmir‹.
222.236 qkm. 7,7 Mill. Einwohner. Hauptstadt: Srinagar
(Sommer) und Jammu
(Winter).

ISRAEL

Gaza und Jericho. Amtlich
›Palestina‹.
Gaza: 700.000 Einwohner;
Jericho: 1.200.000 Einwohner.
Hauptstadt: Jericho.

NEUSEELAND

Cookinseln. Amtlich: ›Cook Islands‹.
237 qkm. 17 882 Einwohner.
Hauptstadt: Avarua.

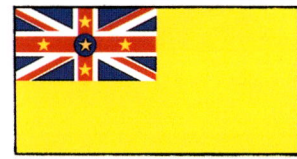

Niue. Amtlich: ›Niue‹.
259 qkm. 1908 Einwohner.
Hauptstadt: Alofi.

Tokelau. Amtlich: ›Tkelau‹.
10,1 qkm. 1700 Einwohner.
Hauptstadt: keine. Jede Insel
hat sein eigenes Verwaltungs-
zentrum.

NIEDERLANDE

Niederländische Antillen.
Autonom seit 1954 im König-
reich der Niederlande, s. unter
›Niederländische Antillen‹.
Eigene Flaggen führen:

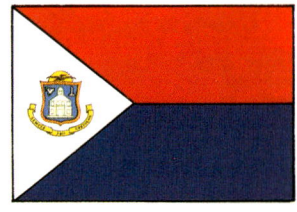

Bonaire

St. Maarten (niederländischer
Teil)

Aruba. Autonom seit 1. 1. 1986.
Seit 1954 im Bund mit den
Niederländischen Antillen im
Königreich der Niederlande,
s. unter ›Aruba‹.

Curaçao

NORWEGEN

Spitzbergen. Amtlich: ›Sval-
bard‹.
Führt die norwegische Flagge.

Saba

PORTUGAL

Macau. Amtlich: ›Macau‹.
16,9 qkm. 446 262 Einwohner.
Hauptstadt: Macau.

Azoren. Amtlich: ›Região
Autonoma Acores‹.

Madeira. Amtlich: ›Região
Autonoma da Madeira‹.
796 qkm. 275 000 Einwohner.
Hauptstadt: Funchal.

USA – VEREINIGTE STAATEN VON NORD-AMERIKA

Amerikanische Jungferninseln.
Amtlich: ›Virgin Islands‹.
352 qkm. 99 400 Einwohner.
Hauptstadt: Charlotte Amalie.

Amerikanisch Samoa.
Amtlich: ›Territory of American Samoa‹.
199 qkm. 43 040 Einwohner.
Hauptstadt: Pago-Pago/Ma'o-
putasi.

Baker und Howland Inseln.
Amtlich: ›Baker and Howland
Islands‹.
Führt die USA-Flagge.

Guam. Amtlich: ›Territory of Guam‹.
541 qkm. 145 000 Einwohner.
Hauptstadt: Agana.

Jarvis-Inseln, Kingman-Reef and Palmyra Atolle. Amtlich: ›Jarvis Island, Kingman Reef and Palmyra-Island‹.
Führen die USA-Flagge.

Johnston Atolle. Amtlich: ›Johnston Atoll‹.
2,8 qkm. 1325 Einwohner.
Hauptstadt: keine.

Midway-Inseln. Amtlich: ›Midway Islands‹.
5,2 qkm. 500 Einwohner (US-Militärs). Hauptstadt: keine.

Nördliche Marianen. Selbständig seit 3. 11. 1986, s. unter ›Nördliche Marianen‹.

Puerto Rico. Amtlich: ›Commonwealth of Puerto Rico‹.
8959 qkm. 3,3 Mill. Einwohner.
Hauptstadt: San Juan.

Trust Territorium der Pazifik-Inseln. Selbständig seit 11. 1. 1981, s. unter ›Palau‹.

Wake-Insel. Amtlich: ›Wake Islands‹.
6,5 qkm. 4420 Einwohner.
Hauptstadt: keine.